Rolf Bänziger

 **Tabellenkalkulation**

VERLAG:SKV

Rolf Bänziger
(Tabellenkalkulation)

ist Fachvorsteher für IKA an der Handelsschule KV Schaffhausen, Dozent für SIZ-Lehrgänge und Leiter der Höheren Fachschule für Wirtschaft Schaffhausen. Er ist Ehrenmitglied im Verband Lehrende IKA.

Carola Brawand-Willers
(Schriftliche Kommunikation/ Korrespondenz)

ist IKA-Lehrende und Referentin in Weiterbildungskursen an der Wirtschafts- und Kaderschule KV Bern. Sie ist Ehrenmitglied im Verband Lehrende IKA.

Stefan Fries
(Textverarbeitung/ Textgestaltung)

ist Fachvorsteher für IKA am Berufsbildungszentrum Wirtschaft, Informatik und Technik in Willisau sowie Kursleiter am Berufsbildungszentrum Weiterbildung Kanton Luzern. Er ist Präsident des Verbandes Lehrende IKA.

Michael McGarty
(Grundlagen der Informatik/ Outlook)

Informatiker und Telematiktechniker HF, ist Lehrer an der WirtschaftsSchule Thun, an den HSO Schulen Thun Bern AG und an der European Business School AG.

Max Sager
(Informationsmanagement und Administration)

Betriebsökonom FH, ist Lehrer am Gymnasium und an der Handelsmittelschule Thun-Schadau. Er ist Ehrenpräsident des Verbandes Lehrende IKA.

Fredi Schenk
(Präsentation)

Bürofachlehrer, unterrichtete IKA an der WirtschaftsSchule Thun und war Kursleiter für IKA-Kurse am EHB.

Haben Sie Fragen, Anregungen oder Rückmeldungen?
Wir nehmen diese gerne per E-Mail an verlagskv@kvschweiz.ch oder Telefon 044 283 45 21 entgegen.

4. Auflage 2011
Nachdruck 2012

ISBN 978-3-286-33654-4

© Verlag SKV, Zürich
www.verlagskv.ch

Alle Rechte vorbehalten.
Ohne Genehmigung des Verlages ist es nicht gestattet, das Buch oder Teile daraus in irgendeiner Weise zu reproduzieren.

Lektorat: Katia Soland, Yvonne Vafi-Obrist
Umschlag: Agenturtschi, Adliswil

Modul 1   **IKA – Informationsmanagement und Administration**
behandelt das ganze Spektrum des Büroalltags: Outlook, die richtige Wahl und den Einsatz von technischen Hilfsmitteln, die Gestaltung von Arbeitsprozessen, ökologisches und ergonomisches Verhalten und den zweckmässigen und verantwortungsvollen Umgang mit Informationen und Daten.

Modul 2   **IKA – Grundlagen der Informatik**
vermittelt das nötige Grundwissen über Hardware, Software, Netzwerke und Datensicherung.

Modul 3   **IKA – Schriftliche Kommunikation und Korrespondenz**
führt in die Kunst des schriftlichen Verhandelns ein und zeigt, wie Brieftexte partnerbezogen, stilsicher und rechtlich einwandfrei verfasst werden.

Modul 4   **IKA – Präsentation**
vermittelt die wichtigsten Funktionen von PowerPoint und erklärt, wie Präsentationen geplant und gestalterisch einwandfrei erstellt werden.

Modul 5   **IKA – Tabellenkalkulation**
zeigt die wichtigsten Funktionen von Excel auf: Berechnungen, Diagramme, Daten- und Trendanalysen usw.

Modul 6   **IKA – Textverarbeitung und Textgestaltung**
stellt die vielfältigen Möglichkeiten des Textverarbeitungsprogramms Word dar und vermittelt die wichtigsten typografischen Grundregeln für Briefe und Schriftstücke aller Art.

Modul 7   **IKA – Gestaltung von Bildern**
vermittelt sowohl visuelle als auch rechtliche Aspekte hinsichtlich der Konzeption und des Einsatzes von Bildern und führt in die grundlegenden Funktionen gängiger Bildbearbeitungsprogramme ein.

IKA – CD-ROM für Lehrkräfte
enthält Lösungsvorschläge zu den Modulen, die Aufgabendateien sowie weitere Zusatzmaterialien für den Unterricht.

Verlag SKV Enhanced

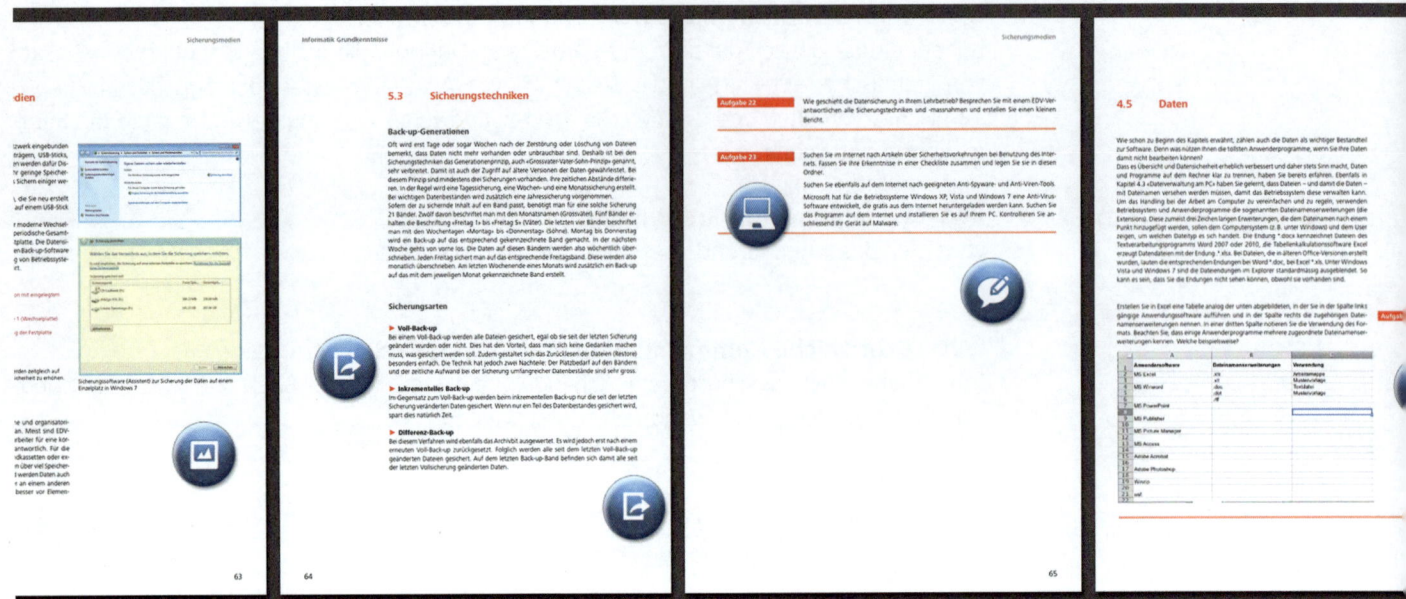

Videos, Screenshots, Tutorials | Bildergalerien | Links zu Mediendaten | Lösungen zu den Aufgabendaten | Testfragen

Die Module des IKA-Lehrmittels sind auch als Enhanced Book erhältlich! – Das **Enhanced Book** ist als digitale Ausgabe des gedruckten Lehrbuchs um multimediale und interaktive Inhalte erweitert.

Als browserbasierte Lösung kann das Enhanced Book auf Computern unter jedem Betriebssystem genutzt werden.

Weitere Informationen
auf www.verlagskv.ch

VERLAG:SKV

Vorwort

Ein Tabellenkalkulationsprogramm ist vergleichbar mit einem elektronischen Rechenheft. Es dient in erster Linie dazu, Berechnungen durchzuführen. Ähnlich wie im Rechenheft zeigt eine Datei, die mit einem Tabellenkalkulationsprogramm erstellt wurde, karierte Seiten. Eine solche Seite wird allgemein als Blatt, Worksheet oder Tabelle bezeichnet. Die einzelnen Kästchen eines Blattes heissen Zellen. In den Zellen können Sie Notizen in Form von Zahlen und Texten eintragen sowie Zwischen- und Endergebnisse berechnen.

Im Unterschied zum Rechenheft ist aber ein Tabellenkalkulationsprogramm bedeutend flexibler. Ändern sich die Berechnungsgrundlagen, müssen Sie im Rechenheft alle Schritte noch einmal durchrechnen. Im elektronischen Rechenblatt hingegen geben Sie die Rechenvorschriften in Formeln ein, sodass nach Eingabe der neuen Ausgangswerte automatisch das richtige Ergebnis berechnet wird. Dies ist der entscheidende Vorteil von Tabellenkalkulationsprogrammen gegenüber dem Rechenheft und gegenüber anderen Anwendungsprogrammen.

Berechnungen sind aber keinesfalls alles, was Sie mit einer Tabellenkalkulationssoftware anstellen können. Sie hilft Ihnen unter anderem auch,

- Ihre Berechnungen attraktiv zu gestalten (formatieren) und auszudrucken,
- Zahlenmaterial grafisch darzustellen,
- Daten- und Trendanalysen durchzuführen,
- Szenarien durchzurechnen,
- umfangreiche Berichte zu erstellen,
- Daten aus oder in anderen Anwendungsprogrammen weiterzuverarbeiten,
- eigene Anwendungen zu programmieren.

Da gerade bei der Lösung betriebswirtschaftlicher und technischer Probleme häufig sich ändernde Daten auf immer wieder gleiche Art und Weise verarbeitet werden, stellen Tabellenkalkulationsprogramme heute sowohl im kaufmännischen als auch im technisch-gewerblichen Umfeld ein unverzichtbares Hilfsmittel dar.

Rolf Bänziger

Inhaltsverzeichnis

Vorwort		1
1	**Excel-Grundlagen**	**5**
1.1	Der Aufbau von Excel	6
1.2	Das Zellenmodell	12
1.3	Dateneingabe	15
1.4	Markieren	19
1.5	Spalten- und Zeilenformat	22
1.6	Zellenbearbeitung	23
2	**Formeln**	**35**
2.1	Formelsyntax	36
2.2	Formeleingabe	38
2.3	Bezugsarten	43
3	**Formatierung**	**57**
3.1	Grundlagen der Zellformatierung	58
3.2	Zahlenformate	69
3.3	Ausrichtung	83
3.4	Schrift	87
3.5	Rahmen	89
3.6	Ausfüllen	91
3.7	Mit Vorlagen formatieren	93
3.8	Bedingte Formatierung	98
4	**Funktionen**	**103**
4.1	Funktionssyntax	104
4.2	Funktionen auswählen	106
4.3	Mathematische Funktionen (Mathematik und Trigonometrie)	107
4.4	Statistische Funktionen	115
4.5	Logische Funktionen	126
4.6	Datums- und Zeitfunktionen	133
5	**Diagramme**	**139**
5.1	Diagrammbegriffe	140
5.2	Diagrammtypen	142
5.3	Diagramme erstellen (einfügen)	143
6	**Datenlisten**	**163**
6.1	Aufbau von Datenlisten	164
6.2	Sortieren	165
6.3	Datensätze filtern	167
6.4	Datensätze erfassen, suchen, ändern oder löschen	172
6.5	Zellinhalte aufteilen	174
6.6	Teilergebnisse	175
7	**Seitenlayout**	**179**
8	**Stichwortverzeichnis**	**187**

Excel Grundlagen

1

Tabellenkalkulation

1.1 Der Aufbau von Excel

▶ Nach dem Start von Excel zeigt der Bildschirm im Anwendungsfenster eine neue, leere Arbeitsmappe. Für die Arbeit mit diesem Lehrmittel und andern Excel-Büchern ist es wichtig, dass Sie die Bezeichnungen der einzelnen Bildschirmobjekte kennen.

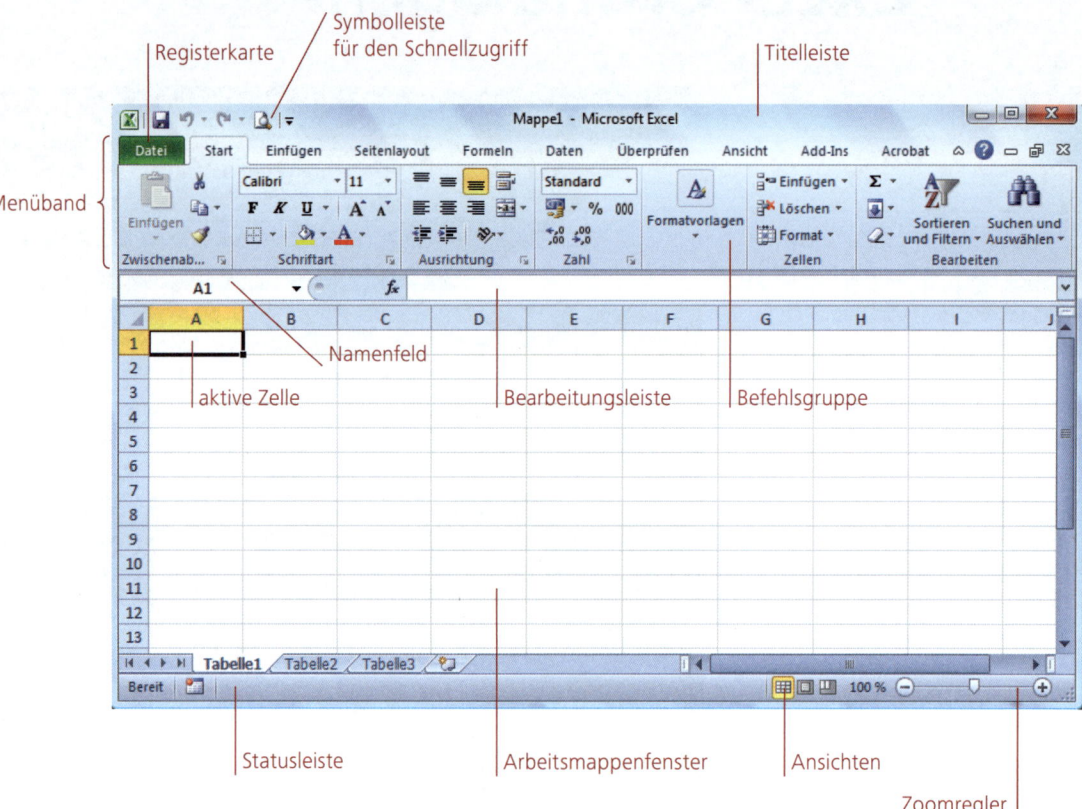

Anwendungsfenster

Betrachten wir die wichtigsten Elemente etwas genauer:

Tipp: Möchten Sie das Menüband ausblenden, damit Sie mehr Platz auf dem Bildschirm haben? Dafür stehen Ihnen mehrere Möglichkeiten zur Auswahl:

- **Ctrl+F1**
- ein Doppelklick auf irgendeine Registerkarte
- ein Klick auf das Symbol **Menüband minimieren** (links vom Excel-Hilfe-Symbol)

▶ **Menüband**

Das Menüband besteht standardmässig aus den Registern **Datei, Start, Einfügen, Seitenlayout, Formeln, Daten, Überprüfen** und **Ansicht.** Je nach Installation können weitere Registerkarten dazukommen, und je nach Bildschirmauflösung und Grösse des Anwendungsfensters kann das Menüband unterschiedlich aussehen.

Die Befehle des Registers **Datei** unterstützen Sie bei der Arbeit **mit** der Arbeitsmappe als Ganzes: beim Öffnen, Speichern oder Drucken einer Arbeitsmappe. Die übrigen Registerkarten enthalten Befehle, die Sie bei der Arbeit in der Arbeitsmappe unterstützen: beim Berechnen, Sortieren oder Filtern von Daten.

Die Registerkarten selbst bestehen aus **Befehlsgruppen,** die eine Aufgabe in Teilaufgaben gliedern. So findet man auf der Registerkarte **Start** beispielsweise die Befehlsgruppe **Zwischenablage, Schriftart** und **Absatz.** Die Namen der Gruppen werden am unteren Rand des Menübandes angezeigt.

Die Befehlsgruppen ihrerseits enthalten **Befehlsschaltflächen.** Einige führen den Befehl sofort aus, beispielsweise **fett;** bei anderen (diese sind mit einem kleinen Pfeil gekennzeichnet) wird zuerst ein Menü geöffnet. Dieses enthält dann weitere Befehle. Beachten Sie den Pfeil auf der Befehlsschaltfläche für **Unterstreichen.**

Der Aufbau von Excel

Wenn in einer Befehlsgruppe nicht alle Excel-Funktionen in Form von Schaltflächen zur Verfügung stehen, wird neben dem Namen der Befehlsgruppe eine kleine Schaltfläche angezeigt, das sogenannte **Startprogramm für Dialogfelder**. Beachten Sie beispielsweise neben dem Wort **Schriftart** die kleine Schaltfläche.

Tipp: Wenn Sie die **Alt-Taste** betätigen, werden auf dem Menüband die Tastenkombinationen angezeigt, die Sie drücken müssen, um die Befehle mit der Tastatur auszuwählen.

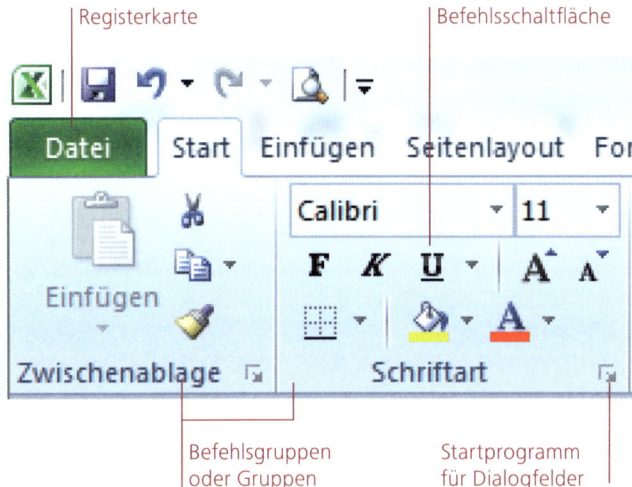

Wenn das Menüband ausgeblendet ist, sind nur noch die Registerkarten sichtbar. Ein Klick auf eine Registerkarte blendet das Menüband vorübergehend ein. Sobald Sie einen Befehl ausgewählt haben, verschwindet das Menüband wieder. Um es wieder dauerhaft anzuzeigen, stehen Ihnen dieselben Möglichkeiten wie für das Ausblenden zur Verfügung (Ctrl+F1 usw.).

▶ **Symbolleiste für den Schnellzugriff**

In dieser Symbolleiste befinden sich Befehle, die häufig gebraucht werden und keiner Registerkarte zugeordnet werden können. Dazu gehören beispielsweise **Speichern** oder **Rückgängig**.

Symbolleiste für den Schnellzugriff

Möchten Sie die Symbolleiste anpassen? Dann klicken Sie auf den Pfeil ganz rechts. Über das sich öffnende Menü können Sie Befehle abwählen oder neue hinzufügen:

Symbolleiste für den Schnellzugriff anpassen

Tabellenkalkulation

Befehle, die im **Menüband** sichtbar sind, können besonders schnell der Symbolleiste für den Schnellzugriff hinzugefügt werden: Klicken Sie mit der rechten Maustaste auf den Befehl und wählen Sie dann **Zu Symbolleiste für den Schnellzugriff hinzufügen.**

```
Zu Symbolleiste für den Schnellzugriff hinzufügen
Symbolleiste für den Schnellzugriff anpassen...
Symbolleiste für den Schnellzugriff unter dem Menüband anzeigen
Menüband anpassen...
Menüband minimieren
```

Befehle zur Symbolleiste für den Schnellzugriff hinzufügen

Tipp: Machen Sie sparsam von der Möglichkeit Gebrauch, die Symbolleiste für den Schnellzugriff zu erweitern. Überladen Sie sie nicht.

Um eine Schaltfläche wieder aus der Symbolleiste für den Schnellzugriff zu entfernen, klicken Sie den Befehl mit der rechten Maustaste an und wählen im Kontextmenü den Befehl **Aus Symbolleiste für den Schnellzugriff entfernen.**

▶ **Titelleiste**
In der Titelleiste stehen von links nach rechts der Dateiname, sofern die Datei bereits gespeichert worden ist, der Programmname (Microsoft Excel) und die Symbole zur Fenstersteuerung (Minimieren, Maximieren, Wiederherstellen, Schliessen).

▶ **Namenfeld**
Das Namenfeld zeigt die Position der markierten Zelle an.

▶ **Bearbeitungsleiste**
In der Bearbeitungsleiste können Sie Formeln, Text usw. bequem bearbeiten. Mehr dazu in den folgenden Kapiteln.

▶ **Aktive Zelle**
Wenn Sie Excel gestartet haben, ist die Zelle A1 markiert. Sie erkennen das am schwarzen Rahmen, der die Zelle umgibt.

▶ **Statusleiste**
Die Statusleiste ist zur Informationszentrale geworden. Sobald Sie beispielsweise zwei Zahlen markieren, zeigt Ihnen die Statusleiste die Summe und den Durchschnitt an. Betrachten Sie die Möglichkeiten, die Ihnen die Statusleiste bietet: Öffnen Sie über die rechte Maustaste das Kontextmenü der Statusleiste.

▶ **Ansichten**
Ihre Arbeitsmappe können Sie in verschiedenen Ansichten betrachten. Dafür stehen Ihnen drei Symbole zur Verfügung. Welche Ansichten sich wofür am besten eignen, erfahren Sie später.

▶ **Zoomregler**
Wie im Word, so können Sie auch in Excel die Ansicht stufenlos vergrössern oder verkleinern. Die Bildschirmanzeige und das gedruckte Dokument stimmen am genausten überein, wenn Sie den Zoom auf 100 Prozent eingestellt haben. Der Zoom lässt sich auf bis zu zehn Prozent verkleinern oder auf 400 Prozent vergrössern.

Arbeitsmappenfenster

Wird das Arbeitsmappenfenster minimiert oder als Unterfenster des Anwendungsfensters angezeigt, ist ersichtlich, dass in Wirklichkeit zwei Fenster geöffnet sind: das Anwendungsfenster und das Arbeitsmappenfenster. In einem Anwendungsfenster können mehrere Arbeitsmappenfenster geöffnet und angeordnet werden.

Das Arbeitsmappenfenster verfügt ebenfalls über eine Titelleiste, in welcher der Name der Arbeitsmappe und Symbole zur Fenstersteuerung (**Minimieren, Maximieren, Wiederherstellen, Schliessen**) angezeigt werden. Nicht gespeicherte Arbeitsmappen werden mit dem Namen **Mappe** und einer aufsteigenden Nummerierung angezeigt.

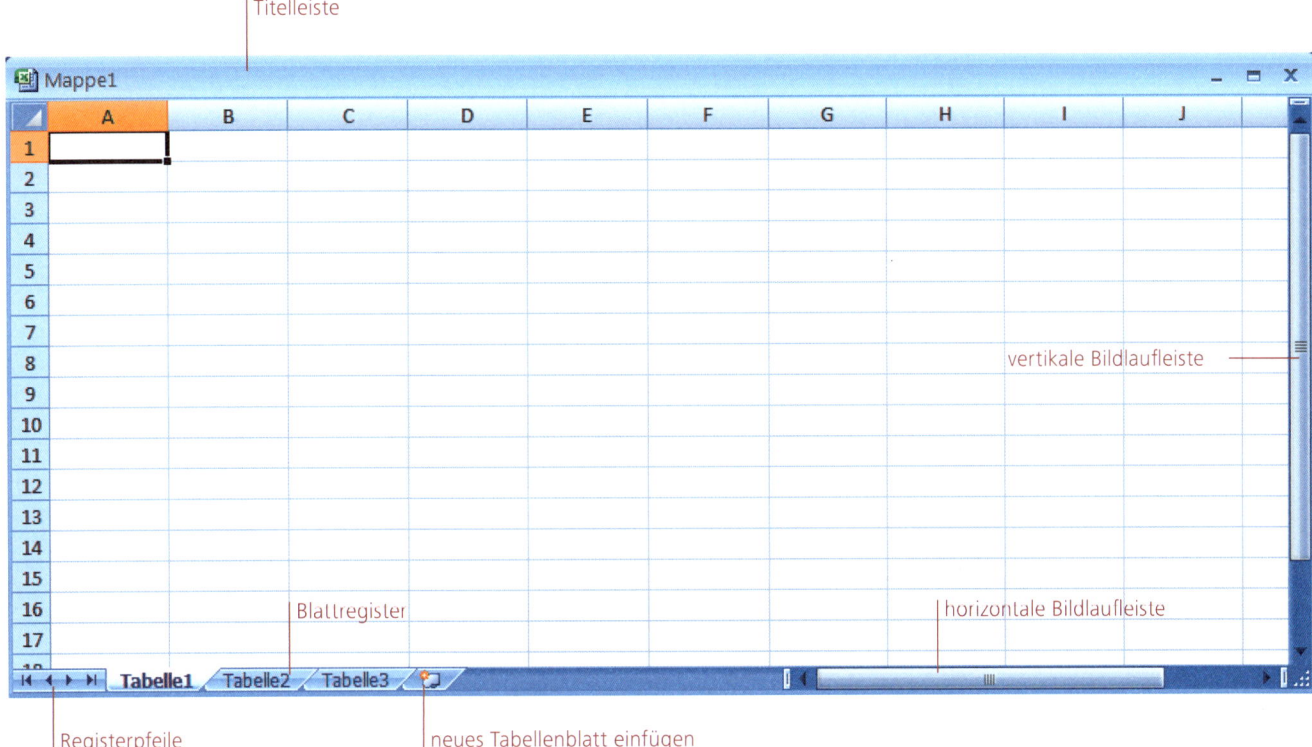

Arbeitsmappenfenster

Eine Arbeitsmappe ist eine Datei, die ein oder mehrere Tabellenblätter enthält (Standardwert 3 Blätter). Dies ermöglicht Ihnen, zusammengehörende Daten in einer einzigen Datei zu speichern. Die maximale Zahl der Tabellenblätter ist lediglich durch den verfügbaren Arbeitsspeicher begrenzt. Die Namen der einzelnen Blätter werden im Blattregister am unteren Rand des Arbeitsmappenfensters angezeigt. Standardmässig vergibt Excel die Namen **Tabelle1, Tabelle2** und **Tabelle3**. Der Name des aktiven Blattes wird fett hervorgehoben. Um zu einem andern Blatt zu wechseln, klicken Sie auf das entsprechende Blattregister oder drücken **Ctrl+PageUp** bzw. **Ctrl+PageDown**.

▶ **Tabellenblätter umbenennen**

Zum besseren Verständnis (vor allem auch für andere Anwender Ihrer Arbeitsmappe) sollten Sie die einzelnen Arbeitsblätter mit kurzen, aussagekräftigen Namen versehen, beispielsweise **Budget** 2009. Der Name kann bis zu 31 Zeichen lang sein – einschliesslich Leerzeichen. Diese Länge sollten Sie wenn möglich nie ausschöpfen. Gehen Sie für das Umbenennen wie folgt vor:

1. Doppelklicken Sie im Blattregister auf den Tabellennamen.
2. Der Name wird markiert, und Sie können den neuen Namen eintippen.
3. Drücken Sie **Enter**.

Tipp: Gewünschtes Tabellenblatt nicht sichtbar?
Ist das gewünschte Blatt nicht sichtbar, weil die Arbeitsmappe eine grosse Anzahl von Arbeitsblättern enthält, verwenden Sie die Registerlaufpfeile, um das gesuchte Blatt einzublenden oder klicken Sie mit der rechten Maustaste auf einen der Registerlaufpfeile. Dadurch öffnet sich ein Kontextmenü, aus dem Sie das Arbeitsblatt auswählen können:

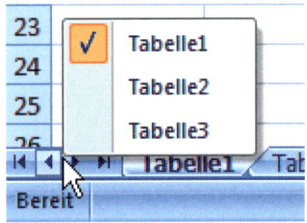

Tabellenkalkulation

Sie können den Namen auch über das **Kontextmenü** des Blattregisters ändern. Denken Sie daran: Wenn Sie einen Befehl nicht kennen, klicken Sie mit der **rechten** Maustaste auf das Objekt, an dem Sie etwas ändern wollen. Meistens bietet Ihnen das Kontextmenü den gesuchten Befehl an.

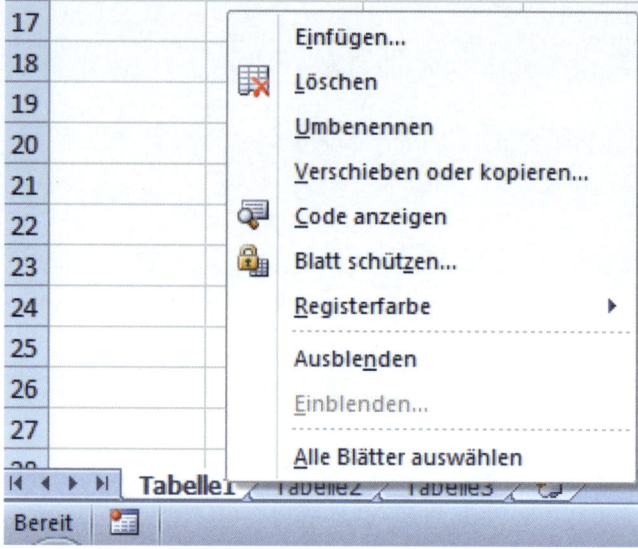

Kontextmenü des Blattregisters

▶ Tabellenblätter verschieben, kopieren

Die Reihenfolge der Tabellenblätter lässt sich ändern. Ziehen Sie das Blattregister mit der Maus einfach an die gewünschte Stelle. Zum Kopieren drücken Sie gleichzeitig **Ctrl**. Beide Aktionen können Sie auch über das Kontextmenü ausführen.

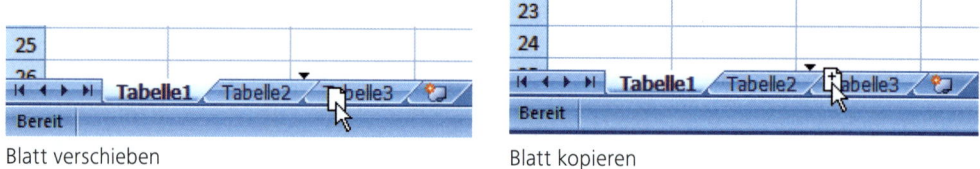

Blatt verschieben   Blatt kopieren

Die Bildlaufleisten dienen dazu, im aktiven Tabellenblatt horizontal und vertikal zu blättern.

Tipp: Löschen Sie leere Arbeitsblätter, die Sie nicht brauchen. Das erleichtert Ihnen die Übersicht.

▶ Tabellenblätter löschen

Klicken Sie mit der rechten Maustaste auf das zu löschende Arbeitsblatt und wählen Sie im Kontextmenü den Befehl **Löschen** aus.

▶ Tabellenblätter einfügen

Verwenden Sie dazu die Schaltfläche **Neues Arbeitsblatt**; sie befindet sich am Ende des Blattregisters:

Tabellenblatt einfügen

Sie können ein Arbeitsblatt auch über das uns bereits vertraute Kontextmenü einfügen. Selbstverständlich existieren für fast alle Befehle auch Tastenkombinationen.

▶ **Blattregister farblich gestalten**
Zusammengehörenden Tabellenblättern können Sie auch eine Farbe zuweisen. Öffnen Sie dazu das Kontextmenü des Tabellenblattes und wählen Sie unter **Registerfarbe** die gewünschte Farbe.

▶ **Der Aufbau von Tabellenblättern**
Ein Tabellenblatt ist in Spalten und Zeilen aufgeteilt, die mit Buchstaben (Spaltenkopf) und Zahlen (Zeilenkopf) bezeichnet sind. Jeder Schnittpunkt zwischen einer Spalte und einer Zeile stellt eine Zelle dar, die bearbeitet werden kann.

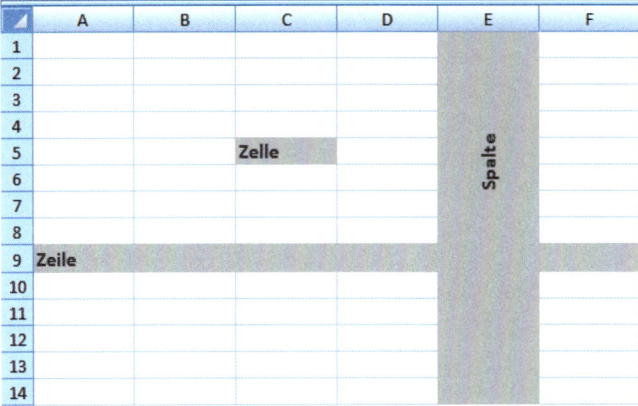
Tabellenblatt

Je Tabellenblatt stehen höchstens 1 048 576 Zeilen und 16 384 Spalten zur Verfügung. Die Zeilen werden von 1 bis 1 048 576 durchnummeriert, die Spalten werden mit Buchstaben und Buchstabenkombinationen (A, B, C, D … Z, AA, AB, AC …) bezeichnet. Die letzte Spalte heisst XFD.

Arbeitsumgebung über Excel-Optionen anpassen

Jeder Arbeitsplatz stellt bestimmte Anforderungen; daher lässt sich Excel Ihren Bedürfnissen anpassen. Klicken Sie auf die Registerkarte **Datei,** dann auf **Optionen.**

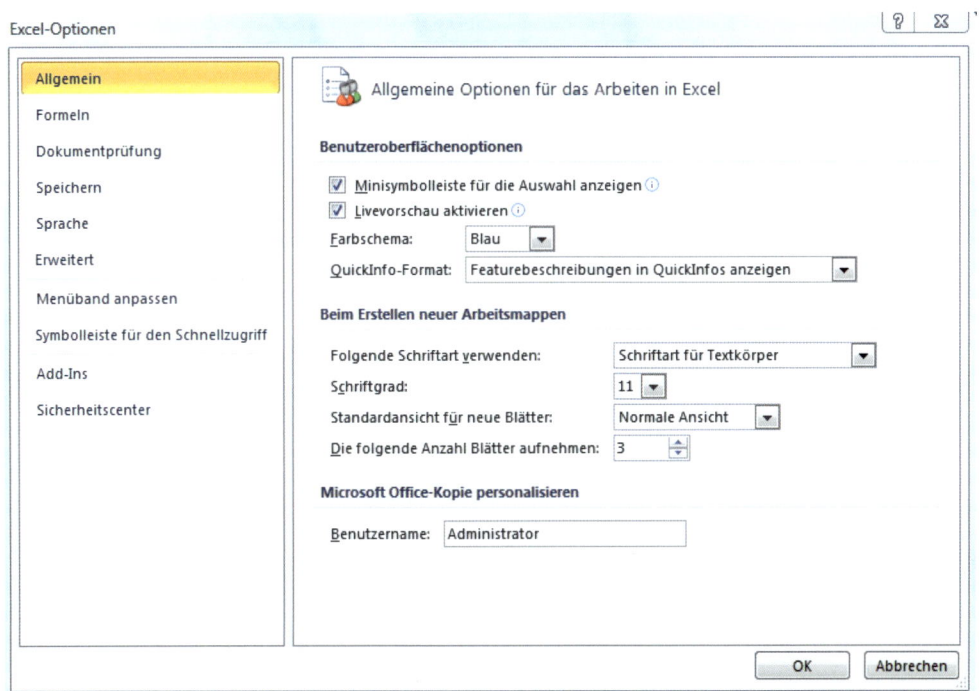

Es würde zu weit führen, an dieser Stelle alle Kategorien zu beschreiben. Wir beschränken uns daher auf drei:

▶ **Allgemein**
In der Kategorie **Allgemein** finden Sie beispielsweise die Einstellungen für die Standardschrift und die Anzahl der Tabellenblätter je Arbeitsmappe. Für einige Optionen wird eine kurze Information eingeblendet, wenn Sie mit der Maus auf das kleine «i» im Kreis zeigen.

▶ **Erweitert**
Unter **Erweitert** finden Sie die häufigsten Einstellungen. Sie können zum Beispiel festlegen, wie sich die Markierung verhalten soll, nachdem Sie **Enter** gedrückt haben, oder ob die Bildlaufleisten angezeigt werden sollen.

▶ **Menüband anpassen**
Hier bestimmen Sie, wie das **Menüband** aussehen soll. Sie legen also fest, welche Register mit welchen Einträgen (Befehlen) angezeigt werden sollen. Register, die Sie kaum brauchen, können Sie beispielsweise ausblenden.

1.2 Das Zellenmodell

Die folgende Übersicht zeigt, dass jede Zelle eines Tabellenblattes fünf Eigenschaften aufweist.

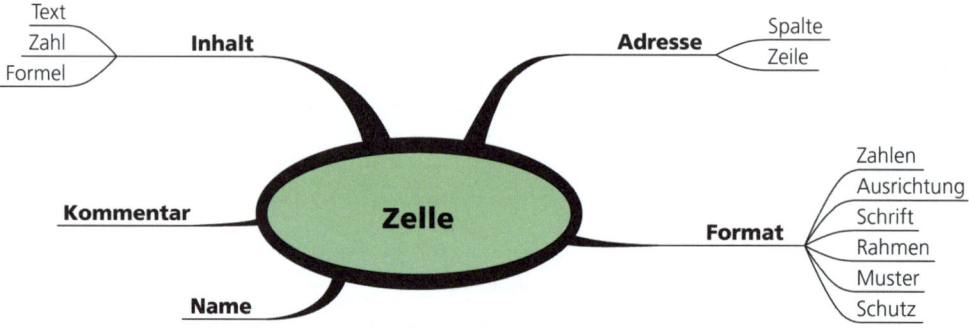

Die Eigenschaften **Adresse**, **Format** und **Inhalt** sind zentral für die Arbeit mit Excel. Sie sollen deshalb etwas näher betrachtet werden. Auf die Erläuterung von Kommentaren und Namen wird im Rahmen dieser Einführung verzichtet.

Adresse (Zelladresse, Zellbezug)

Die Adresse einer Zelle wird aus der entsprechenden Spalten- und Zeilenbezeichnung gebildet. Die aktive Zelle ist von einem breiten Rahmen umgeben, und ihre Adresse wird jeweils im **Namenfeld** angezeigt.

Mithilfe dieser Adressen wird in Berechnungen und Diagrammen auf die entsprechenden Zellen Bezug genommen. Deshalb spricht man anstelle von einer **Zelladresse** auch von einem **Zellbezug**.

Sie können auch auf einen ganzen Zellbereich, d. h. mehrere benachbarte Zellen, die zwischen zwei Zellbezügen liegen, Bezug nehmen. Zu diesem Zweck setzen Sie zwischen den beiden Zellbezügen einen Doppelpunkt.

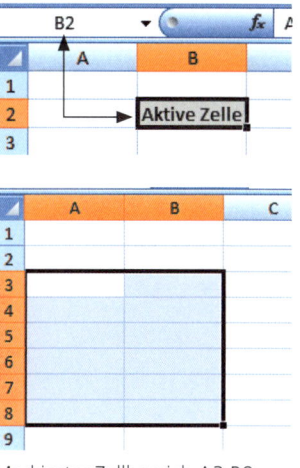

Bezug auf	Eingabe im Namenfeld
die Zelle in Spalte F und Zeile 7	F7
den Zellbereich zwischen den Zellen A3 und B8	A3:B8
alle Zellen in Zeile 5	5:5
alle Zellen in den Zeilen 5 bis 10	5:10
alle Zellen in Spalte H	H:H
alle Zellen in den Spalten H bis J	H:J

Markierter Zellbereich A3:B8

Format

Durch Zuweisen von Zellformaten können Sie das Erscheinungsbild der einzelnen Zellen verändern und damit Ihre Tabellen optisch ansprechend gestalten. Es gibt zahlreiche Möglichkeiten, Zellen zu formatieren. Eine davon ist die Minisymbolleiste, die oberhalb des Kontextmenüs angezeigt wird. Sie wird durch Rechtsklick auf eine Zelle eingeblendet.

Minisymbolleiste

Unter der Registerkarte **Start** finden Sie in den Befehlsgruppen **Schriftart, Ausrichtung, Zahl** usw. weitere Möglichkeiten der Zellformatierung. Mit der Zellformatierung beschäftigt sich das Kapitel 3 dieses Lehrmittels eingehend.

Inhalt

Der Inhalt einer Zelle kann aus einem Text, einer Zahl oder einer Formel bestehen.

▶ Texte

Texte werden standardmässig **linksbündig** angezeigt. Die Ausrichtung lässt sich über ein entsprechendes Zellformat ändern. Ist der Text länger als die Spaltenbreite und hat die benachbarte Spalte keinen Inhalt, wird über den Spaltenrand hinaus geschrieben. Ist die benachbarte Spalte nicht leer, wird der Text nach Betätigen von **Enter** abgeschnitten.

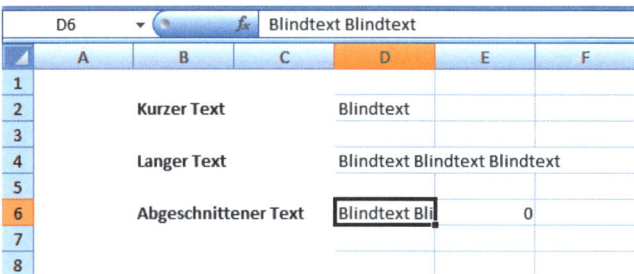

Darstellung von Texten

Tabellenkalkulation

Die Zelle E6 enthält im vorliegenden Beispiel die Zahl Null. Deshalb wird der Inhalt der Zelle D6 abgeschnitten. Auch ein (unsichtbares) Leerzeichen würde genügen, um den Inhalt abzuschneiden.

▶ Zahlen

Zahlen werden standardmässig **rechtsbündig** angezeigt. Die Ausrichtung lässt sich über ein entsprechendes Zellformat ändern.

Zahlen, die grösser sind als die Spaltenbreite, werden in Exponentialschreibweise dargestellt.

Hinweis: Die Exponentialdarstellung dient der Darstellung besonders grosser oder kleiner Zahlen.
Die Zahl wird als Produkt einer rationalen Zahl von 1 bis 9,99… und einer Zehnerpotenz dargestellt. Der Exponent zeigt an, um wie viele Stellen «das Komma verschoben» wurde, bei positivem Exponenten nach links, bei negativem nach rechts.

Beispiele: $659200000000 = 6{,}592 \cdot 10^{11} = 6.592\text{E}11$
$0{,}0000000037 = 3{,}7 \cdot 10^{-9} = 3.7\text{E-}9$

Zahl in Exponentialschreibweise

Zahlen dürfen ausschliesslich aus Ziffern und allenfalls einem Dezimaltrennzeichen bestehen. Andernfalls können Sie mit dem Zellinhalt nicht rechnen. Die Zuweisung von Währungs-, Gewichts- und anderen Masseinheiten erfolgt mithilfe von Zahlenformaten. Achten Sie darauf, dass Sie als Dezimaltrennzeichen einen Punkt verwenden und Zahlen nicht mit Text vermischen.

	A	B	C	D
1				
2		Zahl	111.11	
3				
4		Text	Fr. 1111.11	
5				
6		Text	1111,11	
7				
8		Zahl	6.592E+11	
9				
10		Text	16 kg	
11				

Darstellung von Texten und Zahlen

▶ Formeln

Durch Eingabe von Formeln stellen Sie Berechnungen an. Zellen, die Formeln enthalten, zeigen die Formel nur in der Bearbeitungsleiste an. In der Zelle selbst steht das Ergebnis der Berechnung.

Beachten Sie den Unterschied zwischen dem Inhalt der Zelle B6 in der Bearbeitungsleiste und dem Erscheinungsbild der Zelle B6. Wenn eine Zelle eine Formel enthält, wird am Bildschirm das entsprechende Ergebnis angezeigt. Der Zellinhalt besteht aber aus einer Formel.

▶ Wahrheitswerte

Es gibt zwei Wahrheitswerte: **Wahr** und **Falsch**. Wahrheitswerte werden bei der Auswertung von logischen Ausdrücken erzeugt. Logische Ausdrücke sind Ausdrücke, die entweder wahr oder falsch sind. Dies ist dann von besonderer Bedeutung, wenn Bedingungen überprüft werden (siehe 4.5 Logische Funktionen).

Kennzeichnen Sie Zellen,

- die Text enthalten, mit roter Farbe,
- die Zahlen enthalten, mit blauer Farbe,
- die Formeln enthalten, mit grüner Farbe.

Notieren Sie neben den Formelfeldern die verwendeten Formeln.

Aufgabe 1

	A	B	C
1	Lohnabrechnung		
2			
3	Arbeitsstunden		170
4	Stundenlohn		32
5	Grundlohn		5440
6			
7	Zulagen		
8	Schichtarbeit	500	
9	Gefahrenzulage	250	750
10	Bruttolohn		6190
11			
12	Abzüge		
13	Kost und Logis		975
14			
15	Nettolohn		5215

1.3 Dateneingabe

Zellinhalte eingeben

Um Daten in ein Tabellenblatt einzugeben, aktivieren Sie die Zelle, die Sie bearbeiten wollen. Anschliessend geben Sie die Daten über die Tastatur ein, drücken **Enter** oder die **Tabulatortaste**.

Standardmässig bewegt sich die Markierung nach Drücken von **Enter** auf die nächste Zelle nach unten. Wenn Sie dieses Verhalten ändern wollen, klicken Sie auf das Register **Datei**, dann auf **Optionen**. Wählen Sie dort die Kategorie **Erweitert**. Aktivieren Sie dann das Kontrollkästchen **Markierung nach dem Drücken der Eingabetaste verschieben** und legen Sie im Dropdown-Feld darunter die Richtung fest.

Soll ein Text in einer Zelle auf mehrere Zeilen verteilt werden, so führen Sie an der gewünschten Stelle (nachdem Sie «Anteil» eingetippt haben) mit der Tastenkombination **Alt+Enter** einen Zeilenumbruch durch.

Um eine Eingabe abzubrechen, drücken Sie **Esc**.

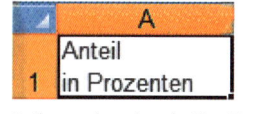

Zeilenumbruch mit **Alt+Enter**

Tabellenkalkulation

Zellinhalte bearbeiten

Die Bearbeitung von Zellinhalten erfolgt entweder durch Überschreiben oder Bearbeiten der fehlerhaften Zelle.

Um einen Zellinhalt zu bearbeiten,

- klicken Sie in die fehlerhafte Zelle und betätigen die Funktionstaste F2. Dadurch springt der Cursor in die Bearbeitungsleiste, sofern im Register **Datei, Optionen**, Kategorie **Erweitert**, das Kästchen **Direkte Zellbearbeitung zulassen** deaktiviert ist;
- klicken Sie auf die Bearbeitungsleiste oder
- doppelklicken Sie auf die Zelle mit den Daten, die Sie bearbeiten möchten. **Hinweis:** Damit der Doppelklick funktioniert, muss im Register **Datei, Optionen**, Kategorie **Erweitert**, das Kästchen **Direkte Zellbearbeitung zulassen** aktiviert sein.

Zellinhalte löschen

Um einen Zellinhalt zu löschen, klicken Sie auf die entsprechende Zelle und drücken **Delete**. Dadurch wird nur der Inhalt, nicht aber eine allfällige Formatierung gelöscht.

Aufgabe 2

Erfassen Sie die folgenden Daten in einem Tabellenblatt und entscheiden Sie anschliessend aufgrund der Ergebnisse, ob es sich bei den Zellinhalten im Zellbereich A4 bis A8 um einen Text oder um eine Zahl handelt.

Zelle	Eingabe	Text	Zahl
A1	Zelle A1		
B1	Zelle B1		
A2	Zelle B2 ist eine leere Zelle.		
B3	Zelle B3		
A3	Diese Eingabe wird abgeschnitten.		
A4	1200	■	■
A5	1200 CHF	■	■
A6	1200,00	■	■
A7	120000000000	■	■
A8	5%	■	■
A9	=A4*A7		
A10	=A5+A6		
A11	=A8*A7		

Aufgabe 3

Erfassen Sie das bewegliche Inventar Ihres Informatikraumes (Objekttyp, Objektart, Anzahl und geschätzten Stückpreis) in einem neuen Tabellenblatt mit dem Namen **Inventar**.

	A	B	C	D	E	F
1	Inventar des Informatikraumes					
2	Typ	Anzahl	Objekt	Preis je Stück	Anschaffungswert	
3	Mobiliar	26	Tische	600		
4		25	Stühle	500		
5		1	Leinwand	1500		
6		1	Wandtafel	2500		
7	Geräte	1	Projektor	1500		
8		1	Beamer	6000		
9		25	Computer	1200		
10		25	Bildschirme	600		
11		1	Drucker	1800		

Löschen Sie die Tabellenblätter **Tabelle2** und **Tabelle3**.

Wie gibt man Brüche ein?
Tippen Sie eine Null ein, gefolgt von einem Leerzeichen und dem Bruch.
Beispiel: 0 3/4

Ihr Arbeitgeber plant einen Betriebsausflug. Für die Berechnung der Kosten hat einer Ihrer Arbeitskollegen eine Tabelle erstellt. Allerdings haben sich zahlreiche Fehler eingeschlichen, die Sie zu korrigieren haben.

Aufgabe 4

Grundtabelle:

	A	B	C	D
1	Bertiebsausfug			
2	Anzal Teilnemer			16
3	Bannfahrt Luzern-Zürich Hauptbahnhof			25
4	Eintrit Kunsthaus Zürich			12
5	Nachtesen			35
6	Kosten			
7	Baanfart			400
8	Musuemseintrit			192
9	Nachtesen			560
10	Total			1152

Ergebnistabelle:

	A	B	C	D
1	Betriebsausflug			
2	Anzahl Teilnehmer			16
3	Bahnfahrt Luzern-Zürich Hauptbahnhof			25
4	Eintritt Kunsthaus Zürich			12
5	Nachtessen			35
6	Kosten			
7	Bahnfahrt			400
8	Museumseintritt			192
9	Nachtessen			560
10	Total			1152

Öffnen Sie die Aufgabe 5. Ergänzen Sie die Tabelle, damit sie nachher wie unten abgebildet aussieht. Dabei lernen Sie eine praktische Tastenkombination und eine zeitsparende Methode zum Erfassen von Daten kennen.

Aufgabe 5

- Zuerst fügen Sie in Zelle D4 das heutige Datum ein, indem Sie bei gedrückter **Ctrl-Taste** den Punkt eintippen.
- Erfassen Sie die Daten des Zellbereichs A8 bis D15: Markieren Sie die Zelle A8. Drücken Sie die linke Maustaste und fahren Sie bis zur Zelle D15. Dadurch wird dieser Bereich markiert.
- Tippen Sie «Art.-Nr.» ein und drücken Sie **Enter**. Dadurch wird die nächste Zelle im markierten Bereich aktiviert. Erfassen Sie nun die übrigen Werte der Spalte A und drücken Sie nach jeder Eingabe **Enter**. Wenn Sie in Zelle A15 die «7» eingetippt und **Enter** betätigt haben, wird die Zelle B8 aktiviert. Sie können so die ganze Tabelle erfassen, ohne auf den Bildschirm schauen zu müssen. Müssen Sie einmal zurückspringen, drücken Sie **Shift** und **Enter** gleichzeitig.

Wichtig: Wenn Sie Daten in einen markierten Bereich eingeben wollen, dürfen Sie die Pfeiltasten nicht verwenden und auch keinen Klick mit der linken Maustaste ausführen, sonst wird die Markierung aufgehoben.

	A	B	C	D
1				
2				
3				
4	Lieferschein Nr. 565			01.08.2011
5				
6	Gemäss Ihrer Bestellung erhalten Sie folgende Artikel:			
7				
8	Art.-Nr.	Artikel	Menge	Preis in CHF
9	1	Massstab	25	1.5
10	2	Bleistift	50	0.5
11	3	Farbstift, rot	25	0.5
12	4	Radiergummi	15	0.8
13	5	Filzstift, blau	10	1.1
14	6	Schreibblock, kariert	50	2.2
15	7	Schreibblock, liniert	75	2.3

Tabellenkalkulation

Register	**Start**
Gruppe	**Bearbeiten**
Befehl	**Löschen**
Die wichtigsten Befehle, die zu einem bestimmten Resultat oder einer Funktion führen, sind jeweils in einer solchen Tabelle am Seitenrand zusammengestellt.	

Zellformate, Kommentare oder Alle löschen

Um Formatierungen oder Kommentare zu löschen, wählen Sie in der Registerkarte **Start**, Befehlsgruppe **Bearbeiten**, die Befehlsschaltfläche **Löschen**. Dadurch öffnet sich folgendes Menü:

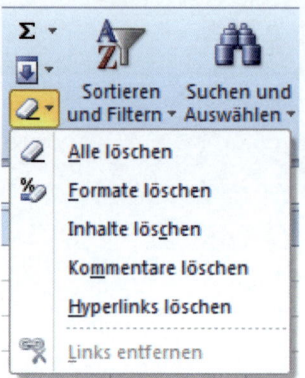

Geöffnete Befehlsschaltfläche **Löschen**

Sie haben folgende Auswahl:

Alle löschen: löscht den Inhalt, die Formatierung und die Kommentare der markierten Zellen.

Formate löschen: löscht nur die Formatierung der markierten Zellen und stellt die Standardformatierung wieder her.

Inhalte löschen: löscht den Inhalt der markierten Zellen. Die Formatierung bleibt erhalten. Dieser Befehl ist gleichzusetzen mit der Verwendung von **Delete**.

Kommentare löschen: löscht nur die zugehörigen Notizen. Inhalt und Formel bleiben unverändert.

Hyperlinks löschen: löscht die Hyperlinks der markierten Zellen, nicht aber die Formatierung.

Links entfernen: löscht die Hyperlinks und sämtliche Formatierungen, wie z.B. fett oder zentriert; dadurch wird die Standardformatierung wiederhergestellt.

Der Schwimmclub Delfin hat Sportartikel eingekauft. Ihre Aufgabe ist es, die folgende Tabelle zu bearbeiten.

Aufgabe 6

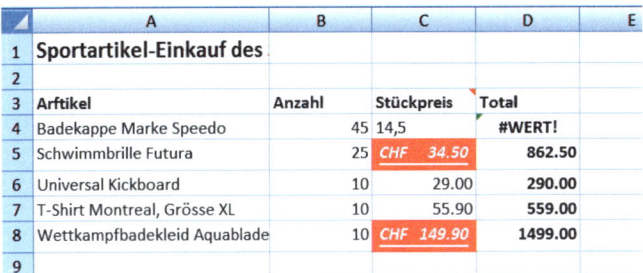

1. Wieso wird der Titel abgeschnitten? Bitte korrigieren!
2. In Zelle A3 hat sich ein Tippfehler eingeschlichen. Bitte verbessern!
3. Löschen Sie den Kommentar in Zelle C3.
4. Weshalb zeigt die Zelle D4 einen Fehlerwert an? Verbessern Sie den Fehler, aber in der richtigen Zelle!
5. Löschen Sie in den Zellen C5 und C8 sämtliche Formatierungen.
6. Fügen Sie in der Zelle A8 nach «Wettkampfbadekleid» einen Zeilenumbruch ein.
7. Benennen Sie das Tabellenblatt 1 in **Einkauf Januar** 20.. um.
8. Löschen Sie die Tabellen 2 und 3.

1.4 Markieren

Wenn Sie eine bestimmte Zelle oder einen Zellbereich bearbeiten (formatieren, löschen, kopieren, verschieben) wollen, müssen Sie diesen Bereich zuerst markieren. Beim Markieren nimmt der Mauspfeil die Form eines weissen Kreuzes an.

Die wichtigsten Markierungstechniken mit der Maus sind folgende:

Text in einer Zelle	Wenn die Zellbearbeitung aktiviert ist, markieren Sie die Zelle, doppelklicken dann darauf und markieren anschliessend den Text in der Zelle.
	Wenn die Zellbearbeitung deaktiviert ist, markieren Sie die Zelle und markieren dann den Text in der Bearbeitungsleiste.
Einzelne Zelle	Klicken Sie auf die Zelle oder verwenden Sie die Pfeiltasten, um zu der betreffenden Zelle zu gelangen.
Bereich von Zellen	Klicken Sie auf die erste Zelle des Bereichs und ziehen Sie dann mit der Maus bis zur letzten Zelle.
Grosser Zellbereich	Klicken Sie auf die erste Zelle des Zellbereichs, halten Sie die **Shift-Taste** gedrückt und klicken Sie dann auf die letzte Zelle des Bereichs. Sie können einen Bildlauf durchführen, damit die letzte Zelle sichtbar wird.

Tabellenkalkulation

Alle Zellen eines Arbeitsblattes	Klicken Sie auf die Schaltfläche «Alles Markieren». 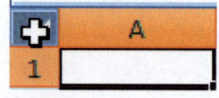 Alle Zellen markieren
Nicht angrenzende Zellen	Markieren Sie die erste Zelle des Zellbereichs; halten Sie die **Ctrl-Taste** gedrückt. Markieren Sie dann die anderen Zellen oder Bereiche.
Ganze Zeile oder Spalte	Klicken Sie auf die Zeilen- oder Spaltenüberschrift.
Angrenzende Zeilen oder Spalten	Ziehen Sie die Maus über die Zeilen- oder Spaltenüberschriften. Sie können auch die erste Zeile oder Spalte markieren, die **Shift-Taste** gedrückt halten und dann die letzte Zeile oder Spalte markieren.
Nicht angrenzende Zeilen oder Spalten	Markieren Sie die erste Zeile oder Spalte, halten Sie die **Ctrl-Taste** gedrückt und markieren Sie dann die anderen Zeilen oder Spalten.
Mehr oder weniger Zellen als die aktive Auswahl	Halten Sie die **Shift-Taste** gedrückt und klicken Sie auf die letzte Zelle, die in die neue Markierung aufgenommen werden soll. Der rechteckige Bereich zwischen der aktiven Zelle und der Zelle, auf die Sie klicken, wird zur neuen Markierung.
Aufheben einer Zellmarkierung	Klicken Sie auf eine beliebige Zelle im Arbeitsblatt.

Aufgabe 7

Führen Sie die folgenden Markierungsübungen durch.

Markieren Sie den Zellbereich B2:E9.

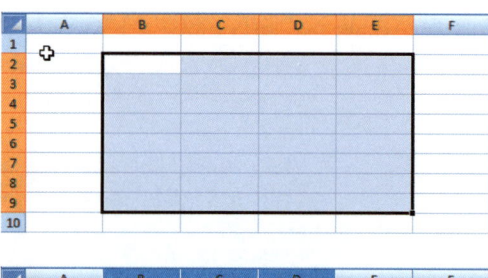

Markieren Sie die Spalten B bis D.

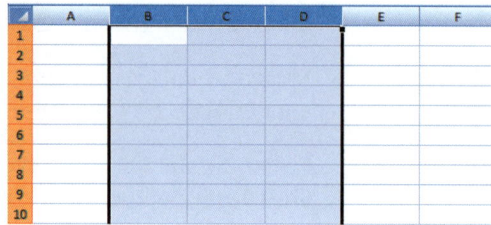

Markieren Sie die Zellen B6 bis D10 und die Zellen C2 bis C14.

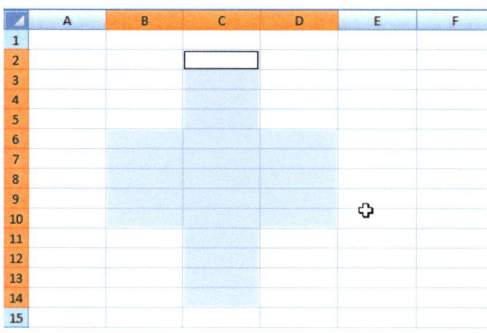

Markieren Sie die Zeile 2 und die Zeilen 6:9.

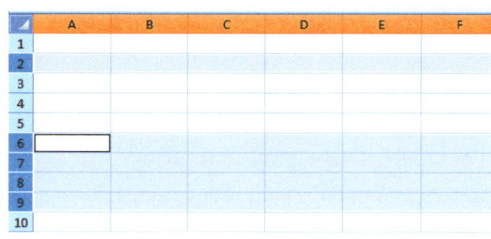

Markieren Sie die Zellen B5, C4, D3 und die Zellen D6 bis E9.

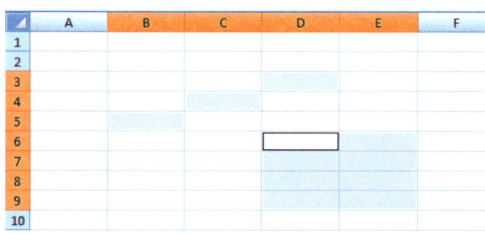

Markieren Sie die ganze Tabelle.

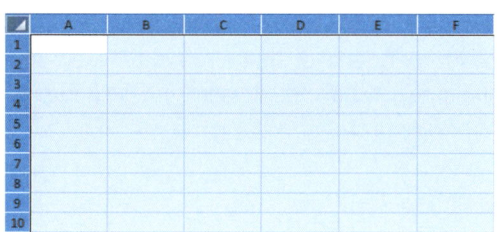

Auch für das Markieren gibt es Tastenkombinationen:

Zeile markieren:	**Shift+Leertaste**
Spalte markieren:	**Ctrl+Leertaste**
Einen zusammenhängenden Datenbereich markieren:	**Ctrl+A**
Das ganze Tabellenblatt markieren:	**Ctrl+A zweimal betätigen**

1.5 Spalten- und Zeilenformat

Spaltenbreite

Gartenzaun

Die Spalten eines neuen Tabellenblattes weisen eine Standardbreite auf. Texte, die über eine Spalte hinausragen, werden abgeschnitten, wenn die Nachbarzelle nicht leer ist. Zahlen, Datumsangaben oder Uhrzeiten, die breiter als die Zelle sind, liefern einen Fehlerwert vom Typ Gartenzaun. In diesen Fällen ist es notwendig, die Spaltenbreite zu vergrössern.

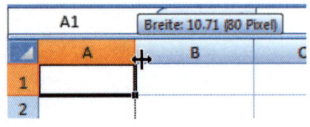
Ändern der Spaltenbreite

▶ Ändern einer einzelnen Spalte
Um die Spaltenbreite zu verändern, ziehen Sie die Begrenzungslinie rechts neben der Spaltenbezeichnung auf die gewünschte Breite.
Die angezeigte Spaltenbreite entspricht der Durchschnittsanzahl der Ziffern 0 bis 9 in der Standardschriftart, die in eine Zelle passen.

▶ Ändern mehrerer Spalten
Falls Sie die Spaltenbreite für mehrere oder sogar alle Spalten des Tabellenblattes verändern wollen, markieren Sie zuerst die gewünschten Spalten und ziehen anschliessend die Begrenzungslinie rechts neben einer markierten Spaltenbezeichnung auf die gewünschte Breite.

▶ Optimieren der Spaltenbreite
Um die Spaltenbreite zu optimieren, d. h., an den längsten Spalteneintrag anzupassen, doppelklicken Sie auf die Begrenzungslinie rechts neben der Spaltenbezeichnung.
Um die Breite mehrerer oder aller Spalten zu optimieren, markieren Sie zuerst die gewünschten Spalten und doppelklicken anschliessend auf die Begrenzungslinie rechts neben einer markierten Spaltenbezeichnung.

Zeilenhöhe

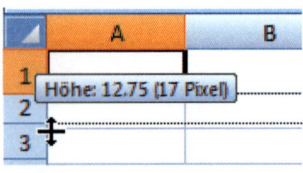
Ändern der Zeilenhöhe

Die Höhe der Zeilen passt sich automatisch der verwendeten Schriftgrösse an, kann aber auch manuell gesteuert werden.
Um die Zeilenhöhe zu verändern, fahren Sie mit der Maus auf die Begrenzungslinie unter der Zeilenbezeichnung. Es erscheint ein schwarzer Doppelpfeil. Drücken Sie die Maustaste und fahren Sie mit der Maus nach oben oder unten.

Aufgabe 8

Öffnen Sie die Aufgabe 8.

1. Die Überschrift ist kaum zu lesen. Passen Sie daher die Höhe der Zeile 1 an.
2. Passen Sie die Spalte A an, damit man alle Texte vollständig lesen kann.
3. Weshalb erscheinen in Spalte F Gartenzäune? Bitte anpassen!
4. Die Spalten B bis F sollten alle gleich breit sein.
5. Die Zeilen 8 bis 12 sowie 16 bis 20 sind zu schmal oder zu breit. Bitte optimal anpassen!

1.6 Zellenbearbeitung

Zellen einfügen

Um eine oder mehrere neue Zellen oder ganze Zeilen und Spalten einzufügen, markieren Sie den Bereich, in den Sie leere Zellen einfügen wollen. Die Zahl der markierten Zellen sollte dabei genau der Zahl der einzufügenden Zellen entsprechen.
Klicken Sie anschliessend mit der rechten Maustaste auf den markierten Bereich und wählen Sie im Kontextmenü den Befehl **Zellen einfügen…** Dadurch wird das Dialogfeld **Zellen einfügen** aufgerufen. Wählen Sie **Zellen nach unten verschieben**.

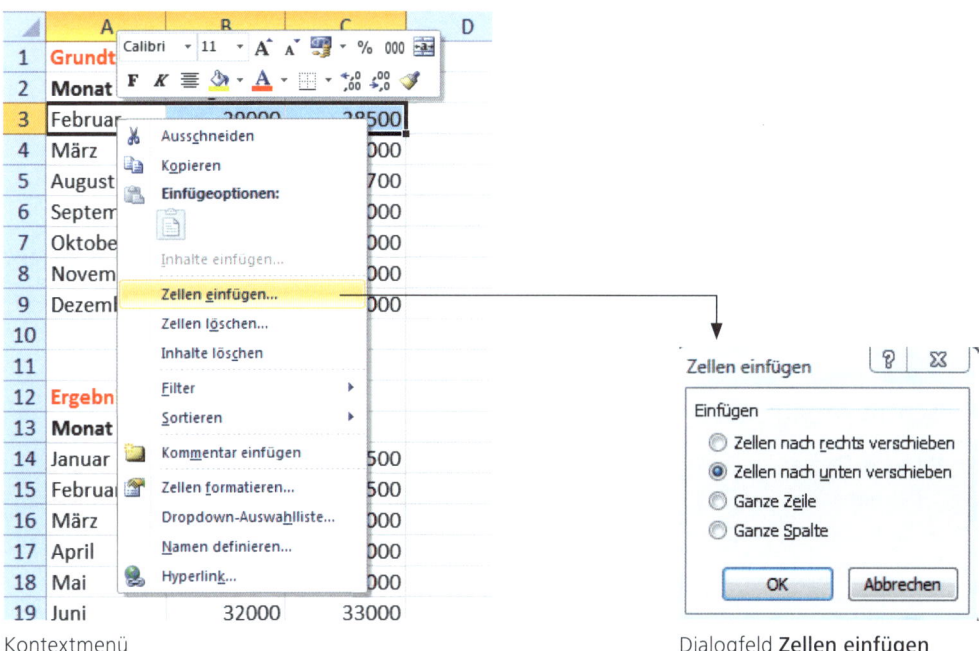

Kontextmenü Dialogfeld **Zellen einfügen**

Beachten Sie: Es werden exakt so viele Zellen, Zeilen oder Spalten eingefügt, wie Sie markiert haben! Neben den eingefügten Zellen sehen Sie einen Pinsel, einen sogenannten Smarttag.

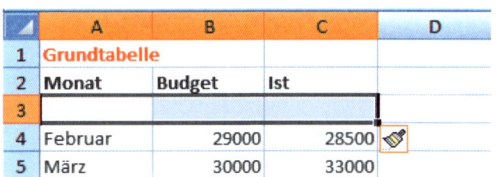

Klicken Sie auf den Smarttag, um sein Menü zu öffnen.

Tabellenkalkulation

Tipp: Zeilen, Spalten und Zellen lassen sich auch über Tastenkürzel einfügen:

1. Markieren Sie die Anzahl der einzufügenden Spalten oder Zeilen.
2. Drücken Sie **Ctrl** und das **Pluszeichen** gleichzeitig. (Wenn Sie das Pluszeichen aus der Ziffernreihe der Tastatur verwenden, müssen Sie zusätzlich zur Ctrl-Taste noch die Shift-Taste drücken.)

Zum Löschen drücken Sie Ctrl und das Minuszeichen gleichzeitig.

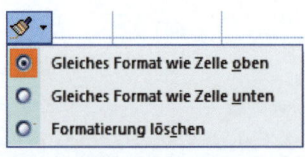
Smarttag-Menü

Sie können wählen, welches Format die eingefügten Zellen erhalten sollen. Wählen Sie für unser Beispiel **Gleiches Format wie Zelle unten**.

Zellen löschen

Das Löschen von Zellen, Zellbereichen, Zeilen und Spalten erfolgt analog zum Einfügen von Zellen. Anstelle von **Zellen einfügen…** wählen Sie im Kontextmenü einfach die Option **Zellen löschen…**

Aufgabe 9

Öffnen Sie die Aufgabe 9. Oben sehen Sie die Grundtabelle und unten die Ergebnistabelle. Ihre Aufgabe ist es, die Grundtabelle zu bearbeiten.

1. In der Grundtabelle fehlt der Januar. Fügen Sie vor dem Februar drei Zellen ein und tippen Sie die gleichen Werte wie in der Ergebnistabelle ein.
2. Die Monate April, Mai, Juni und Juli fehlen. Fügen Sie die fehlenden Zellen in **einem** Arbeitsgang ein und tippen Sie die gleichen Werte wie in der Ergebnistabelle ein.

Zellen in einen leeren Bereich verschieben oder kopieren

▶ Drag & Drop

Um eine oder mehrere Zellen zu verschieben, markieren Sie den Zellbereich. Zeigen Sie anschliessend mit der Maus auf den Rahmen der Markierung und ziehen Sie die Markierung auf den gewünschten Einfügebereich.
Um die Zellen zu kopieren, halten Sie beim Ziehen die **Ctrl-Taste** gedrückt.

Zellen verschieben

Zellen kopieren

▶ Zwischenablage

Das Verschieben und Kopieren über die Zwischenablage eignet sich vor allem dann,

- wenn grössere Zellbereiche verschoben oder kopiert werden sollen;
- wenn Zellen in andere Arbeitsblätter oder Arbeitsmappen verschoben oder kopiert werden sollen.

Vorgehen:

1. Markieren Sie den zu verschiebenden oder zu kopierenden Bereich.
2. Drücken Sie **Ctrl+X**, um die Daten in die Zwischenablage auszuschneiden, oder **Ctrl+C**, um die Daten in die Zwischenablage zu kopieren.
3. Markieren Sie die Zelle, in die Sie die Daten einfügen möchten.
4. Drücken Sie **Ctrl+V**.

Ausschneiden, Kopieren und Einfügen können Sie bequem auch über die Befehlsgruppe **Zwischenablage** des Registers **Start**.

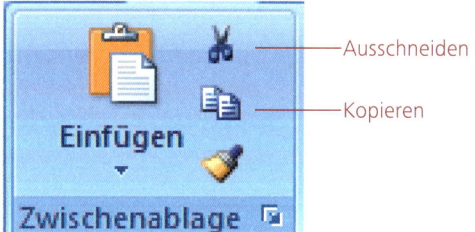

Befehlsgruppe **Zwischenablage** des Registers **Start**

Zellen zwischen bestehende Zellen verschieben oder kopieren

Sie haben eine Tabelle erstellt und möchten im Nachhinein an einer bestimmten Stelle bereits bestehende Daten in diese Tabelle einfügen. Wenn Sie diese einzufügenden Daten einfach mit Drag & Drop an die gewünschte Stelle ziehen, überschreiben Sie die Daten an der Einfügeposition. Das möchte man in der Regel vermeiden! Selbstverständlich könnten Sie leere Zellen in die Tabelle einfügen, um anschliessend in diese leeren Zellen die entsprechenden Daten zu verschieben.

Um diesen Arbeitsweg abzukürzen, bietet Ihnen Excel verschiedene Möglichkeiten, bereits bestehende Daten direkt zwischen andere Daten einzufügen. Wir stellen Ihnen zwei einfache und sichere Methoden vor.

Erste Möglichkeit: **Drag & Drop**

1. Markieren Sie die Daten, die Sie zwischen bestehende Daten einfügen möchten.
2. Bewegen Sie den Mauszeiger auf den Rahmen der Markierung, sodass er als Pfeilkreuz angezeigt wird. Drücken Sie die **rechte** Maustaste und ziehen Sie die Markierung an die gewünschte Stelle.
3. Wenn Sie die Maustaste loslassen, öffnet sich ein Kontextmenü, das eine Anzahl von Befehlen zum Kopieren und Verschieben anbietet. Wählen Sie den gewünschten Befehl aus.

Tabellenkalkulation

	A	B	C	D	E	F
1	**Umsätze Januar**					
2						
3	Kunden-Nr.	Nachname	Vorname	PLZ	Ort	Umsatz
4	100	Müller	Matthias	8200	Schaffhausen	CHF 27'500.00
5	101	Huber	Peter	8200	Schaffhausen	CHF 20'200.00
6	102	Werner	Vreni	8212	Neuhausen	CHF 18'500.00
7	105				erlingen	CHF 19'500.00
8	106				irich	CHF 14'750.00
9	107				bfelden	CHF 20'050.00
10	108				amsen	CHF 16'780.00
11	109				iessenhofen	CHF 12'980.00
12	110				hlattingen	CHF 22'405.00
13	111				eringen	CHF 21'750.00
14						
15						
16	103				ayngen	CHF 13'350.00
17	104				g	CHF 18'900.00

Kontextmenü-Optionen:
- Hierhin verschieben
- Hierhin kopieren
- Hierhin nur als Werte kopieren
- Hierhin nur als Format kopieren
- Verknüpfung hier erstellen
- Hyperlink hier erstellen
- Kopieren und nach unten verschieben
- Kopieren und nach rechts verschieben
- **Ausschneiden und nach unten verschieben**
- Ausschneiden und nach rechts verschieben

Verschieben und Einfügen über das Kontextmenü

Zweite Möglichkeit: **Zwischenablage**

Das Verschieben und Kopieren über die Zwischenablage eignet sich vor allem dann,

- wenn grössere Zellbereiche verschoben oder kopiert werden sollen;
- wenn Zellen in andere Arbeitsblätter oder Arbeitsmappen verschoben oder kopiert werden sollen.

Vorgehen:

1. Markieren Sie die Daten, die Sie zwischen bestehende Daten einfügen möchten.
2. Drücken Sie **Ctrl+X,** um die Daten in die Zwischenablage zu verschieben.
3. Markieren Sie die Stelle (Zelle), an der die Daten eingefügt werden sollen.
4. Öffnen Sie mit einem Rechtsklick das Kontextmenü.
5. Wählen Sie den Befehl **Ausgeschnittene Zellen einfügen.**

Aufgabe 10

In dieser Datei befinden sich zwei Tabellenblätter: Übung 1 und Übung 2.

Übung 1:
Verschieben Sie die Kundendatensätze 103 und 104 in die Aufstellung.

Übung 2:
Bringen Sie die Spalten durch Verschieben in die richtige Reihenfolge: 2004, 2005, 2006, 2007, 2008.

Die Zwischenablage zum Rechnen verwenden

Sie haben gelernt, wie man Inhalte aus der Zwischenablage mit **Ctrl+V** einfügt. Manchmal möchte man die Daten der Zwischenablage nicht einfach 1:1 übernehmen, sondern sie beispielsweise ohne Formatierung einfügen oder sie zum Rechnen gebrauchen. Genau das schauen wir uns an. Nehmen wir an, Sie müssten die Verkaufspreise Ihrer Produkte um 2 Franken erhöhen. Das geht ganz einfach: Sie kopieren den Wert 2 in die Zwischenablage und addieren Ihre Verkaufspreise mit dem Inhalt der Zwischenablage. Betrachten wir das anhand eines Beispiels:

In der Spalte A stehen die Produkte, in der Spalte B die Verkaufspreise. Der Wert, um den Sie die Verkaufspreise erhöhen wollen, steht in Zelle C1. Tippen Sie die kleine Tabelle ab.

	A	B	C
1	**Verkaufspreise**		2
2	Produkt 1	CHF 15.50	
3	Produkt 2	CHF 16.70	
4	Produkt 3	CHF 18.90	
5	Produkt 4	CHF 21.30	
6	Produkt 5	CHF 24.50	

Rechnen mit dem Inhalt der Zwischenablage

Für die Berechnung gehen Sie wie folgt vor:

1. Markieren Sie die Zelle **C1** und betätigen Sie **Ctrl+C**.
2. Markieren Sie die Zellen **B2:B6**.
3. Klicken Sie auf den **unteren Teil** des Symbols **Einfügen** aus der Gruppe **Zwischenablage**.
4. Klicken Sie auf **Inhalte einfügen**.
5. Wählen Sie **Addieren**.
6. Da Sie den Wert in Zelle C1 nicht mehr brauchen, löschen Sie ihn.

Transponieren: Zeilen und Spalten vertauschen

Transponieren stammt aus dem Lateinischen und heisst in seiner ursprünglichen Bedeutung «Ein Tonstück in eine andere Tonart übertragen». Nehmen wir an, Sie möchten eine bestehende Tabelle zur besseren Darstellung so anordnen, dass die Spaltenwerte in Zeilen stehen und die Zeilenwerte in Spalten. Kurz gesagt: Sie möchten Zeilen und Spalten vertauschen oder umstellen.

Tabellenkalkulation

Aufgabe 11

Stellen Sie die Zeilen und Spalten um. Die Anleitung finden Sie auch auf dem Tabellenblatt in der Aufgabendatei.

Bestehende Tabelle

	A	B	C	D	E	F
1		**Grundtabelle**				
2			Filiale Bern	Filiale Zürich	Filiale Chur	
3		Januar	CHF 75'000	CHF 45'000	CHF 34'500	
4		Februar	CHF 63'000	CHF 48'900	CHF 35'600	
5		März	CHF 57'000	CHF 43'500	CHF 37'500	
6		April	CHF 65'000	CHF 45'800	CHF 38'900	
7						

So sollte Ihre Tabelle nach dem Transponieren aussehen:

9									
10		Januar		Februar		März		April	
11	Filiale Bern	CHF	75'000	CHF	63'000	CHF	57'000	CHF	65'000
12	Filiale Zürich	CHF	45'000	CHF	48'900	CHF	43'500	CHF	45'800
13	Filiale Chur	CHF	34'500	CHF	35'600	CHF	37'500	CHF	38'900
14									

Gehen Sie für das Umstellen von Spalten und Zeilen wie folgt vor:

1. Markieren Sie alle Zellen, die Sie umstellen wollen (in der obigen Beispieltabelle sind das die Zellen B2 bis E6).
2. Kopieren Sie die Zellen in die Zwischenablage (am schnellsten mit **Ctrl+C**).
3. Markieren Sie die Stelle (Zelle), an der Sie die kopierten Zellen einfügen möchten.
4. Klicken Sie in der Registerkarte, Gruppe Zwischenablage, auf den unteren Teil des Schaltflächenmenüs **Einfügen**.
5. Klicken Sie auf das Symbol **Transponieren**.

Register	**Start**
Gruppe	**Zwischenablage**
Befehl	**Einfügen**
Befehl	**Inhalte einfügen**
Befehl	**Transponieren**

Der Befehl **Transponieren**

Weitere Einfügemöglichkeiten lernen Sie später kennen. Alle Möglichkeiten sind unter dem Eintrag **Inhalte einfügen…** aufgeführt.

Spalten und Zeilen aus- und einblenden

Manchmal kann es nützlich sein, gewisse Spalten oder Zeilen auszublenden, damit diese nicht gedruckt werden. Spalten und Zeilen lassen sich auf die gleiche Art aus- und wieder einblenden.

▶ **Spalte/Zeile ausblenden**
1. Markieren Sie die ganze Spalte/Zeile, die Sie ausblenden möchten.
2. Öffnen Sie mit einem Rechtsklick das Kontextmenü und wählen Sie den Befehl **Ausblenden**.

Sie erkennen die ausgeblendete Spalte/Zeile zum einen an der fehlenden Spalten- oder Zeilenbeschriftung und zum andern an der etwas dickeren Trennlinie im Spalten- oder Zeilenkopf der beiden Nachbarspalten oder -zeilen.

▶ **Spalte/Zeile einblenden**
1. Markieren Sie im Spaltenkopf die beiden Spalten, die sich links und rechts der ausgeblendeten Spalte befinden, oder markieren Sie die Zeilen oberhalb und unterhalb der ausgeblendeten Zeile.
2. Klicken Sie mit der rechten Maustaste in die Markierung und wählen Sie im Kontextmenü den Befehl **Einblenden**.

Erklärung: Durch das Markieren der beiden Nachbarspalten oder -zeilen wird die ausgeblendete Spalte/Zeile – obwohl unsichtbar – in die Markierung eingeschlossen und unterliegt somit ebenfalls dem Befehl **Einblenden**.

▶ **Tabellenblätter aus- und einblenden**
Klicken Sie dazu mit der rechten Maustaste auf das Blattregister; wählen Sie dann **Ausblenden**.

Bei dieser Aufgabe probieren Sie das Aus- und Einblenden von Zeilen und Spalten aus. **Aufgabe 12**

1. Blenden Sie die Zeilen 15 bis 21 aus.
2. Blenden Sie die Spalten C und E bis F ein.
3. Blenden Sie die Zeilen 8 und 10 bis 13 ein.

Gewiss kennen Sie aus Ihrer Kinderzeit das Schiebepuzzle. Ihre Aufgabe besteht darin, die Zahlen in die richtige Reihenfolge zu bringen. Verschieben Sie die Zellen so, dass die Zahlen aufsteigend von links nach rechts und von oben nach unten angeordnet sind. **Aufgabe 13**

Grundtabelle: Ergebnistabelle:

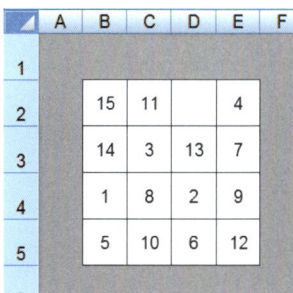

Tabellenkalkulation

Aufgabe 14

Öffnen Sie die Aufgabe 14.

	A	B	C	D	E
1	Betriebsausflug				
2	Anzahl Teilnehmer			16	
3	Bahnfahrt Luzern-Zürich Hauptbahnhof			25	
4	Eintritt Kunsthaus Zürich			12	
5	Nachtessen			35	
6	Kosten				
7	Bahnfahrt			400	
8	Museumseintritt			192	
9	Nachtessen			560	
10	Total			1152	

Ihr Arbeitgeber ist mit dieser Tabelle nicht zufrieden.

1. Kopieren Sie das Tabellenblatt; geben Sie der Kopie den Namen **Ausflug.**
2. Optimieren Sie die Spaltenbreiten und löschen Sie die Spalten B und C.
3. Fügen Sie vor «Anzahl Teilnehmer», «Kosten» und «Total» je eine leere Zeile ein.
4. Ermitteln Sie mithilfe des Internets den Preis für eine Bahnfahrt 2. Klasse Luzern–Zürich Hauptbahnhof retour mit Halbtax-Abo. Fügen Sie den Preis in die Zelle B4 ein.
5. Suchen Sie mithilfe des Internets den Eintrittspreis heraus, den Erwachsene für den Besuch der Sammlung des Kunsthauses Zürich zu entrichten haben. Tippen Sie diesen Betrag in die Zelle B5 ein.

Haben Sie bemerkt, wie sich das Total in Zelle B13 verändert hat?

Aufgabe 15

Überarbeiten Sie die folgende Grundtabelle, bis sie das Erscheinungsbild der Ergebnistabelle zeigt.

	A	B	C	D
1	Bezugsart	Zähler alt	Zähler neu	Preis/Einheit
2	Hochtarif	10713	12693	0.285
3	Niedertarif	1220	14330	0.135
4	Total exkl. MwSt.			
5	MwSt.-Satz	8.00%		
6	Total inkl. MwSt.			

Ergebnistabelle:

	A	B	C	D	E	F
1	Stromrechnung Sommerhalbjahr 200_					
2						
3						
4	Bezugsart	Zähler alt	Zähler neu	Verbrauch	Preis pro Einheit	Betrag
5						
6	Hochtarif	10713	12693		0.285	
7	Niedertarif	12200	14330		0.135	
8						
9	Grundpreis					108
10						
11	Total exkl. MwSt.					
12	MwSt.-Satz	8.00%				
13						
14	Total inkl. MwSt.					

Überarbeiten Sie die folgende Grundtabelle, ohne bereits vorhandene Daten neu einzugeben, bis sie das Erscheinungsbild der Ergebnistabelle zeigt.

Aufgabe 16

Ergebnistabelle:

	A	B
1	Bilanz vom 31.12.200_	
2		
3	Kasse	5
4	Post	7
5	Bank	3
6	Debitoren	15
7	Warenlager	45
8	Mobilien	30
9	Immobilien	120
10	Kreditoren	10
11	Bankschuld	20
12	Hypotheken	80
13	Aktienkapital	90
14	Reserven	25

	A	B	C	D
1	Bilanz vom 31.12.200_			
2				
3				
4	Aktiven		Passiven	
5	Umlaufvermögen		Fremdkapital	
6	Kasse	5	Kreditoren	10
7	Post	7	Bankschuld	20
8	Bank	3	Hypotheken	80
9	Debitoren	15		
10	Warenlager	45		
11				
12	Anlagevermögen		Eigenkapital	
13	Mobilien	30	Aktienkapital	90
14	Immobilien	120	Reserven	25

AutoAusfüllen

Eine weitere praktische Möglichkeit, Zellinhalte zu kopieren, stellt die Funktion **AutoAusfüllen** dar.

Das kleine schwarze Viereck in der rechten unteren Ecke einer Markierung wird als Ausfüllkästchen bezeichnet. Wenn Sie auf das Ausfüllkästchen zeigen, nimmt der Mauszeiger die Form eines schwarzen Kreuzes an. Um Inhalte in angrenzende Zellen oder Zellbereiche zu kopieren, markieren Sie die betreffenden Zellen und ziehen Sie das Ausfüllkästchen in die gewünschte Richtung.

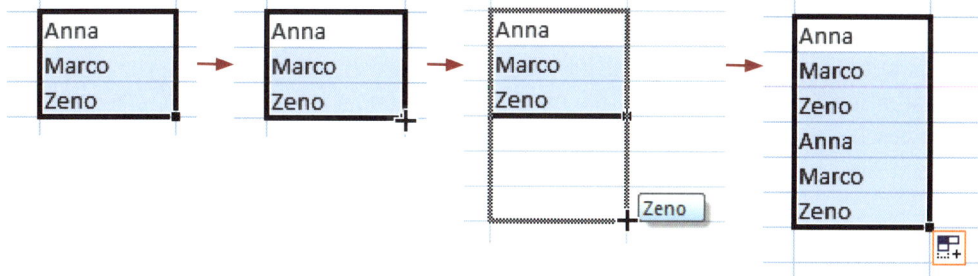

Mithilfe dieser Funktion können Sie aber nicht nur Zellinhalte kopieren, sondern auch sehr schnell und «intelligent» Reihen erstellen.

Wenn Sie beispielsweise in eine Zelle «Montag» schreiben, diese anschliessend markieren und das Ausfüllkästchen in die gewünschte Richtung ziehen, füllt Excel die Zellen automatisch mit den Wochentagen aus.

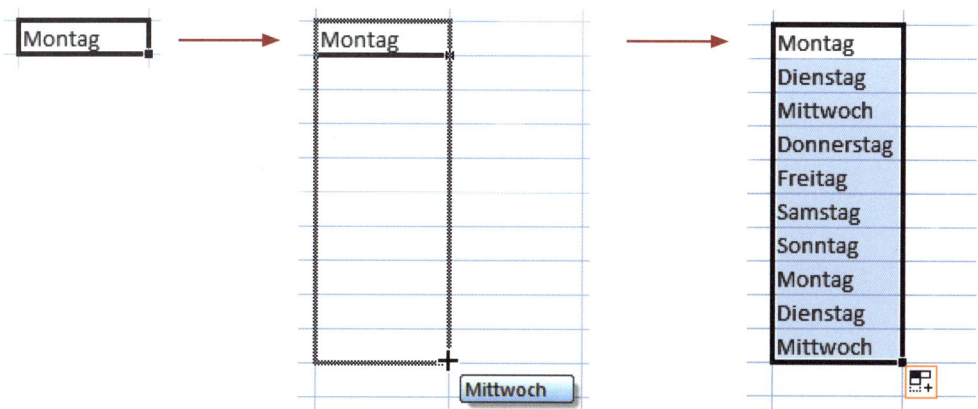

Tabellenkalkulation

Dieses «intelligente» Ausfüllen basiert auf Vorgaben in den Excel-Optionen: Öffnen Sie das Register **Datei** und klicken Sie auf **Optionen**. Dort finden Sie in der Kategorie **Erweitert** die Schaltfläche **Benutzerdefinierte Listen bearbeiten**.

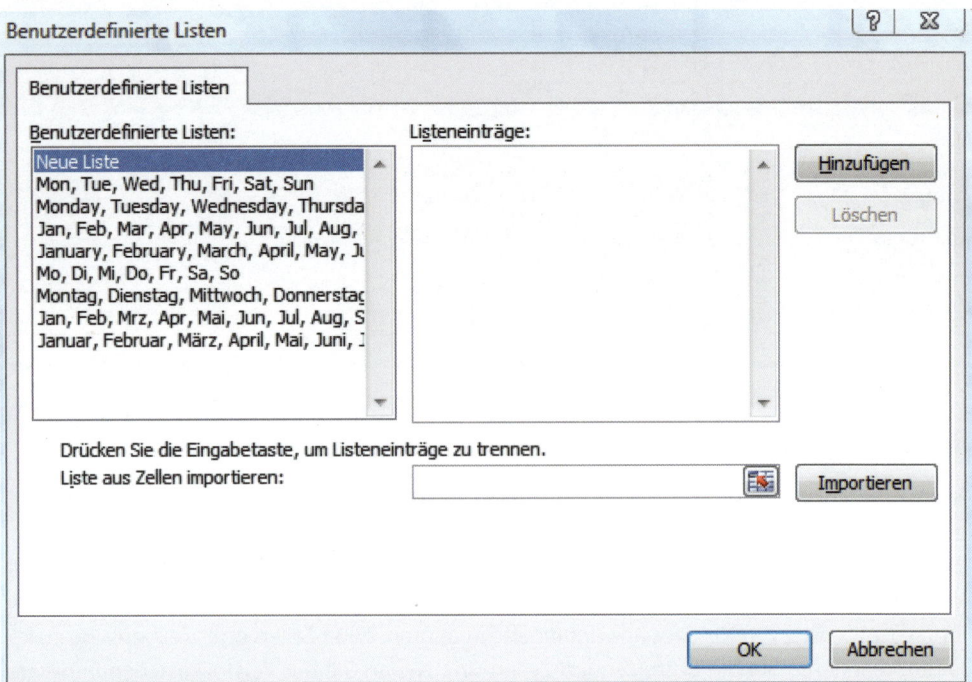

Benutzerdefinierte Listen bearbeiten

Hier können Sie für häufig verwendete Texteinträge, beispielsweise die Namen der Mitarbeitenden Ihrer Firma, auch eigene Ausfüllreihen erstellen.

Bei Datumseingaben oder Texten, die mit einer Ziffer beginnen oder enden, erzeugt Excel automatisch eine Aufzählung. Falls Sie den Vorgabewert lediglich kopieren wollen, drücken Sie beim Ziehen die **Ctrl-Taste**.

Um eine Zahlenreihe zu erstellen, müssen Sie als Vorgabe zwei Zahlen eingeben, anschliessend die beiden Zellen markieren und das Ausfüllkästchen in die gewünschte Richtung ziehen. Excel erstellt eine Zahlenreihe, die auf der Differenz der beiden Vorgabewerte basiert.

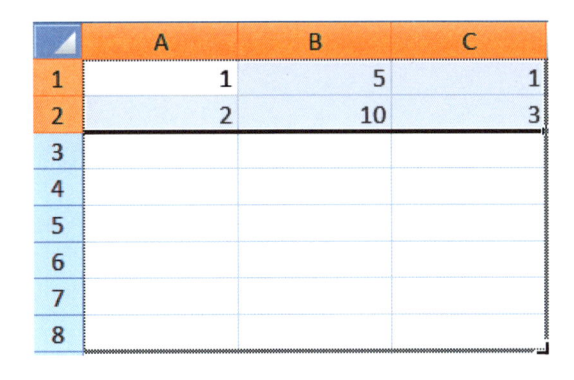

Aufgabe 17

Erstellen Sie in einem Tabellenblatt die folgenden Reihen. Verwenden Sie dazu **AutoAusfüllen**.

	A	B	C	D	E	F	G	H	I	J
1	Reihe 1	Reihe 2	Reihe 3	Reihe 4	Reihe 5	Reihe 6	Reihe 7	Reihe 8	Reihe 9	Reihe 10
2	Januar	Monat 1	Jan	1. Quartal	So	01.01.2005	01.01.2005	1994	2	1
3	Februar	Monat 2	Apr	2. Quartal	Mo	01.01.2005	08.01.2005	1995	4	3
4	März	Monat 3	Jul	3. Quartal	Di	01.01.2005	15.01.2005	1996	6	5
5	April	Monat 4	Okt	4. Quartal	Mi	01.01.2005	22.01.2005	1997	8	7
6	Mai	Monat 5	Jan	1. Quartal	Do	01.01.2005	29.01.2005	1998	10	9
7	Juni	Monat 6	Apr	2. Quartal	Fr	01.01.2005	05.02.2005	1999	12	11
8	Juli	Monat 7	Jul	3. Quartal	Sa	01.01.2005	12.02.2005	2000	14	13
9	August	Monat 8	Okt	4. Quartal	So	01.01.2005	19.02.2005	2001	16	15
10	September	Monat 9	Jan	1. Quartal	Mo	01.01.2005	26.02.2005	2002	18	17
11	Oktober	Monat 10	Apr	2. Quartal	Di	01.01.2005	05.03.2005	2003	20	19
12	November	Monat 11	Jul	3. Quartal	Mi	01.01.2005	12.03.2005	2004	22	21
13	Dezember	Monat 12	Okt	4. Quartal	Do	01.01.2005	19.03.2005	2005	24	23

Aufgabe 18

Erstellen Sie das kleine Einmaleins. Es dürfen ausschliesslich die grau hinterlegten Zahlen eingegeben werden. Alle übrigen Werte sind durch **AutoAusfüllen** zu generieren.

	A	B	C	D	E	F	G	H	I	J
1	Kleines Einmaleins									
2	1	2	3	4	5	6	7	8	9	10
3	2	4	6	8	10	12	14	16	18	20
4	3	6	9	12	15	18	21	24	27	30
5	4	8	12	16	20	24	28	32	36	40
6	5	10	15	20	25	30	35	40	45	50
7	6	12	18	24	30	36	42	48	54	60
8	7	14	21	28	35	42	49	56	63	70
9	8	16	24	32	40	48	56	64	72	80
10	9	18	27	36	45	54	63	72	81	90
11	10	20	30	40	50	60	70	80	90	100

Formeln 2

Tabellenkalkulation

2.1 Formelsyntax

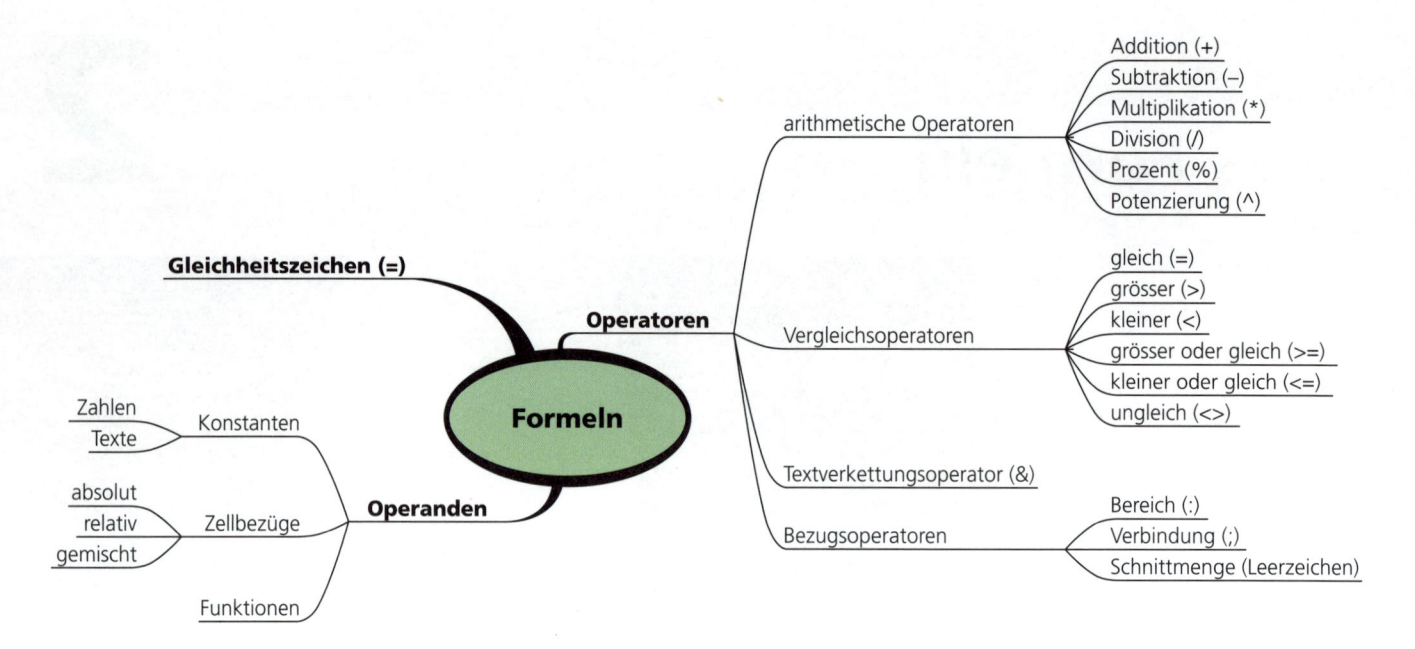

Formeln (Mindmap):
- **Gleichheitszeichen (=)**
- **Operatoren**
  - arithmetische Operatoren
    - Addition (+)
    - Subtraktion (–)
    - Multiplikation (*)
    - Division (/)
    - Prozent (%)
    - Potenzierung (^)
  - Vergleichsoperatoren
    - gleich (=)
    - grösser (>)
    - kleiner (<)
    - grösser oder gleich (>=)
    - kleiner oder gleich (<=)
    - ungleich (<>)
  - Textverkettungsoperator (&)
  - Bezugsoperatoren
    - Bereich (:)
    - Verbindung (;)
    - Schnittmenge (Leerzeichen)
- **Operanden**
  - Konstanten
    - Zahlen
    - Texte
  - Zellbezüge
    - absolut
    - relativ
    - gemischt
  - Funktionen

Formeln sind das Herzstück einer Excel-Tabelle. Mit Formeln werden Berechnungen durchgeführt oder Tabellen nach bestimmten Werten durchsucht. Formeln müssen eine bestimmte Gliederung – auch Syntax genannt – aufweisen. Eine Formel beginnt immer mit einem Gleichheitszeichen, gefolgt von Operanden und Operatoren.

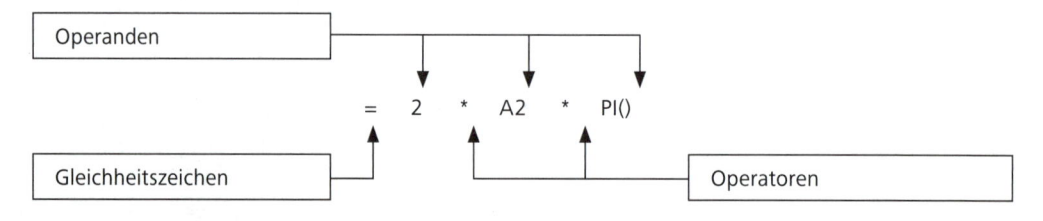

Operanden → 2, A2, PI()
Gleichheitszeichen → =
Operatoren → *, *

Formel: `= 2 * A2 * PI()`

Hinweis: In der Sprachwissenschaft ist Syntax gleichbedeutend mit Satzlehre.

In der Informatik(sprache) wird der Begriff verwendet, um die erlaubten Befehlskonstruktionen in Programmiersprachen oder eben in Formeln und Funktionen von Tabellenkalkulationsprogrammen zu definieren.

Operatoren

Operatoren legen die Art der Berechnung fest, die mit den Operanden einer Formel durchgeführt werden soll. Dabei wird zwischen arithmetischen Operatoren, Vergleichs-, Text- und Bezugsoperatoren unterschieden.

▶ Arithmetische Operatoren

Arithmetische Operatoren dienen der Durchführung von mathematischen Berechnungen und liefern numerische Ergebnisse.

Operator	Bedeutung	Operation	Ergebnis
+	Addition	2+5	7
–	Subtraktion	9–3	6
*	Multiplikation	3*6	18
/	Division	39/13	3
%	Prozent	20%	0,2
^	Potenzierung	2^3	8

▶ Vergleichsoperatoren

Vergleichsoperatoren dienen dem logischen Vergleich von zwei Werten und liefern als Ergebnis den Wert **Wahr** oder **Falsch**.

Operator	Bedeutung	Operation	Ergebnis
=	ist gleich	7=5	FALSCH
>	grösser als	7>5	WAHR
<	kleiner als	7<7	FALSCH
>=	grösser oder gleich	5>=5	WAHR
<=	kleiner oder gleich	7<=5	FALSCH
<>	ungleich	7<>5	WAHR

▶ Textverkettungsoperator

Der Textverkettungsoperator verknüpft mehrere Textzeichenfolgen und liefert als Ergebnis eine neue Textzeichenfolge.

Operator	Bedeutung	Operation	Ergebnis
&	Textverknüpfung	«Bruch»&«Stelle»	«BruchStelle»

▶ Bezugsoperatoren

Bezugsoperatoren verknüpfen Zellen und Zellbereiche für die Durchführung von Berechnungen. Als Ergebnis liefern sie eine Auswahl von Zellen.

Operator	Bedeutung	Operation	Ergebnis
:	Bereich	B2:B5	Zellen von B2 bis B5
;	Verbindung	B2:B5;C7	Zellen von B2 bis B5 und C7
Leerzeichen	Schnittmenge	B2:B5 A3:C3	Zelle B3

▶ Mathematische Operatorenregeln

Wenn Sie innerhalb einer Formel mehrere arithmetische Operatoren verwenden, wird die Reihenfolge der Rechenschritte durch die mathematischen Operatorenregeln bestimmt. Dabei gilt die bekannte Regel: Punktrechnung vor Strichrechnung.
Um die Reihenfolge der Berechnung zu ändern, schliessen Sie denjenigen Teil der Formel in Klammern ein, der zuerst berechnet werden soll.

Tabellenkalkulation

Operanden

Bei den Operanden kann es sich um Konstanten, um Zellbezüge oder um Funktionen handeln. Die verschiedenen Typen von Operanden lassen sich am Beispiel der Berechnung des Kreisumfanges (2*r*Pi) veranschaulichen.

	A	B	C	D	E
1	Radius	Kreisumfang			
2	5	=2*A2*PI()			
3					
4			Konstante	2	bei jeder Berechnung des Kreisumfanges gleich gross
5					
6			Zellbezug	A2	holt den Wert 5 aus der Zelle A2
7					
8			Funktion	PI()	berechnet den Wert 3.14159... der Zahl Pi

▶ **Konstanten**
Konstanten sind Werte, die bei einer bestimmten Berechnung immer gleich bleiben, d.h. nicht veränderlich sind.

▶ **Zellbezüge**
Mit Zellbezügen wird einer Formel mitgeteilt, wo sich die Daten befinden, mit denen gerechnet werden soll.

▶ **Funktionen**
Funktionen sind nichts anderes als vordefinierte Formeln, die komplexe Berechnungen ausführen. Tabellenkalkulationsprogramme stellen eine ganze Reihe solcher Funktionen zur Verfügung. Auf einige werden wir zu einem späteren Zeitpunkt noch eingehen.

2.2 Formeleingabe

Um eine Formel zu erstellen, gehen Sie wie folgt vor:

1. Aktivieren Sie die Zelle, die das Ergebnis der Berechnung anzeigen soll.

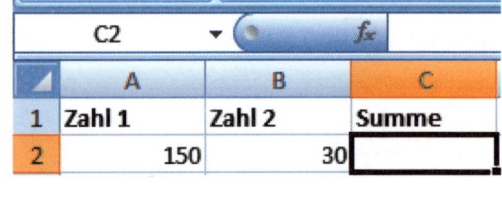

2. Beginnen Sie die Formeleingabe mit dem Gleichheitszeichen (=).

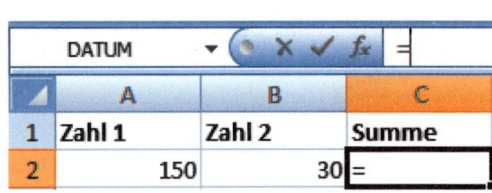

3. Markieren Sie mit der Maus die Zelle oder den Zellbereich, den Sie in die Formel aufnehmen möchten. In unserem Beispiel klicken Sie auf die Zelle A2. Dieses Anwählen mit der Maus heisst Zeigemethode. Sie ist einfacher und zudem sicherer als das Eingeben der Zellbezüge über die Tastatur.

   Geben Sie das Pluszeichen ein.

   Klicken Sie mit der Maus auf die Zelle B2.

4. Schliessen Sie die Formeleingabe mit **Enter** ab.

Nachdem die Formel eingegeben wurde, erscheint in der Zelle das Ergebnis der Berechnung. Der Zellinhalt besteht aber aus der Formel, die in der Bearbeitungsleiste sichtbar ist.

Aufgabe 19

Sie haben mit Ihren Freunden etwas getrunken und gegessen. Berechnen Sie das Total in der Zelle E8. Denken Sie an den Grundsatz «Punkt vor Strich»!

Tabellenkalkulation

Klammern setzen

Wenn Sie die Rangfolge der Auswertung Ihrer Formel ändern möchten, schliessen Sie die Argumente, die zuerst berechnet werden sollen, in runde Klammern ein. Probieren Sie die Wirkung der Klammern aus:

ohne Klammern:

= 5+6*5

Ergebnis: 35

mit Klammern:

= (5+6)*5

Ergebnis: 55

In einer Formel muss die Anzahl der öffnenden Klammern mit der Anzahl der schliessenden Klammern übereinstimmen. Excel meldet sonst einen Fehler und markiert die zu korrigierende Stelle in der Formel.

Aufgabe 20

Tabellenblatt
Grundoperationen:

Führen Sie in Spalte N die folgenden Grundoperationen durch. Verwenden Sie für Ihre Formeln Zellbezüge auf die Spalten B:L und beachten Sie die mathematischen Operatorenregeln.

#	Aufgabe	Ergebnis	Lösung
1	2 + 5 =	7	7
2	9 − 3 =	6	6
3	3 * 6 =	18	18
4	39 : 13 =	3	3
5	2 ^ 3 =	8	8
6	5 + 3 * 8 − 2 =	27	27
7	(7 + 2) * 6 − (5 * 2) =	44	44
8	(8 + 6 − 4) / (5 − 4 + 1) =	5	5
9	(7 * 3 − 3) / (2 + 3 + 1) =	3	3
10	(10 + 5 * 8) / ((3 + 2) * 5) =	2	2
11	(5 * (6 + 8)) / (6 * 3 − 4) =	5	5
12	(9 + 3)/2 − (6 * 2)/(4 − 2) =	0	0
13	(9 * 3)/(7 + 2) * (7 − 3)/2 − (6 * 5)/(7 + 3) =	3	3

40

Tabellenblatt
Binomische Formeln:

Sie kennen sicher die binomischen Formeln. Überprüfen Sie deren Gültigkeit mithilfe von Formeln, die auf die Werte a und b Bezug nehmen.

	A	B	C	D
1		Wert a	=	8
2		Wert b	=	1
3				
4	1. Binomische Formel	$(a+b)^2$	=	$a^2+2ab+b^2$
5	Überprüfung:	81	=	81
6				
7	2. Binomische Formel	$(a-b)^2$	=	$a^2-2ab+b^2$
8	Überprüfung:	49	=	49
9				
10	3. Binomische Formel	$(a+b)*(a-b)$	=	a^2-b^2
11	Überprüfung:	63	=	63

Öffnen Sie die Aufgabe 21 und lösen Sie die folgenden Dreisatzaufgaben.

Aufgabe 21

1. Die Tara einer Ware macht zwölf Prozent des Bruttogewichtes aus. Berechnen Sie Tara und Nettogewicht, wenn die ganze Lieferung 612 kg wiegt.
2. Bei einer Abstimmung haben 42 Prozent der Stimmenden ein Nein in die Urne gelegt. Das sind 10 143 Personen. Wie gross war die Anzahl der Stimmenden?
3. Eine Arbeit wird von acht Personen in 14 Stunden erledigt. Wie lange hätten fünf Personen für dieselbe Arbeit, vorausgesetzt, sie arbeiten mit derselben Produktivität?
4. Die Verrechnungssteuer einer Kapitalanlage, die mit 0,75 Prozent verzinst wird, beträgt 35 Prozent des Bruttozinses. Wie gross war der Bruttozins, wenn der Nettozins CHF 236.25 ausmacht? Wie gross ist die Kapitalanlage?
5. 13 Stück eines Artikels kosten total CHF 29.25. Wie viel müsste man für 37 Stück bezahlen?
6. Für eine Ferienreise nach Italien tauschen Sie am Bankschalter CHF 500.– in Euro um. Wie viele Euro erhalten Sie, wenn die Bank mit einem Kurs von 1.35 rechnet?
7. Ein A4-Blatt hat eine Länge von 29,7 cm und eine Breite von 21 cm. Wie gross sind Umfang und Fläche?
8. Ein Rechteck hat eine Breite von 3,5 cm und eine Fläche von 30,8 cm². Wie gross sind Länge und Umfang des Rechteckes?
9. Ein Rechteck hat eine Länge von 16,7 cm und einen Umfang von 64,8 cm. Wie gross sind Breite und Fläche?
10. Für ein Fest besorgen Sie Mineralwasser. Der Getränkehändler macht Ihnen folgendes Angebot: Sie bezahlen pro Flasche CHF 1.35 zuzüglich Depotgebühr von CHF 0.50. Wie teuer kommt Sie ein Harass mit zwölf Flaschen Mineralwasser zu stehen, wenn Sie auch noch eine Depotgebühr von CHF 5.– pro Harasse entrichten müssen?

Ändern Sie die Vorgabegrössen und beobachten Sie, wie sich die Ergebnisse verändern.

Tabellenkalkulation

Aufgabe 22

Öffnen Sie die Aufgabe 22 und stellen Sie die folgende Stromrechnung fertig. Verwenden Sie für alle Berechnungen Formeln.

	A	B	C	D	E	F
1	Stromrechnung Sommerhalbjahr 200_					
2						
3						
4	Bezugsart	Zähler alt	Zähler neu	Verbrauch	Preis pro Einheit	Betrag
5						
6	Hochtarif	10713	12693	1980	0.285	564.30
7	Niedertarif	12200	14330	2130	0.135	287.55
8						
9	Grundpreis					108.00
10						
11	Total exkl. MwSt.					959.85
12	MwSt.-Satz	8.00%				76.79
13						
14	Total inkl. MwSt.					1036.64

Formeln analysieren

Tipp: Bearbeitungsmodus einschalten: Zelle mit Formel markieren und **F2** drücken.

Möchten Sie eine Formel schnell überprüfen, oder kann ein Ergebnis nicht stimmen? Im sogenannten Bearbeitungsmodus können Sie sich schnell alle Zellen farbig anzeigen lassen, die sich auf die Formel beziehen. Dadurch können Sie Fehler schnell ausfindig machen. In den Bearbeitungsmodus gelangen Sie durch Drücken von **F2**.

Aufgabe 23

Öffnen Sie die Aufgabe 23. Sie zeigt eine vereinfachte Rechnung für den Motorroller Buffalo, den Sie als Occasion gekauft haben.

	A	B	C
1		**Abrechnung**	
2			
3		Rabattsatz	2%
4		MwSt.-Satz	8.00%
5			
6		Motorroller Buffalo	CHF 800.00
7		MwSt.	CHF 64.00
8		**Total**	**CHF 864.00**

Stimmt das Ergebnis in Zelle C7? Markieren Sie die Zelle C7 und drücken Sie F2. Korrigieren Sie den Fehler, indem Sie mit der Maus den farbig markierten Rahmen auf die richtige Zelle ziehen.

2.3 Bezugsarten

Relative Bezüge

Zellbezüge in einer Formel werden standardmässig relativ zur Position der aktiven Zelle interpretiert.

Im folgenden Beispiel wird in Zelle B2 Bezug auf die Zelle A1 genommen. Die relative Interpretation dieses Zellbezugs lautet: Hole den Wert aus der Zelle, die eine Spalte links und eine Zeile oberhalb der Ergebniszelle liegt.

Beim Kopieren der Formel in die Zellen B3 und B4 wird der Bezug automatisch angepasst, d.h., die ursprüngliche Formel wird relativ zur Ergebniszelle uminterpretiert.

Sie können demnach Formeln, die mehrfach in einer Tabelle verwendet werden, kopieren. Die Zellbezüge werden automatisch angepasst.

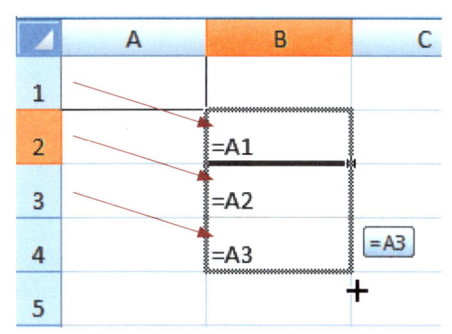

Kopierte Formel mit relativem Bezug

Betrachten Sie das folgende Beispiel mit Zahlen: Wenn die Formel in C2 nach C3 und C4 kopiert wird, passt sich die Formel automatisch an: Aus A2*B2 wird A3*B3 bzw. A4*B4.

Kopierte Formel mit relativem Bezug

Beachten Sie: Wenn Sie eine Formel **verschieben,** ändern sich die Zellbezüge innerhalb der Formel **nicht!**

Tabellenkalkulation

Aufgabe 24

Am 1. Juni 2007 sind zwischen der Schweiz und der Europäischen Union die Zollschranken für Käse gefallen. Ein Schweizer Käsegrosshändler hat sich entschlossen, die Preise zu senken. Nummerieren Sie die Produkte in der Spalte A von 1 bis 50, und zwar möglichst rationell. Berechnen Sie anschliessend in der Zelle F4 den neuen Verkaufspreis für den «Boursault» und kopieren Sie die Formel bis zum letzten Käse («St-Félicien, 150 g»). Beachten Sie, wie sich die Formel beim Kopieren anpasst.

	A	B	C	D	E	F
1	**Neue Käsepreise**					
2						
3		Produktebezeichnung	Alter Verkaufspreis in CHF	Zollgebühr in CHF, die entfällt	Abrundungsbetrag in CHF	Neuer Verkaufspreis in CHF
4	1	Boursault, 125 g	4.10	0.36	0.04	3.70
5	2	Boursin Knoblauch & Kräuter, 150 g	3.80	0.38	0.02	3.40
6	3	Boursin Pfeffer, 150 g	3.80	0.38	0.02	3.40
7	4	Brebiou, per kg	33.50	2.89	0.11	30.50
8	5	Brebio Tradition, per kg	33.00	2.89	0.11	30.00
9	6	Brie de Meaux, per kg	27.00	2.42	0.08	24.50

Ausfüllen mit Doppelklick

Tipp: Schnelles Kopieren einer Formel: Doppelklicken auf das Ausfüllkästchen

Bei langen Tabellen ist es umständlich, eine Formel über mehrere Dutzend Zeilen zu kopieren. Vielleicht haben Sie das bei der Aufgabe 24 auch so empfunden. Die schnellste Art, eine Formel zu kopieren, ist das Ausfüllen mit einem Doppelklick.
In der rechten unteren Ecke der aktiven Zelle befindet sich bekanntlich das Ausfüllkästchen. Wenn Sie die Maus auf dieses Ausfüllkästchen führen, erscheint ein schwarzes Kreuz. Führen Sie dann einen Doppelklick aus, wird die Formel so lange ausgefüllt, wie sich in der unmittelbar links angrenzenden Spalte Daten befinden. Probieren Sie diese Methode bei der nächsten Aufgabe aus!

Aufgabe 25

Bilden Sie in den Zellen F5 und H5 kopierbare Formeln. Kopieren Sie diese Formeln bis zur Zeile 351 – am schnellsten durch Ausfüllen mit Doppelklick!

	A	B	C	D	E	F	G	H
1	Bestellung Playmobil							
2								
3								
4	Code	Artikel-Nr.	Beschreibung	Anzahl	Preis pro Einheit	Bruttobetrag	Rabatt pro Einheit	Nettobetrag
5	PLM	3001	Baggerlader	10	68.90	689	10.5	584
6	PLM	3003	Gabelstapler	0	41.50	0	6	0
7	PLM	3005	Hofhund/Welpen	5	8.50	42.5	1.5	35
8	PLM	3006	Waldtiere	15	29.50	442.5	4.5	375
9	PLM	3007	Katzenfamilie	15	6.90	103.5	1	88.5
10	PLM	3019	Traumschloss	15	269.00	4035	40.5	3427.5

Fenster einfrieren oder fixieren

Wenn Sie bei langen Tabellen einen Bildlauf nach unten durchführen, verschwinden die Überschriften. Oft kann man dann die einzelnen Daten kaum noch den richtigen Spalten zuordnen. Mit dem Befehl **Fenster einfrieren** können Sie festlegen, welcher Bereich der Tabelle bei einem Bildlauf immer sichtbar bleiben soll. In früheren Excel-Versionen heisst der Befehl für «Einfrieren» «Fixieren». Beide Verben bedeuten in Excel exakt das Gleiche.

Auf der Registerkarte **Ansicht** befindet sich in der Gruppe **Fenster** der Befehl **Fenster einfrieren**. Dieser enthält drei Optionen:

Register	**Ansicht**
Gruppe	**Fenster**
Befehl	Fenster einfrieren

Fenster einfrieren: Bei diesem Befehl werden die Zeile **oberhalb** und die Spalte **links** der markierten Zelle eingefroren. Wenn Sie beispielsweise die Zelle B2 markiert haben, werden die Zeile 1 und die Spalte A eingefroren. Bevor Sie diesen Befehl ausführen, sollten Sie also darauf achten, welche Zelle markiert ist.

Oberste Zeile einfrieren: Dieser Befehl friert die oberste Zeile ein – egal, welche Zelle markiert ist.

Erste Spalte einfrieren: Dieser Befehl friert die erste Spalte ein – egal, welche Zelle markiert ist.
Eingefrorene Fenster erkennen Sie an den schwarzen Linien im Tabellenblatt und daran, dass beim Bildlauf der eingefrorene Bereich stets eingeblendet bleibt. Es lässt sich immer nur **ein** Bereich einfrieren.

Fenster einfrieren aufheben: Wählen Sie **Fenster einfrieren** an und klicken Sie dann auf **Fixierung aufheben**.

Öffnen Sie die Aufgabe 26 und probieren Sie das Einfrieren von Überschriften und Spalten aus.

Aufgabe 26

1. Fixieren Sie die Zeile 4.
2. Fixieren Sie die Zeile 4 und die Spalte A.
3. Heben Sie die Fixierung wieder auf.

Sie haben CHF 4000.– auf einem Jugendsparkonto angelegt. Für dieses Geld erhalten Sie zwei Prozent Zinsen. Sie nehmen zehn Jahre keine zusätzlichen Einzahlungen vor.
Berechnen Sie den jeweiligen Jahreszins sowie das Guthaben zu Beginn des Jahres unter der Voraussetzung, dass Sie die Zinsen auf dem Konto stehen lassen.
Die Formeln der grau hinterlegten Zellen sind zu kopieren.

Aufgabe 27

	A	B	C
1	Jahr	Guthaben Jahresbeginn	2% Zinsen
2	1	4000	80
3	2	4080	81.6
4	3	4161.6	83.232
5	4	4244.832	84.89664
6	5	4329.72864	86.5945728
7	6	4416.323213	88.32646426
8	7	4504.649677	90.09299354
9	8	4594.742671	91.89485341
10	9	4686.637524	93.73275048
11	10	4780.370274	95.60740549

Tabellenkalkulation

Aufgabe 28

Als Product Manager für das Mountain-Bike-Freaky-Budget erstellen Sie eine Übersicht über den Umsatz und den Bruttogewinn im ersten Halbjahr 20..

Gegeben sind für die Monate Januar bis Juni jeweils der Einkaufspreis, der Kalkulationsfaktor zur Berechnung des Verkaufspreises und die abgesetzte Stückzahl. Berechnen Sie den jeweiligen Verkaufspreis, den Umsatz und den Bruttogewinn.

Die Inhalte der grau hinterlegten Zellen sind zu kopieren.

	A	B	C	D	E	F	G
1	Umsatz- und Bruttogewinnberechnung 200_						
2	Mountain Bike Freaky Budget						
3							
4		Januar	Februar	März	April	Mai	Juni
5							
6	Einkaufspreis	850.00	850.00	860.00	860.00	870.00	900.00
7	Kalkulationsfaktor	1.5	1.5	1.5	1.5	1.5	1.5
8	Verkaufspreis	1275.00	1275.00	1290.00	1290.00	1305.00	1350.00
9	Absatz in Stück	74	95	57	60	100	87
10							
11	UMSATZ	94350.00	121125.00	73530.00	77400.00	130500.00	117450.00
12							
13	BRUTTOGEWINN	31450.00	40375.00	24510.00	25800.00	43500.00	39150.00

Handlungshilfe: Verkaufspreis = Einkaufspreis * Kalkulationsfaktor
Bruttogewinn = Umsatz – (Absatz * Einkaufspreis)

Absolute Bezüge

Die relative Interpretation von Zellbezügen bietet viele Vorteile. Es gibt aber auch Situationen, in denen die Anpassung der Zellbezüge nicht erwünscht ist.

Falls in einer Berechnung ein Wert immer aus der gleichen Zelle abgeholt werden sollte, müssen Sie einen absoluten Zellbezug verwenden. Absolut heisst, dass sich dieser Zellbezug beim Kopieren nicht anpasst.

Einen absoluten Bezug erstellen Sie, indem Sie vor der Spalten- und Zeilenbezeichnung ein Dollarzeichen ($) eingeben. Excel fügt die Dollarzeichen automatisch ein, wenn Sie F4 drücken.

Im folgenden Beispiel wird in Zelle B2 Bezug auf die Zelle $A$1 genommen. Die absolute Interpretation dieses Zellbezugs lautet: Hole den Wert aus Spalte 1 und Zeile 1, und zwar immer!

Beim Kopieren der Formel wird der Bezug nicht angepasst, d.h., die ursprüngliche Formel bleibt erhalten.

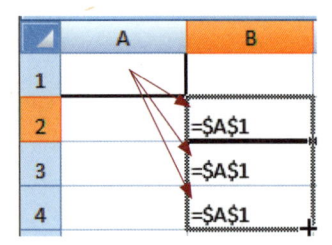

	A	B
1		
2		=$A$1
3		=$A$1
4		=$A$1

Kopierte Formel mit absolutem Bezug

Betrachten Sie das folgende Beispiel mit Zahlen:

	A	B
1	Stückpreis	5.75
2		
3	Menge	Gesamtpreis
4	250	
5	370	
6	310	
7	480	

In den Zellen B4 bis B7 muss für verschiedene Mengen der Gesamtpreis berechnet werden, und zwar immer mit demselben Stückpreis. Wenn Sie in Zelle B4 die Formel =A4*B1 schreiben, erhalten Sie ein richtiges Ergebnis. Wenn Sie diese Formel aber nach unten ausfüllen, passt sich die Formel an: In Zelle B5 steht dann =A5*B2, und das ergibt ein falsches Ergebnis. Die Zelle B2 ist ja leer! Sie müssen also den Zellbezug B1 absolut setzen, sodass er sich beim Kopieren der Formel nicht verändert.

Gehen Sie wie folgt vor:

1. Markieren Sie die Zelle B4.
2. Tippen Sie das Gleichheitszeichen ein.
3. Klicken Sie die Zelle A4 an, und tippen Sie das Multiplikationszeichen ein.
4. Klicken Sie auf die Zelle B1.
5. Drücken Sie F4. Excel schreibt vor die Spalte B und vor die Zeile 1 ein Dollarzeichen. Drücken Sie **Enter**.

Die Formel sieht wie folgt aus:

=A4*$B$1

A4 ist ein relativer Bezug. Wenn Sie die Formel nach unten ausfüllen, passt sich dieser Bezug an: Aus A4 wird A5, A6 und A7.
$B$1 ist der absolute Bezug. Dieser Bezug passt sich beim Kopieren der Formel nicht an. Der Wert wird immer aus der Zelle B1 geholt.

	A	B
1	Stückpreis:	5.75
2		
3	Menge	Gesamtpreis
4	250	=A4*$B$1
5	370	
6	310	
7	480	

Kopierte Formel mit absolutem Bezug

Tabellenkalkulation

Aufgabe 29

Erinnern Sie sich an Ihr Jugendsparkonto von Aufgabe 27? Wie gross wäre Ihr Guthaben nach zehn Jahren, wenn der Zins nur 1,5 Prozent betragen oder wenn eine Bank Ihnen 2,5 Prozent auf dem Jugendsparkonto gewähren würde?

Öffnen Sie die Aufgabe 29. Berechnen Sie in der Zelle B4 das Guthaben samt Zins, und zwar so, dass Sie die Formel bis zur Zelle B12 ausfüllen können.

Wenn Sie in der Zelle B1 den Zinssatz ändern, sollten sich die Guthaben automatisch anpassen. Probieren Sie es aus.

	A	B
1	Zinssatz:	2%
2	Jahr	Guthaben Jahresbeginn
3	1	4000
4	2	4080
5	3	4161.6
6	4	4244.832
7	5	4329.72864
8	6	4416.323213
9	7	4504.649677
10	8	4594.742671
11	9	4686.637524
12	10	4780.370274

Aufgabe 30

Sie haben den Auftrag, die Benzinkosten Ihres Geschäftsfahrzeuges zu erfassen. Zu diesem Zweck tragen Sie nach jedem Tanken das Datum, die seit der letzten Tankfüllung zurückgelegte Kilometerzahl sowie die Anzahl getankte Liter in eine Tabelle ein.

	A	B	C	D	E	F	G
1	Benzinkosten						
2							
3	Preis	CHF/Liter	1.62				
4							
5	Datum	km-Stand	km	Liter	Betrag	Liter/100 km	CHF/100 km
6	18.03.200_	13725					
7	25.03.200_	14151	426	34	55.08	7.98	12.93
8	29.03.200_	14505	354	29	46.98	8.19	13.27
9	04.04.200_	14798	293	26	42.12	8.87	14.38
10	06.04.200_	15297	499	42	68.04	8.42	13.64
11	13.04.200_	15685	388	27	43.74	6.96	11.27
12	16.04.200_	16121	436	7	11.34	1.61	2.60
13	19.04.200_	16644	523	23	37.26	4.40	7.12
14	20.04.200_	17156	512	45	72.90	8.79	14.24
15	25.04.200_	17621	465	37	59.94	7.96	12.89
16	16.05.200_	17811	190	13	21.06	6.84	11.08
17	18.05.200_	18296	485	41	66.42	8.45	13.69

Berechnen Sie aufgrund dieser Vorgaben die Benzinkosten sowie den Verbrauch pro 100 km.

Sie erhalten den Auftrag, eine Abrechnung für den Energieverbrauch der Abteilungen Lager, Fertigung und Verwaltung zu erstellen. Gegeben sind die Energiekosten pro Einheit sowie die Verbrauchszahlen der einzelnen Kostenstellen.
Berechnen Sie die Energiekosten der einzelnen Kostenstellen sowie die Totale. Die Formeln der grau hinterlegten Zellen sind zu kopieren.

Aufgabe 31

	A	B	C	D	E
1	Verbrauchsabrechnung 200_				
2					
3	Einheitskosten				
4	Strom	CHF/KWh	0.21		
5	Wasser	CHF/m³	1.25		
6	Heizöl	CHF/100 l	50.16		
7					
8		Kostenstellen			
9	Verbrauch	Lager	Fertigung	Verwaltung	Total
10	Strom in KWh	5791	13268	8954	28013
11	Wasser in m³	264	1057	846	2167
12	Heizöl in Liter	2648	15624	6984	25256
13					
14	Energiekosten in CHF				
15	Strom	1216.11	2786.28	1880.34	5882.73
16	Wasser	330	1321.25	1057.5	2708.75
17	Heizöl	1328.2368	7836.9984	3503.1744	12668.41
18	Total	2874.3468	11944.528	6441.0144	21259.89
19					

Gemischte Bezüge

Ein gemischter Bezug hat entweder eine absolute Spalte und eine relative Zeile oder eine absolute Zeile und eine relative Spalte. Der absolute Teil eines Zellbezuges wird durch das Voranstellen eines Dollarzeichens ($) gekennzeichnet.

Bezug	Interpretation
A1	relative Spalte und relative Zeile
$A$1	absolute Spalte und absolute Zeile
A$1	relative Spalte und absolute Zeile
$A1	absolute Spalte und relative Zeile

Wechseln zwischen Bezugsarten

Um zwischen relativen, absoluten und gemischten Bezügen zu wechseln, können Sie die benötigten Dollarzeichen entweder über die Tastatur eingeben oder aber die Funktionstaste F4 benützen. In diesem Fall gehen Sie wie folgt vor.

1. Markieren Sie die Zelle, die die Formel enthält.
2. Setzen Sie den Cursor in der Bearbeitungsleiste oder direkt in der Zelle auf den Zellbezug, den Sie ändern möchten.
3. Drücken Sie die Funktionstaste F4 so oft, bis die richtige Kombination von relativen und absoluten Spalten- und Zeilenbezügen angezeigt wird.
4. Wenn die korrekte Bezugsvariante angezeigt wird, drücken Sie **Enter**.

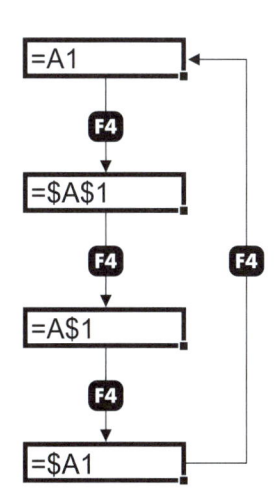

=A1 → F4 → =$A$1 → F4 → =A$1 → F4 → =$A1 → F4 → (zurück zu =A1)

Tabellenkalkulation

Im unten stehenden Beispiel wird in Zelle B2 Bezug auf die Zelle A$1 genommen. Beim Kopieren der Formel auf den Zellbereich C2:C4 verändert sich der Spaltenbezug, während der Zeilenbezug unverändert bleibt.

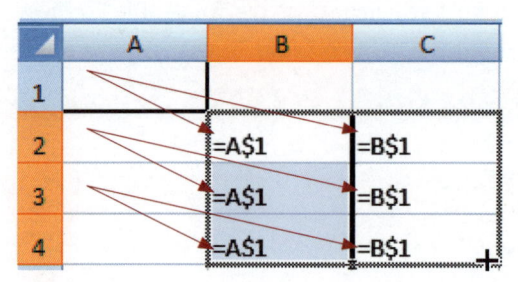

	A	B	C
1			
2		=A$1	=B$1
3		=A$1	=B$1
4		=A$1	=B$1

Kopierte Formel mit relativem Spalten- und absolutem Zeilenbezug

Wenn Sie in Zelle B2 den Spaltenbezug absolut und den Zeilenbezug relativ setzen ($A1), verändert sich beim Kopieren lediglich der Zeilen-, nicht aber der Spaltenbezug.

	A	B	C
1			
2		=$A1	=$A1
3		=$A2	=$A2
4		=$A3	=$A3

Kopierte Formel mit absolutem Spalten- und relativem Zeilenbezug

Betrachten Sie wiederum ein Beispiel mit Zahlen: Die Stückpreise sind alle in der Zeile 2, aber in verschiedenen Spalten. Die Mengen befinden sich alle in der Spalte A, aber in verschiedenen Zeilen. Gesucht ist eine Formel in der Zelle B3, die sich bis zur Zelle D6 kopieren lässt.

	A	B	C	D
1		Stückpreise in CHF		
2	Menge	5.5	6.5	7.5
3	300			
4	750			
5	830			
6	950			

Gehen Sie wie folgt vor:

1. Markieren Sie die Zelle B3 und tippen Sie das Gleichheitszeichen ein.
2. Klicken Sie die Zelle A3 an. Da alle Werte aus der Spalte A geholt werden müssen, muss die **Spalte absolut** gesetzt werden. Die **Zeile muss relativ** bleiben, da sich die Mengen ja in verschiedenen Zeilen befinden. Drücken Sie also dreimal F4, bis der Bezug so aussieht: =$A3.
3. Tippen Sie das Multiplikationszeichen ein und klicken Sie auf die Zelle B2. Alle Stückpreise sind in der Zeile 2, aber in verschiedenen Spalten. Folglich muss die **Zeile absolut** und die **Spalte relativ** sein. Drücken Sie zweimal F4, bis der Bezug so aussieht: B$2. Drücken Sie **Enter.**

Die optimale, weil kopierbare Formel in Zelle B3 lautet also: =$A3*B$2. Diese Formel können Sie durch Ausfüllen bis in die Zelle D6 kopieren.

Der Fahrradhersteller Freaky setzt seine Fahrräder über verschiedene Absatzkanäle ab und berechnet die Verkaufspreise seiner Modellpalette mithilfe von Kalkulationsfaktoren aus den Herstellungskosten. Die Formel der grau hinterlegten Zelle ist zu kopieren.

Aufgabe 32

	A	B	C	D	E
1		Absatzkanal	Grossisten	Detaillisten	Endverbraucher
2		Kalkulationsfaktor	1.25	1.75	2
3					
4	Modell	Herstellungskosten	Verkaufspreise		
5	Budget	900	1125	1575	1800
6	Mid LX	1200	1500	2100	2400
7	High XT	1600	2000	2800	3200

Sie beabsichtigen den Kauf eines Hauses, das Sie über eine Hypothek finanzieren wollen. Um Ihre jährliche Belastung durch die Hypothekarzinse zu bestimmen, erstellen Sie eine Modellrechnung.

Die Rechnung ermöglicht Ihnen, die anfallenden Hypothekarzinse bei unterschiedlichen Zinssätzen und unterschiedlichen Hypothekarschulden zu ermitteln. Ausserdem lassen sich das Minimalkapital sowie die Kapitalsprünge und der Minimalzins sowie die Zinssprünge flexibel festlegen.

Die Formeln der grau hinterlegten Zellen sind zu kopieren.

Aufgabe 33

	A	B	C	D	E	F	G
1	Minimalkapital:	250000				Minimalzins:	2.50%
2	Kapitalsprung:	50000				Zinssprung:	0.25%
3							
4		Kapital					
5	Zinssatz	250000	300000	350000	400000	450000	500000
6	2.50%	6250	7500	8750	10000	11250	12500
7	2.75%	6875	8250	9625	11000	12375	13750
8	3.00%	7500	9000	10500	12000	13500	15000
9	3.25%	8125	9750	11375	13000	14625	16250
10	3.50%	8750	10500	12250	14000	15750	17500
11	3.75%	9375	11250	13125	15000	16875	18750
12	4.00%	10000	12000	14000	16000	18000	20000
13	4.25%	10625	12750	14875	17000	19125	21250
14	4.50%	11250	13500	15750	18000	20250	22500
15	4.75%	11875	14250	16625	19000	21375	23750
16	5.00%	12500	15000	17500	20000	22500	25000

Tabellenkalkulation

Aufgabe 34

Eine Musikschule erteilt Instrumentalunterricht für Blockflöte, Trompete, Gitarre und Klavier. Auf die Basispreise je Lektion werden Ermässigungen in Abhängigkeit von der Anzahl gebuchter Lektionen gewährt. Ab zehn Lektionen kostet jede Lektion CHF 2.–, ab 20 Lektionen CHF 5.– weniger.
Öffnen Sie die Aufgabe 34. Die Formel der grau hinterlegten Zelle ist zu kopieren.

	A	B	C	D	E	F
1	Preisliste Musikschule					
2						
3			Blockflöte	Trompete	Gitarre	Klavier
4	Basispreis/Lektion		35	45	50	55
5						
6	Lektionen	Ermässigung pro Lektion	Blockflöte	Trompete	Gitarre	Klavier
7	1	0	35	45	50	55
8	2	0	70	90	100	110
9	3	0	105	135	150	165
10	4	0	140	180	200	220
11	5	0	175	225	250	275
12	6	0	210	270	300	330
13	7	0	245	315	350	385
14	8	0	280	360	400	440
15	9	0	315	405	450	495
16	10	2	330	430	480	530
17	11	2	363	473	528	583
18	12	2	396	516	576	636
19	13	2	429	559	624	689
20	14	2	462	602	672	742
21	15	2	495	645	720	795
22	16	2	528	688	768	848
23	17	2	561	731	816	901
24	18	2	594	774	864	954

Zellbezüge auf andere Tabellenblätter

Bezüge können sich nicht nur auf Zellen des gleichen Tabellenblattes beziehen, sondern auch auf Zellen anderer Tabellenblätter, ja sogar anderer Arbeitsmappen (Dateien).

Aufgabe 35

Sie haben ein kleines Weingeschäft und verkaufen drei Weinsorten in vier verschiedene Länder. Für jeden Wein führen Sie die Absatzzahlen in einem eigenen Tabellenblatt. Auf einem separaten Tabellenblatt möchten Sie den Gesamtabsatz berechnen. Öffnen Sie die Aufgabe 35. Sie finden in der Arbeitsmappe vier Tabellen vor:

Weinabsatz gesamt
Munötler
Blauburgunder
Moselblümchen

Alle Tabellen sind gleich aufgebaut:

	A	B	
1	Alle Weine		
2			
3		Absatz 20..	
4			
5	Australien	CHF	49'800.00
6	Grossbritannien	CHF	77'650.00
7	Deutschland	CHF	42'420.00
8	Österreich	CHF	25'500.00
9	**Gesamt**	**CHF**	**195'370.00**

Bezugsarten

Auf der Tabelle **Weinabsatz gesamt** möchten Sie den Absatz aller drei Weine berechnen.

1. Aktivieren Sie das Tabellenblatt **Weinabsatz gesamt.** Markieren Sie die Zelle B5.
2. Geben Sie das Gleichheitszeichen ein und wechseln Sie zum Tabellenblatt **Munötler.** Klicken Sie dort auf die Zelle B5.
3. Geben Sie ein Pluszeichen ein und wechseln Sie zum Tabellenblatt **Blauburgunder.** Klicken Sie dort ebenfalls auf die Zelle B5.
4. Geben Sie erneut das Pluszeichen ein und wechseln Sie zum Tabellenblatt **Moselblümchen.** Klicken Sie erneut auf die Zelle B5. Drücken Sie Enter.

Die Formel sieht wie folgt aus: =Munötler!B5+Blauburgunder!B5+Moselblümchen!B5
Der Bezug beginnt jeweils mit dem Namen des Tabellenblattes, gefolgt von einem Ausrufezeichen und dem Zellbezug.
In der Zelle B5 des Tabellenblattes **Weinabsatz gesamt** sollte der Betrag von CHF 49 800.– stehen. Der gleiche Aufbau aller vier Tabellen erlaubt Ihnen das bequeme Kopieren der Formel bis zur Zelle B9.

Aufgabe 36

Ein Unternehmen beschäftigt drei Handelsreisende (Muster, Meier und Müller), die monatlich ihre Spesen – differenziert nach Fahrtkosten, Verpflegung und Unterkunft – abrechnen und in einem Tabellenblatt erfassen. Diese drei Quelltabellen sind in der unten stehenden Abbildung in der oberen Zeile zu sehen.
Sie erhalten den Auftrag, für den Jahresbericht der Firma eine Spesenauswertung vorzunehmen. Dabei soll das Total der Spesen je Monat, Spesenart und Handelsreisenden ersichtlich sein. Die drei Zieltabellen sind in der unten stehenden Abbildung in der unteren Zeile zu sehen.

Spesenabrechnung Muster

200_	Fahrtkosten	Verpflegung	Unterkunft
Januar	415	84	193
Februar	460	119	124
März	229	34	162
April	73	154	147
Mai	141	121	232
Juni	318	168	112
Juli	382	170	190
August	370	122	112
September	342	49	98

Spesenabrechnung Meier

200_	Fahrtkosten	Verpflegung	Unterkunft
Januar	316	39	290
Februar	269	127	266
März	489	54	275
April	385	17	136
Mai	36	38	145
Juni	168	99	231
Juli	375	103	183
August	232	198	94
September	331	184	276

Spesenabrechnung Müller

200_	Fahrtkosten	Verpflegung	Unterkunft
Januar	299	182	154
Februar	43	69	222
März	146	125	216
April	230	190	154
Mai	266	143	243
Juni	445	195	217
Juli	80	54	119
August	438	181	70
September	272	176	190

Spesenauswertung 200_ nach Monaten

200_	Total
Januar	1972
Februar	1699
März	1730
April	1486
Mai	1365
Juni	1953
Juli	1656
August	1817
September	1918

Spesenauswertung 200_ nach Spesenart

200_	Total
Fahrtkosten	9772
Verpflegung	4417
Unterkunft	6718
Total	20907

Spesenauswertung 200_ nach Handelsreisenden

200_	Total
Muster	6607
Meier	7597
Müller	6703
Total	20907

Öffnen Sie die Arbeitsmappe zu dieser Aufgabe.

Fügen Sie ein neues Tabellenblatt ein und benennen Sie es **Total nach Monaten.**

Fügen Sie nur die **Texte** gemäss Abbildung ein.

Tabellenkalkulation

Summieren Sie die Monatsspesen der drei Handelsreisenden in Spalte B, indem Sie

1. in Zelle B4 ein Gleichheitszeichen eingeben, das Tabellenblatt **Muster** auswählen und die Zelle E4 anklicken;
2. über die Tastatur den Operator + einfügen, das Tabellenblatt **Meier** auswählen und die Zelle E4 anklicken;
3. über die Tastatur den Operator + einfügen, das Tabellenblatt **Müller** auswählen und die Zelle E4 anklicken;
4. die Formeleingabe mit **Enter** beenden;
5. die Formel aus Zelle B4 für die Monate Februar bis Dezember kopieren.

Fügen Sie ein weiteres Tabellenblatt mit dem Namen **Total nach Spesenart** ein und fassen Sie die Spesen der drei Handelsreisenden nach Spesenart zusammen.
Fügen Sie ein drittes Tabellenblatt mit dem Namen **Total nach HR** ein und fassen Sie die Jahresspesen der drei Handelsreisenden zusammen.

Externe Bezüge

Von externen Bezügen spricht man, wenn die Bezüge auf eine andere Arbeitsmappe verweisen. Erstellen Sie solche Bezüge immer mit der Maus (Zeigemethode). Das ist einfacher und sicherer als Eintippen.

Das Verwenden von externen Bezügen ist besonders sinnvoll, um

- umfangreiche und komplexe Tabellenmodelle besser zu strukturieren und übersichtlicher darzustellen;
- Daten von mehreren Benutzern in einer Arbeitsmappe zusammenzuführen;
- unterschiedliche Ansichten von Daten einer Arbeitsmappe zu erstellen.

Externe Bezüge erstellt man wie folgt:

1. Öffnen Sie die Arbeitsmappe, in der die gewünschten Ergebnisse stehen sollen (Zielarbeitsmappe).
2. Öffnen Sie zusätzlich zur Zielarbeitsmappe alle Arbeitsmappen, aus denen Sie Daten zusammenführen wollen (Quellarbeitsmappen).
3. Beginnen Sie mit der Formeleingabe in der Zielarbeitsmappe.
4. Um einen Zellbezug auf eine Quellarbeitsmappe zu verwenden, wechseln Sie zur entsprechenden Arbeitsmappe: Klicken Sie im Register **Ansicht**, Befehlsgruppe **Fenster**, auf den Befehl **Fenster wechseln**. Wählen Sie dort die gewünschte Arbeitsmappe an.
5. Markieren Sie die Zelle oder den Zellbereich, den Sie übernehmen wollen.
6. Externe Bezüge werden standardmässig absolut gesetzt! Ändern Sie daher bei Bedarf die Bezugsart (relativ oder gemischt) mithilfe der Funktionstaste F4.
7. Wechseln Sie, wie in Schritt 4 beschrieben, zurück zur Zielarbeitsmappe und beenden Sie die Formeleingabe, oder geben Sie weitere Operatoren und Operanden ein.

Als Ergebnis sehen Sie in der Bearbeitungsleiste die vollständige Formel mit dem externen Bezug.

Register	**Ansicht**
Gruppe	Fenster
Befehl	Fenster wechseln

Ein Unternehmen hat die Abteilungskosten der Jahre 2006 bis 2008 quartalsweise in je einer Arbeitsmappe erfasst.

Aufgabe 37

Quellarbeitsmappen:

Aufgabe_37_2006.xlsx

	A	B	C	D	E	F
1	2006	1. Quartal	2. Quartal	3. Quartal	4. Quartal	Total
2	Entwicklung	5969	90887	43405	43618	183879
3	Produktion	87169	42343	95579	66905	291996
4	Verwaltung	9417	6144	87140	46121	148822
5	Übrige	42322	30008	1941	45947	120218
6						
7	Total	144877	169382	228065	202591	744915

Aufgabe_37_2007.xlsx

	A	B	C	D	E	F
1	2007	1. Quartal	2. Quartal	3. Quartal	4. Quartal	Total
2	Entwicklung	60379	31961	90316	98533	281189
3	Produktion	87128	59625	52659	53524	252936
4	Verwaltung	49270	22054	8966	46462	126752
5	Übrige	81619	24467	81862	10231	198179
6						
7	Total	278396	138107	233803	208750	859056

Aufgabe_37_2008.xlsx

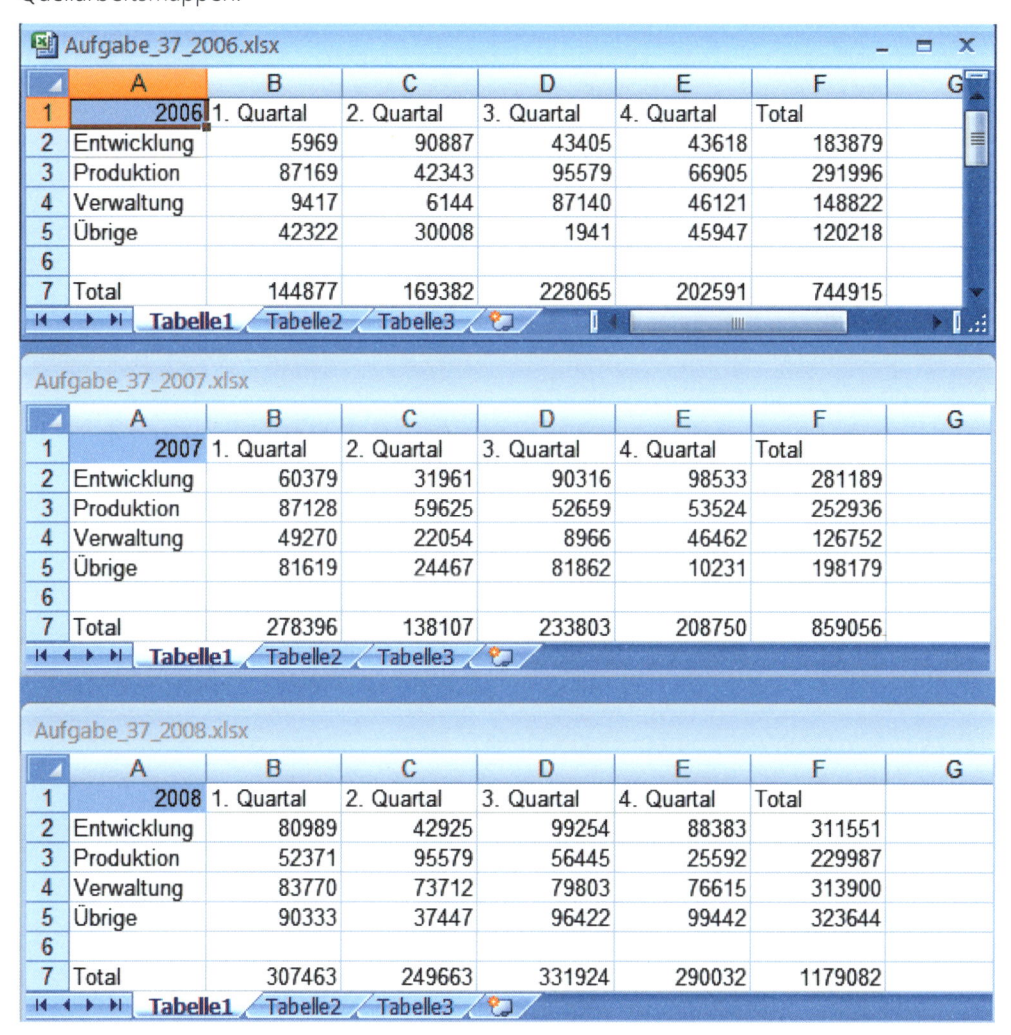

	A	B	C	D	E	F
1	2008	1. Quartal	2. Quartal	3. Quartal	4. Quartal	Total
2	Entwicklung	80989	42925	99254	88383	311551
3	Produktion	52371	95579	56445	25592	229987
4	Verwaltung	83770	73712	79803	76615	313900
5	Übrige	90333	37447	96422	99442	323644
6						
7	Total	307463	249663	331924	290032	1179082

Sie erhalten die Aufgabe, in einer neuen Arbeitsmappe eine Gesamtübersicht über die drei Geschäftsjahre zu erstellen.

1. Öffnen Sie die drei Quellarbeitsmappen zu dieser Aufgabe (Aufgabe_37_2006.xlsx, Aufgabe_37_2007.xlsx, Aufgabe_37_2008.xlsx) und eine leere Arbeitsmappe, in der Sie die Gesamtübersicht über die drei Geschäftsjahre erstellen werden (Zielarbeitsmappe).
2. Machen Sie über das Register **Ansicht**, Befehlsgruppe **Fenster**, Befehl **Alle anordnen, Unterteilt,** alle geöffneten Arbeitsmappen sichtbar.
3. Geben Sie in der leeren Zielarbeitsmappe die **Texte** und die Jahreszahlen 2006, 2007 und 2008 gemäss Abbildung auf Seite 56 ein. Die Zahlen dürfen Sie selbstverständlich nicht abschreiben.

Register	**Ansicht**
Gruppe	Fenster
Befehl	Alle anordnen Unterteilt

Tabellenkalkulation

	A	B	C	D
1	Gesamtübersicht	2006	2007	2008
2				
3	Entwicklung	183879	281189	311551
4	Produktion	291996	252936	229987
5	Verwaltung	148822	126752	313900
6	Übrige	120218	198179	323644
7				
8	Total	744915	859056	1179082

4. Erstellen Sie mithilfe von externen Bezügen die Gesamtübersicht der Abteilungskosten über die drei Geschäftsjahre. Denken Sie daran: Passen Sie wenn nötig die Bezugsart von absolut zu relativ an!

Formatierung

3

3.1 Grundlagen der Zellformatierung

Tabellenkalkulationsprogramme enthalten vielfältige Funktionen, mit denen Sie das Erscheinungsbild der Daten optisch ansprechend gestalten können.
Die gebräuchlichsten Zellformate lassen sich wie folgt gliedern:

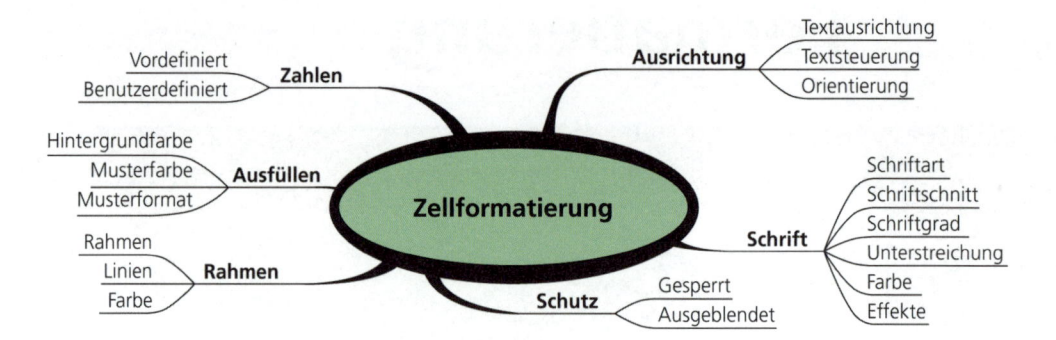

Wenn Sie eine Zelle formatieren, ändert sich nur das Aussehen, nicht aber der Inhalt. Was Sie in einer Zelle sehen, kann erheblich vom Inhalt der Zelle abweichen. Deshalb ist die Unterscheidung von Zellinhalt und Zellformat ausgesprochen wichtig.
Im unten stehenden Beispiel wird in Zelle A1 der Wert 5 angezeigt. In der Bearbeitungsleiste erkennen Sie aber, dass der Zellinhalt in Wirklichkeit 4.5 beträgt. Dies ist darauf zurückzuführen, dass der Zelle A1 ein Zahlenformat ohne Dezimalstellen zugewiesen wurde.

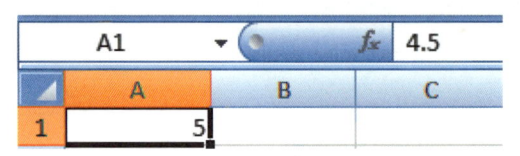

Zellformat und Zellinhalt

Wenn der Inhalt einer formatierten Zelle gelöscht wird, bleibt das zugewiesene Zellformat erhalten. Neue Inhalte werden deshalb mit der bestehenden Formatierung angezeigt.
Um eine Zelle oder ganze Zellbereiche zu formatieren, müssen Sie diese zuerst markieren. Es gibt verschiedene Wege, Zellen zu formatieren:

Register	Start
Gruppen	Schriftart
	Ausrichtung
	Zahl
	Zellen

▶ **Formatieren über das Menüband**
Die grundlegenden und häufigsten Befehle finden Sie im Register **Start** in vier Gruppen: **Schriftart**, **Ausrichtung**, **Zahl** und **Zellen**. Das Register **Formatvorlagen** behandeln wir in Kapitel 3.7.

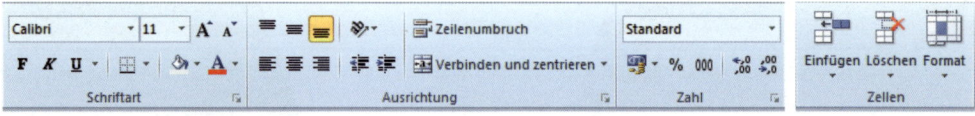

Die Gruppen **Schriftart**, **Ausrichtung**, **Zahl** und **Zellen**

Grundlagen der Zellformatierung

▶ **Formatieren über Kontextmenü und Minisymbolleiste**
Beim Rechtsklick auf eine Zelle erscheinen eine Minisymbolleiste (oben) und ein Kontextmenü (unten):

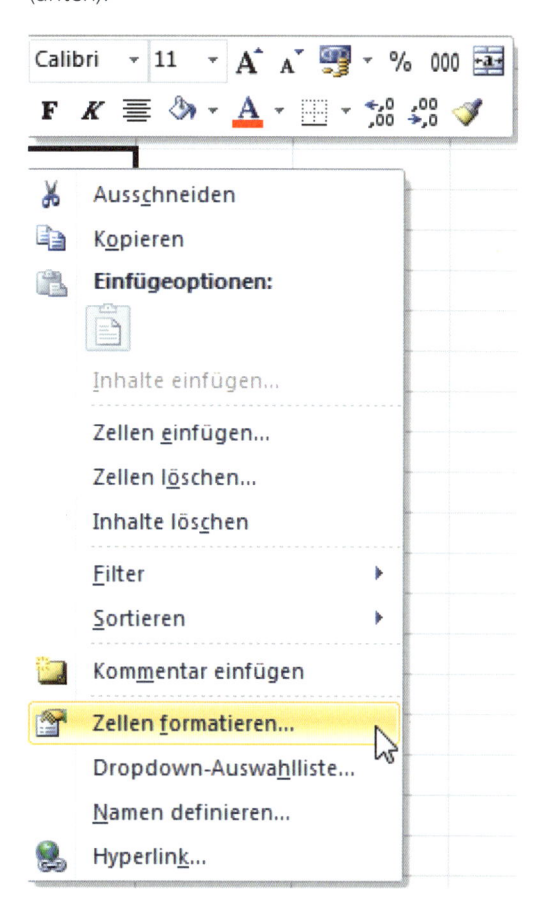

Im Kontextmenü ist der Befehl **Zellen formatieren** besonders wichtig.

Die Minisymbolleiste liefert Ihnen 17 der am häufigsten benutzten Formatierungsbefehle:

- sieben für das Anpassen der Schriftformate
- fünf für das Festlegen von Zahlenformaten
- zwei für das Ändern der Ausrichtung
- einen für das Zuweisen von Rahmenlinien
- einen für das Ändern der Zellfarbe
- einen für das Übertragen von Formaten

Die Minisymbolleiste ist ein hervorragendes Instrument zum Formatieren. Die Symbolleiste ist unveränderbar, das heisst, es können weder Symbole hinzugefügt noch entfernt werden.

Tabellenkalkulation

▶ **Formatieren über Tasten und Tastenkombinationen**

Für häufige Befehle eignen sich auch Tastenkombinationen. Wenn Sie beispielsweise mit der Maus auf das Symbol für **Fett** fahren, wird die Tastenkombination **Ctrl+Shift+F** eingeblendet:

Tipp: Am schnellsten gelangen Sie ins Feld **Zellen formatieren** mit Ctrl+1.

Die wichtigste Tastenkombination für schnelles Formatieren ist **Ctrl+1**. Sie ruft das Dialogfeld **Zellen formatieren** auf. Darin finden Sie alle Befehle in sechs Registerkarten angeordnet:

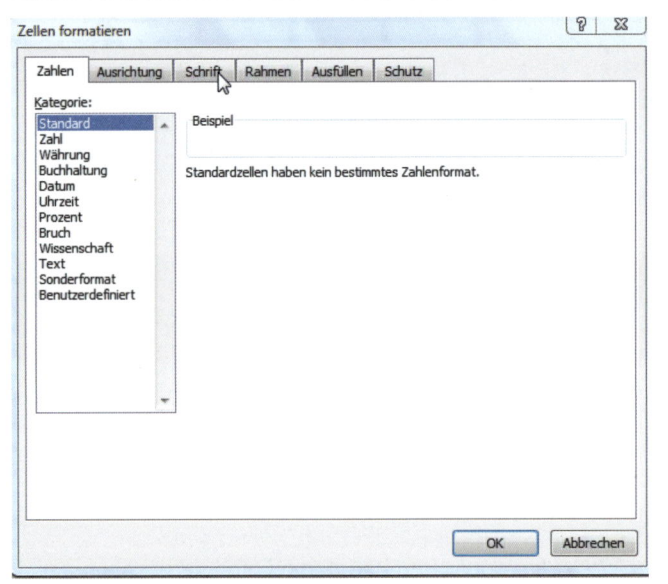

Dialogfeld **Zellen formatieren**

Dieses Dialogfeld können Sie auch aufrufen, wenn Sie in den Gruppen **Schriftart**, **Ausrichtung** oder **Zahl** auf den kleinen Pfeil in der rechten unteren Ecke klicken (**Startprogramm für Dialogfelder**):

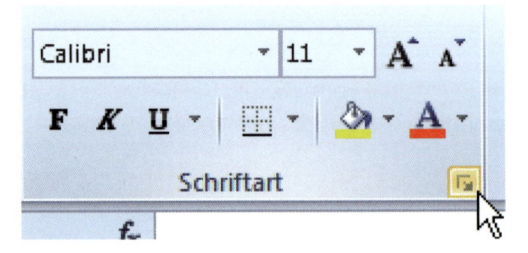

Excel ist so eingerichtet, dass Sie mehrere Möglichkeiten haben, um zum gewünschten Formatierungsbefehl zu gelangen. Man kann auch keinen Weg als den besten bezeichnen. Je nach Erfahrung und bevorzugter Arbeitstechnik arbeitet der eine Benutzer lieber mit Tastenkombinationen, während der andere das Kontextmenü bevorzugt.

Grundlagen der Zellformatierung

Anhand dieser Aufgabe lernen Sie die wichtigsten Formatierungen kennen. Die Grundtabelle sieht so aus:

Aufgabe 38

	A	B	C	D	E
1					
2		Monat	Einnahmen	Ausgaben	Saldo
3		Januar	3750.000	2500.000	1250.000
4		Februar	2800.000	1950.000	850.000
5		März	3650.000	3000.000	650.000
6		April	4960.000	4100.000	860.000
7		Mai	5900.000	4900.000	1000.000
8		Juni	3455.000	2850.000	605.000
9		Juli	7800.000	6950.000	850.000
10		August	9800.000	7500.000	2300.000
11		September	6570.000	6000.000	570.000
12		Oktober	8950.000	7500.000	1450.000
13		November	3456.000	3050.000	406.000
14		Dezember	7500.000	4960.000	2540.000
15		Summe	68591.000	55260.000	13331.000

Grundtabelle

▶ **Beurteilung der Tabelle**
- Die Tabelle hat keine Überschrift.
- Die Spalten sind unregelmässig breit.
- Die Spaltenüberschriften sind weder zentriert noch sonstwie hervorgehoben.
- Die Monatsnamen sind nicht hervorgehoben.
- Die Zahlen sind nicht gut lesbar. Tausendertrennzeichen fehlen, ebenso die Angabe über die Währung. Drei Nachkommastellen sind unüblich.
- Die ganze Tabelle wirkt nicht als Ganzes. Ein Rahmen könnte Abhilfe schaffen.
- Die Summenzeile ist zu wenig hervorgehoben; sie soll fett formatiert und vom Rest der Tabelle durch eine Rahmenlinie abgetrennt werden.
- Die Leserführung ist schlecht. Die Tabelle wäre leserfreundlicher, wenn jede zweite Zeile farblich hervorgehoben wäre.

Im Folgenden wird Schritt für Schritt beschrieben, wie Sie rationell zur Ergebnistabelle gelangen. Nachdem Sie die Tabelle bearbeitet haben, sollte sie so aussehen:

	A	B	C		D		E	
1		**Einnahmen und Ausgaben im Jahr 200_**						
2								
3		**Monat**	**Einnahmen**		**Ausgaben**		**Saldo**	
4		*Januar*	CHF	3'750	CHF	2'500	CHF	1'250
5		*Februar*	CHF	2'800	CHF	1'950	CHF	850
6		*März*	CHF	3'650	CHF	3'000	CHF	650
7		*April*	CHF	4'960	CHF	4'100	CHF	860
8		*Mai*	CHF	5'900	CHF	4'900	CHF	1'000
9		*Juni*	CHF	3'455	CHF	2'850	CHF	605
10		*Juli*	CHF	7'800	CHF	6'950	CHF	850
11		*August*	CHF	9'800	CHF	7'500	CHF	2'300
12		*September*	CHF	6'570	CHF	6'000	CHF	570
13		*Oktober*	CHF	8'950	CHF	7'500	CHF	1'450
14		*November*	CHF	3'456	CHF	3'050	CHF	406
15		*Dezember*	CHF	7'500	CHF	4'960	CHF	2'540
16		**Summe**	CHF	68'591	CHF	55'260	CHF	13'331

Ergebnistabelle

Tabellenkalkulation

Überschrift einsetzen und formatieren

Für die folgenden Formatierungen benutzen wir hauptsächlich die Befehle im Register **Start**. Achten Sie daher darauf, dass das Register **Start** immer aktiviert ist. Öffnen Sie die Aufgabe 38.

1. Fügen Sie eine neue Zeile ein. Klicken Sie dazu auf den Kopf der Zeile 1, um die Zeile vollständig zu markieren. Öffnen Sie mit einem Rechtsklick das Kontextmenü und wählen Sie **Zellen einfügen**.
2. Markieren Sie die Zelle B1 und tippen Sie **Einnahmen und Ausgaben im Jahr 20..** ein.
3. Lassen Sie die Zelle B1 markiert. Klicken Sie in der Gruppe **Schriftart** zweimal auf das Symbol **Schriftgrad vergrössern**. Mit jedem Klick erhöhen Sie den Schriftgrad um 2 Punkte (pt). Ab Schriftgrad 28 werden die «Sprünge» deutlich grösser.
4. Öffnen Sie in der gleichen Gruppe die Liste **Schriftart** und wählen Sie anstelle von **Calibri** die Schriftart **Cambria**. Wie Sie im Listenfeld erkennen können, ist **Cambria** für Überschriften vorgesehen.
5. Öffnen Sie die Dropdown-Liste **Schriftfarbe** und wählen Sie ein dunkles Blau aus. Formatieren Sie die Überschrift zusätzlich fett.
6. Markieren Sie die Zelle B1 bis E1. Klicken Sie in der Gruppe **Ausrichtung** auf das Symbol **Verbinden und Zentrieren**. Dadurch verbinden sich die vier Zellen (B1 bis E1) zu einer Zelle, und der Inhalt wird zentriert.

Spaltenüberschriften vertikal und horizontal zentrieren

Die Überschriften in Zeile 3 kleben unschön am unteren Zellrand. Mit den folgenden Schritten ordnen Sie sie sowohl vertikal als auch horizontal zentriert an:

1. Markieren Sie die Zellen B3 bis E3.
2. Klicken Sie in der Gruppe **Ausrichtung** auf die Symbole in der **Mitte: Zentriert Ausrichten** und **Zentriert**.

Spalten- und Zeilenüberschriften zusätzlich hervorheben

1. Damit die Spaltenüberschriften optisch schneller erfasst werden, verändern wir die Schrift- und die Zellfarbe.
2. Markieren Sie die Zellen B3 bis E3. Klicken Sie in der Gruppe **Schriftart** auf den Pfeil neben dem Symbol **Füllfarbe**. Wählen Sie erneut das dunkle Blau. Lassen Sie die Markierung stehen.
3. Klicken Sie auf den Pfeil neben dem Symbol **Schriftfarbe** und wählen Sie Weiss. Damit die Schrift noch besser zu lesen ist, klicken Sie auf das Symbol für **Fett**.
4. Markieren Sie alle Zeilenbezeichnungen (Januar bis Dezember) und klicken Sie auf das Symbol für **Kursiv**.

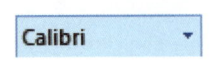

Grundlagen der Zellformatierung

Texte einrücken

Alle Einträge in Spalte B sollen ein wenig vom linken Spaltenrand eingezogen werden. Sie sind dadurch besser lesbar, vor allem dann, wenn die Tabelle mit einer Rahmenlinie umgeben wird.
1. Markieren Sie die Zellen B4 bis B16.
2. Klicken Sie in der Registerkarte **Start**, Gruppe **Ausrichtung**, auf das Symbol **Einzug vergrössern**. Excel schiebt den markierten Text ein wenig nach rechts.

Die Tabelle sollte jetzt so aussehen:

	A	B	C	D	E
1		**Einnahmen und Ausgaben im Jahr 20..**			
2					
3		Monat	Einnahmen	Ausgaben	Saldo
4		Januar	3750.000	2500.000	1250.000
5		Februar	2800.000	1950.000	850.000
6		März	3650.000	3000.000	650.000
7		April	4960.000	4100.000	860.000
8		Mai	5900.000	4900.000	1000.000
9		Juni	3455.000	2850.000	605.000
10		Juli	7800.000	6950.000	850.000
11		August	9800.000	7500.000	2300.000
12		September	6570.000	6000.000	570.000
13		Oktober	8950.000	7500.000	1450.000
14		November	3456.000	3050.000	406.000
15		Dezember	7500.000	4960.000	2540.000
16		Summe	68591.000	55260.000	13331.000

Zahlenformate zuweisen

Die Zahlen sind unübersichtlich:

- Sie sollten mit Tausendertrennzeichen (Apostroph) gegliedert werden.
- Üblich sind zwei statt drei Nachkommastellen. Bei ganzen Zahlen kann man sogar darauf verzichten.
- Handelt es sich um Euro oder Schweizer Franken? Die Währungsbezeichnung darf nicht fehlen.

Alle diese drei Formatierungen lassen sich mit wenigen Mausklicks bewerkstelligen.

1. Markieren Sie die Zellen C4 bis E16.
2. Klicken Sie in der Gruppe **Zahl** auf das Symbol **Währung**. Dieses Symbol verwendet das Währungszeichen der Regions- und Sprachoptionen der Windows-Systemsteuerung.

Ihre Tabelle sollte nun so aussehen:

Monat	Einnahmen	Ausgaben	Saldo
Januar	CHF 3'750.00	CHF 2'500.00	CHF 1'250.00
Februar	CHF 2'800.00	CHF 1'950.00	CHF 850.00
März	CHF 3'650.00	CHF 3'000.00	CHF 650.00
April	CHF 4'960.00	CHF 4'100.00	CHF 860.00

Aussehen nach Verwenden des Symbols **Währung**

Lassen Sie die Zellen C4 bis E16 markiert. Blenden Sie alle Nachkommastellen aus, indem Sie in der Gruppe Zahl zweimal auf das Symbol **Dezimalstelle löschen** klicken.

Spaltenbreite anpassen

1. Markieren Sie die Spalten C bis E.
2. Bewegen Sie die Maus im Spaltenkopf an den rechten Rand der Spalte E, bis ein schwarzer Doppelpfeil erscheint.
3. Doppelklicken Sie an dieser Stelle. Alle markierten Spalten werden daraufhin an ihre optimale Breite angepasst.

Die Tabelle mit einem Rahmen versehen

Zum Schluss versehen wir die Tabelle noch mit einem Rahmen. Die Gitternetzlinien, die Sie am Bildschirm sehen, werden ja nicht gedruckt. Viele Anwender wählen den schnellsten, aber nicht den besten Weg: Sie klicken in der Gruppe **Schriftart** auf den Pfeil neben dem Symbol für **Rahmenlinien** und wählen **Alle Rahmenlinien**. Dadurch entsteht ein schwarzes Gitternetz, das nicht sehr leserfreundlich ist.

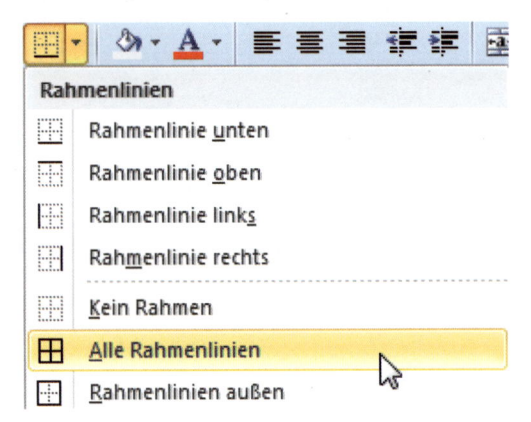

Die schnellste, aber nicht die beste Variante

Rahmenlinien sollten dem Betrachter das Lesen der Tabelle erleichtern. Sie sollten die Struktur des Zahlenmaterials verdeutlichen. Beherzigen Sie daher folgende Tipps:

- Umgeben Sie die ganze Tabelle mit einer durchgehenden Rahmenlinie. Sie kann durchaus stärker sein als die Linien im Innern der Tabelle.
- Setzen Sie starke Linien dort ein, wo Sie Zahlengruppen voneinander abgrenzen wollen. In unserem Beispiel empfiehlt sich eine solche Linie vor der Zeile mit den Summen.
- Verwenden Sie zwischen den Spalten eher dünne Linien in zurückhaltender Farbe oder gepunktete Linien.
- Weisen Sie jeder zweiten Zeile eine abweichende Farbe zu. Bewährt hat sich beispielsweise Grau. Dadurch erhält das Auge eine Navigationshilfe: Rahmenlinien, um zwischen den Spalten zu unterscheiden, und die Zellschattierung, um die Zeilen voneinander abzugrenzen.

Rahmenlinien zuweisen:

1. Markieren Sie die die Zellen B3 bis E16.
2. Betätigen Sie **Ctrl+1** und klicken Sie auf das Register **Rahmen**.

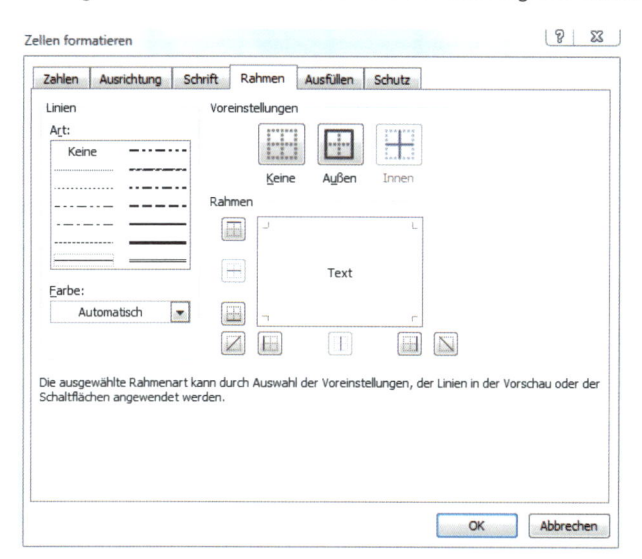

3. Klicken Sie im Feld **Art** rechts die dritte Linie von unten an; sie hat die richtige Stärke für unsere Aussenlinie.
4. Öffnen Sie darunter im Feld **Farbe** die Liste und wählen Sie wieder das dunkle Blau, das wir schon für die Überschrift verwendet haben.
5. Klicken Sie rechts oberhalb des Vorschaubildes auf die Schaltfläche **Aussen**.
6. Für die senkrechten Linien wählen Sie im Feld **Art** die oberste Linie links (unter dem Wort **Keine**). Sie ist gepunktet und eignet sich daher gut als Innenlinie. Die Farbe belassen wir bei Blau.
7. Klicken Sie nun in die Mitte des Vorschaubildes. Damit aktivieren Sie die Innenlinie. Beenden Sie Ihre Einstellungen durch Klicken auf OK.

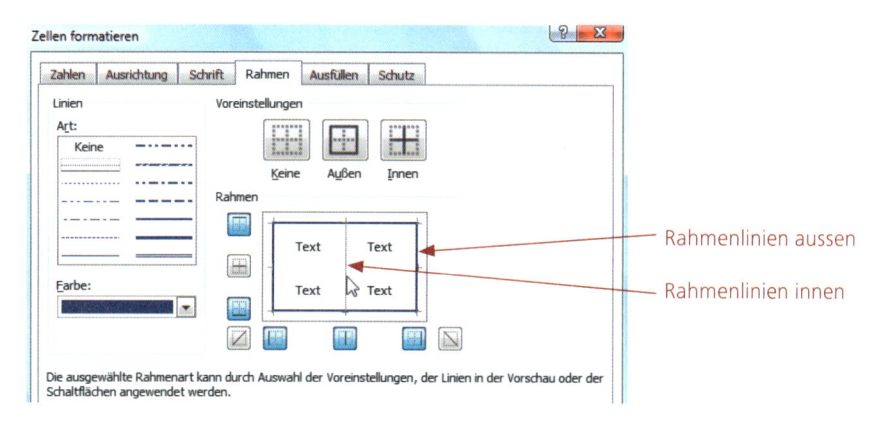

8. Nun grenzen wir noch die Summenzeile etwas ab. Markieren Sie dazu den Bereich B15:E15. Öffnen Sie erneut das Fenster **Zellen formatieren** mit **Ctrl+1**.
9. Im Vorschaubild sehen Sie, dass die untere Rahmenlinie fehlt. Klicken Sie im Vorschaubild auf diese Stelle und schliessen Sie das Dialogfenster über OK.

Ihre Tabelle ist nun durch Rahmenlinien vom Rest des Arbeitsblattes klar abgegrenzt und in sich strukturiert.

Tabellenkalkulation

Jede zweite Zeile farblich hinterlegen

Damit der Betrachter beim Lesen der Tabelle mühelos innerhalb einer Monatszeile bleibt, färben Sie jede zweite Zeile leicht ein.

1. Markieren Sie den Zellbereich B5:E5.
2. Drücken Sie die Ctrl-Taste und markieren Sie nacheinander die Bereiche B7:E7, B9:E9, B11:E11, B13:E13 und B15:E15.
3. Klicken Sie in der Gruppe **Schriftart** auf den Pfeil neben dem Symbol **Füllfarbe** und wählen Sie ein etwas helleres Blau als für die Spaltenüberschriften.
4. Markieren Sie abschliessend noch die Zellen B16:E16 und weisen Sie diesen die Formatierung **Fett** zu.

Wichtige Zellen vor Überschreiben schützen

Die Tabelle ist fertig formatiert. Bevor Sie die Tabelle jemandem geben, sollten Sie verhindern, dass Ihre Formeln absichtlich oder versehentlich überschrieben werden. Dies ist vor allem bei komplexen Formeln wichtig.

Es mag für Sie eigenartig klingen, aber in Excel sind standardmässig **alle** Zellen als **Gesperrt** eingestellt. Davon haben Sie bis jetzt nichts gemerkt. Sie können ja jede Zelle beliebig verändern. Der Zellschutz wird erst aktiv, wenn Sie die zweite Stufe des Schutzes einschalten, den sogenannten Blattschutz.

Daher müssen Sie sich beim Schützen zunächst die Frage stellen, welche Zellen **nicht** geschützt, also weiterhin bearbeitet werden sollen. Diese Zellen entsperren Sie. Dann schalten Sie den Blattschutz ein, der dazu führt, dass nur die gesperrten Zellen tatsächlich auch geschützt sind.

In unserer Tabelle schützen wir die E4:E15 und C16:E16. Alle übrigen Zellen sollen veränderbar bleiben.

Vorgehen:

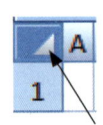

1. Markieren Sie das ganze Arbeitsblatt, indem Sie auf den Kreuzungspunkt von Spalten- und Zeilenkopf klicken.
2. Öffnen Sie mit **Ctrl+1** das Dialogfeld **Zellen Formatieren** und klicken Sie auf die Registerkarte **Schutz**.

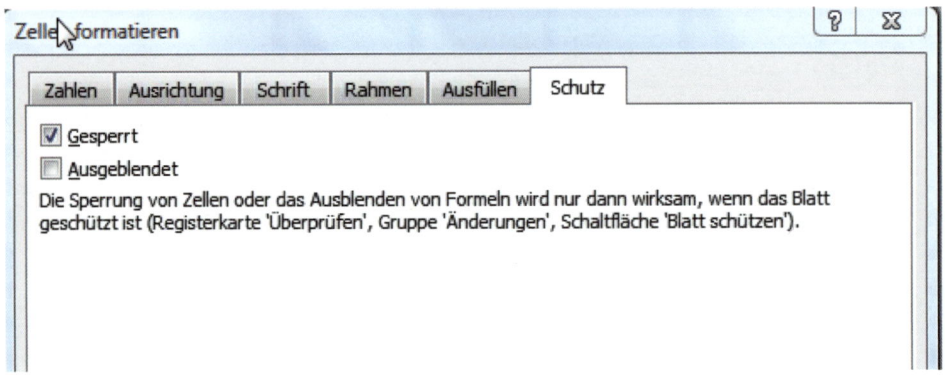

Dialogfenster **Zellen formatieren**, Register **Schutz**

3. Heben Sie den Zellschutz für alle markierten Zellen auf, indem Sie das Häkchen bei **Gesperrt** entfernen. Klicken Sie auf OK. Jetzt ist keine Zelle mehr gesperrt. Alle Formelzellen erhalten in der linken oberen Ecke einen grünen Indikator. Excel teilt uns mit, dass diese Zellen Formeln enthalten, aber nicht geschützt sind.
4. Markieren Sie die Zellbereiche E4:E15 und C16:E16.
5. Öffnen Sie erneut mit **Ctrl+1** das Dialogfenster **Zellen formatieren**. Klicken Sie auf die Registerkarte **Schutz** und setzen Sie bei **Gesperrt** ein Häkchen. Klicken Sie auf OK. Die grünen Indikatoren sollten jetzt verschwunden sein.

▶ **Nach dem Zellschutz folgt der Blattschutz**

Wenn Sie jetzt probehalber etwas in die Zelle E4 eintippen, überschreiben Sie deren Inhalt, obwohl die Zelle geschützt ist. Machen Sie diese Eingabe wieder rückgängig. Sie kennen den Grund: Der Zellschutz wird erst durch den Blattschutz aktiv.

Register	Start
Gruppe	Zellen
Befehl	Format
Befehl	Blatt schützen

1. Klicken Sie auf der Registerkarte **Start** in der Gruppe **Zellen** auf die Schaltfläche **Format**.
2. Wählen Sie im Menü **Format** den Eintrag **Blatt schützen**.

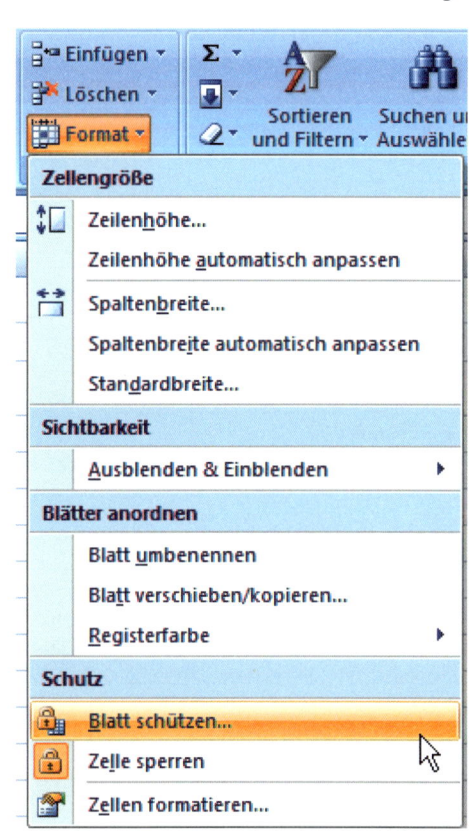

3. Im folgenden Dialogfeld können Sie je nach Bedarf festlegen, was andere Anwender in diesem Arbeitsblatt machen dürfen. Mit einem Kennwort verhindern Sie, dass jemand den Blattschutz wieder aufhebt. Wichtig ist, dass Sie sich das Kennwort merken.

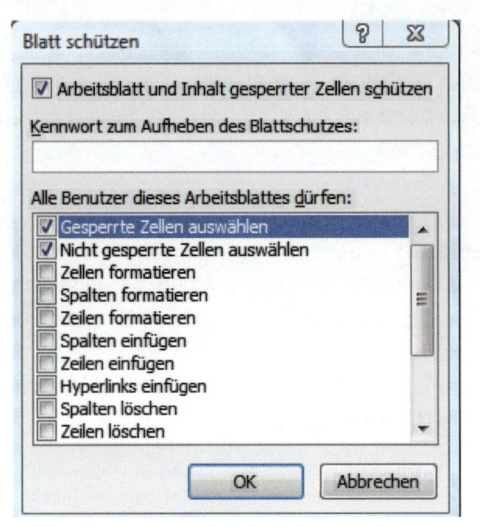

Dialogfeld **Blatt schützen**

4. Klicken Sie auf OK, um den Blattschutz zu aktivieren. Haben Sie ein Kennwort vergeben, müssen Sie dieses zur Sicherheit wiederholen.

Wenn Sie jetzt versuchen, eine Formel zu überschreiben, erscheint ein Hinweis, dass die Zelle geschützt ist.

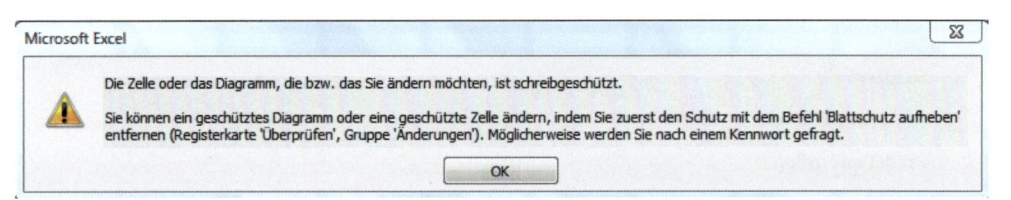

In diesem Dialogfenster ist auch beschrieben, wie man den Blattschutz wieder aufhebt. Selbst für einen Excel-Laien dürfte diese Anleitung genügen, um den Blattschutz aufzuheben. Deshalb bietet nur ein Blattschutz mit Kennwort eine gewisse Sicherheit. Absolut sicher ist das Kennwort jedoch nicht. Im Internet findet man kostenlose Programme, um es zu knacken.
Sie haben an einer unformatierten Tabelle die häufigsten Zellformate angewandt und einige Regeln zur Gestaltung kennengelernt. In den folgenden Kapiteln nehmen wir einzelne Formate etwas genauer unter die Lupe.

3.2 Zahlenformate

Zahlenformate spielen eine zentrale Rolle beim Formatieren von Tabellen. Die häufigsten Formate finden Sie in der Gruppe **Zahl** des Registers **Start**:

Gruppe Zahl

Symbol	Bezeichnung	Erläuterung
Standard	Listenfeld	zeigt das Format der markierten Zelle an.
	Buchhaltungszahlenformat	stellt die Zahl als Geldbetrag dar und verwendet dazu das in Windows eingestellte Währungssymbol. Andere Währungssymbole sind über das Ausklappmenü des Symbols erreichbar.
%	Prozent	stellt die Zahl als Prozentzahl dar; Beispiel: 0.1 wird zu 10%.
000	1000er-Trennzeichen	gliedert die Zahl mit Tausendertrennzeichen und fügt zwei Dezimalstellen an.
	Dezimalstelle hinzufügen	fügt dem bestehenden Format eine Dezimalstelle hinzu.
	Dezimalstelle löschen	entfernt im bestehenden Format eine Dezimalstelle.

Auch in der Minisymbolleiste, die Sie mit einem Rechtsklick aufrufen können, stehen Ihnen einige dieser Formate zur Verfügung:

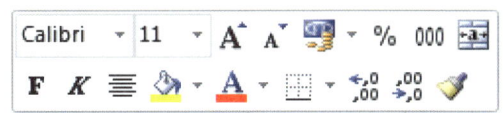

Alle Zahlenformate finden Sie im Dialogfenster **Zellen formatieren**, das Sie am schnellsten mit **Ctrl+1** aufrufen:

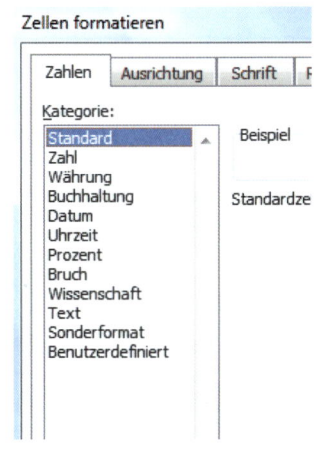

Dialogfeld **Zellen formatieren**

Tabellenkalkulation

Im Register **Zahlen** des Dialogfeldes **Zellen formatieren** können Sie vordefinierte Zahlenformate auswählen oder benutzerdefinierte Zahlenformate erstellen. Zu diesem Zweck wählen Sie im Dialogfeld die entsprechende **Kategorie** aus und legen die jeweils zur Verfügung gestellten Parameter fest, z. B. Anzahl Dezimalstellen. Im Bereich **Beispiel** des Dialogfeldes sehen Sie in einer Vorschau, wie sich das Erscheinungsbild der aktiven Zelle verändert. Ausserdem wird zur jeweils ausgewählten Kategorie ein kurzer Hilfetext eingeblendet.

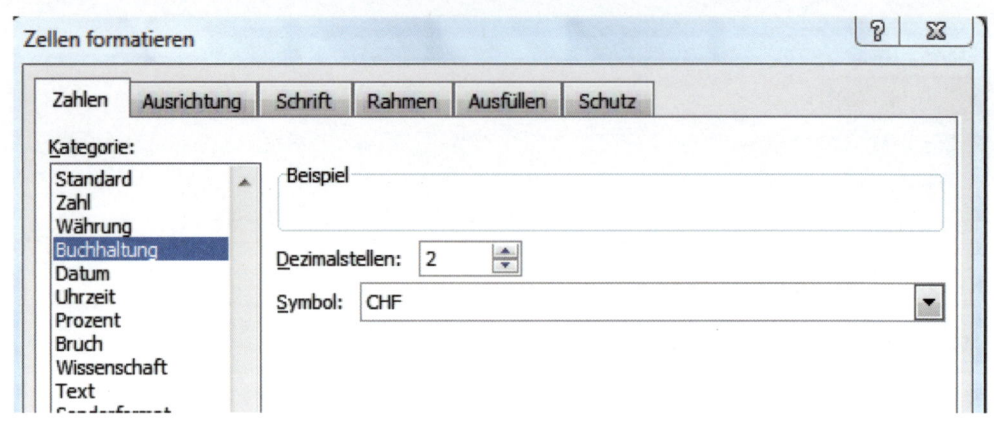

Dialogfeld **Zellen formatieren**, Register **Zahlen**, Kategorie **Buchhaltung**

Vordefinierte Zahlenformate

Kategorie	Beschreibung
Standard	zeigt den Inhalt der Zelle so an, wie er eingegeben wurde.
Zahl	In dieser Kategorie legen Sie fest, wie viele Dezimalstellen benutzt werden, ob Tausendertrennzeichen angezeigt werden und wie mögliche negative Werte aussehen sollen.
Währung	formatiert die Zahl als Währung, wobei Sie das Währungssymbol auswählen und die Anzahl Dezimalstellen festlegen können.
Buchhaltung	ähnlich wie Währung; das Währungszeichen wird jedoch am linken Zellrand ausgerichtet.
Datum	stellt verschiedene Anzeigeformate für Datumsangaben zur Verfügung.
Prozent	weist dem Wert das Prozentformat zu; aus 0.01 wird 1%.
Bruch	stellt Dezimalzahlen als Bruch dar.
Wissenschaft	Die Zahlen werden in der Exponentialschreibweise angezeigt.
Text	Nehmen Sie dieses Format, wenn Sie wollen, dass Zahlen als Text behandelt werden. Sinnvolle Beispiele sind Telefonnummern, die mit einer Null beginnen.
Sonderformat	Dieses Format soll dafür sorgen, dass Zahlen wie eine Postleitzahl oder wie Telefonnummern angezeigt werden. Vorsicht: Nicht in jedem Fall sind die richtigen Formatcodes vorbereitet.
Benutzerdefiniert	Wenn keines der vordefinierten Zahlenformate Ihren Vorstellungen entspricht, können Sie in dieser Kategorie eigene Zahlenformate kreieren.

Die folgende Tabelle zeigt, wie sich das Erscheinungsbild eines Zellinhalts durch Zuweisung eines vordefinierten Zahlenformates verändert.

Zellinhalt	Kategorie	Erscheinungsbild
4723.141593	Standard	4723.141593
4723.141593	Zahl	4723.14
4723.141593	Währung	CHF 4'723.14
4723.141593	Buchhaltung	CHF 4'723.14
4723.141593	Datum	5. Dezember 1912
4723.141593	Uhrzeit	3:23:54
4723.141593	Prozent	472314.16%
4723.141593	Bruch	4723 1/7
4723.141593	Wissenschaft	4.72E+03
4723.141593	Text	4723.141593

In der folgenden Tabelle wird in Spalte B Bezug genommen auf die Zahl in Zelle B1. Die Zellen in Spalte B sollen so formatiert werden, wie das in Spalte A angegeben ist.

Aufgabe 39

	A	B
1	Zahl	37787.645
2		
3	Kategorie	Erscheinungsbild
4	Zahl	37787.65
5	Zahl	37787.6
6	Währung	CHF 37'787.65
7	Währung	37'788 €
8	Buchhaltung	CHF 37'787.65
9	Datum	15.06.2003
10	Datum	Sonntag, 15. Juni 2003
11	Uhrzeit	15:28:48
12	Uhrzeit	15.28 Uhr
13	Prozent	3778764.50%
14	Prozent	3778765%
15	Bruch	37787 2/3
16	Bruch	37787 129/200
17	Wissenschaft	3.78E+04
18	Wissenschaft	3.7787645E+04
19	Text	37787.645

Vorgehen:

1. Öffnen Sie die Aufgabe 39.
2. Die Formel in Zelle B4 lautet: =$B$1. Damit übernehmen Sie den Wert aus Zelle B1.
   Kopieren Sie diese Formel bis zur Zelle B19.
3. Formatieren Sie die Zelle B4 so, wie das in Zelle A4 angegeben ist, nämlich als Zahl mit zwei Dezimalstellen.
4. Fahren Sie so fort mit den Zellen B5 bis B19.

Tabellenkalkulation

Besondere Beachtung verdienen die Kategorien **Datum, Uhrzeit** und **Prozent,** weil ihre Wirkung allenfalls nicht auf den ersten Blick verständlich ist. Sie werden deshalb im Folgenden etwas näher erläutert.

Datum und Uhrzeit

Bei der Eingabe eines Datums oder einer Uhrzeit wird der Zelle automatisch das Zahlenformat **Datum** bzw. **Uhrzeit** zugewiesen. Intern werden Daten aber als ganze, serielle Zahlen und Uhrzeiten als Dezimalbrüche gespeichert. Um diesen internen Wert einer Datums- oder Zeitangabe anzuzeigen, müssen Sie das Format der Zelle auf **Standard** ändern.
Die Zeitrechnung in Excel beginnt am 1. Januar 1900. Dieses Datum entspricht der Zahl 1. Der 2. Januar 1900 wird intern als 2, der 3. Januar 1900 als 3 usw. gespeichert. Die Zeitrechnung endet am 31. Dezember 9999.
Uhrzeiten werden als Teilmenge des Tages betrachtet. Eine Stunde entspricht somit $1/24$, eine Minute entspricht $1/1440$ und eine Sekunde $1/86400$:

Zeit	Formel	Anteil am Tag	Darstellung
Stunde	=1/24	24	01:00:00
Minute	=1/(24*60)	1440	00:01:00
Sekunde	=1/(24*60*60)	86400	00:00:01

Das müssen Sie bei Berechnungen mit Uhrzeiten berücksichtigen.
Aufbauend auf dieser Logik werden detaillierte Zeitangaben aus Datum und Uhrzeit gebildet. Der 18. August 2003, 16:43:25 Uhr, entspricht dem Wert 37851.6968171296.

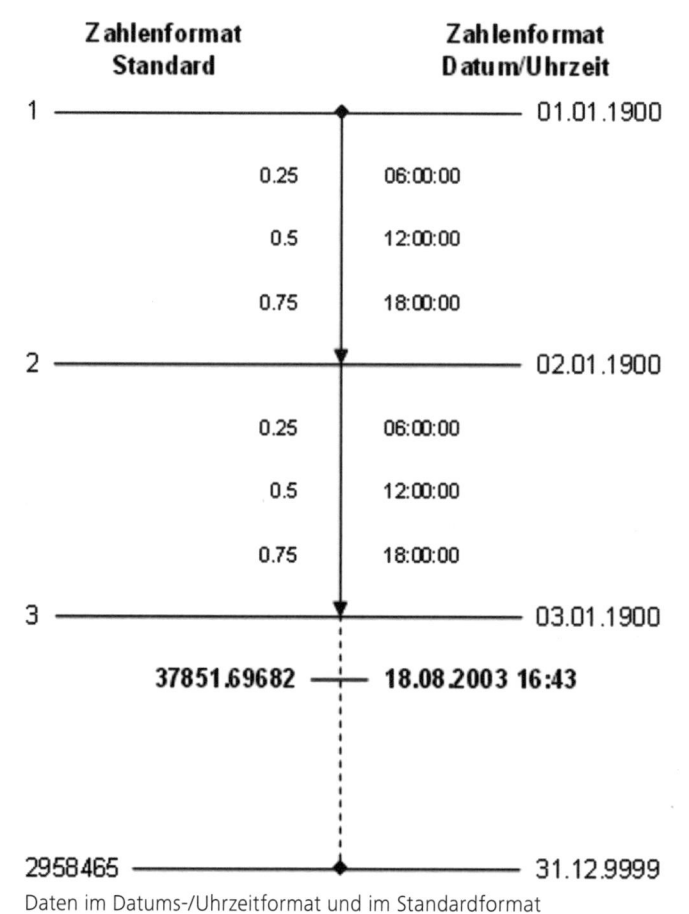

Nur weil Daten und Uhrzeiten serielle Zahlen sind, können Sie damit rechnen. Um aussagekräftige Ergebnisse zu erhalten, müssen Sie der Ergebniszelle manchmal das geeignete Zahlenformat zuweisen.

Daten im Datums-/Uhrzeitformat und im Standardformat

Im folgenden Beispiel wird in der Zelle B4 mit der Formel =B3–B2 die Anzahl Tage zwischen dem Lehrbeginn (Zelle B2) und dem Lehrende (Zelle B3) berechnet.

Der Ergebniszelle B4 wird automatisch das Format **Standard** zugewiesen, obwohl die Ausgangszellen B2 und B3 als Datum formatiert sind. In älteren Excel-Versionen hätten Sie der Zelle B4 das Standardformat zuweisen müssen.

	A	B
1		Datum
2	Lehrbeginn	01.08.2011
3	Lehrende	31.07.2014
4	Lehrdauer in Tagen im Zahlenformat Standard	1095

Berechnung Anzahl Tage zwischen zwei Daten

Wie gesagt: Das Rechnen mit Uhrzeiten hat seine Tücken, wie das folgende Beispiel zeigt. Ein Computertechniker hat für Sie eine halbe Stunde gearbeitet. Tippen Sie die folgenden Daten ab und berechnen Sie den Lohn in Zelle C2.

	A	B	C
1	Dauer	Stundenansatz	Lohn
2	00:30	CHF 120.00	

Rechnen mit Stunden

Vorgehen:

1. Markieren Sie die Zelle C2 und geben Sie die Formel =A2*B2 ein.
2. Das Ergebnis ist 2.5! Weshalb?
3. Bedenken Sie: Die Uhrzeit ist als Bruchteil eines Tages gespeichert. Eine Stunde ist $1/24$ eines Tages. Folglich müssen Sie A2 mit 24 multiplizieren. Die richtige Formel lautet: A2*24*B2.
4. Jetzt beträgt der Lohn CHF 60.–, und der Computerfachmann ist zufrieden.

Aufgabe 40

Ihre Firma führt eine Kontrollliste über die Ausgangsrechnungen, in der die Rechnungsnummer, das Rechnungsdatum und die Zahlungsfrist erfasst werden.

Die Liste dient dazu, an jedem beliebigen Stichtag zu ermitteln, welche Kunden mit ihren Zahlungen im Rückstand sind. Öffnen Sie die Aufgabe 40 oder erstellen Sie die entsprechende Tabelle und ermitteln Sie für jede Faktura das Fälligkeitsdatum und den Zahlungsrückstand in Tagen.

	A	B	C	D	E
1	Stichtag:	31.03.2011			
2					
3	Fakturanummer	Fakturadatum	Zahlungsfrist	Fälligkeit	Rückstand
4	10367	30.01.2011	30	01.03.2011	30
5	10368	14.02.2011	20	06.03.2011	25
6	10369	19.02.2011	30	21.03.2011	10
7	10370	06.03.2011	30	05.04.2011	-5
8	10371	17.03.2011	10	27.03.2011	4
9	10372	23.03.2011	20	12.04.2011	-12
10	10373	30.03.2011	10	09.04.2011	-9

Tabellenkalkulation

Aufgabe 41

Die Automechaniker einer Garage erfassen bei jedem Auftrag die einzelnen Arbeiten mit Anfangs- und Endzeit in einem Arbeitsrapport. Auf dieser Basis wird später die Rechnung erstellt und mit den Materialkosten ergänzt. Öffnen Sie die Aufgabe 41 oder erstellen Sie die entsprechende Tabelle.

Beachten Sie, dass hinter der Zeitberechnung eine Dezimalzahl steht, die den Zeitaufwand als Bruchteil eines Tages ausdrückt. Da Sie nicht mit Tages-, sondern mit Stundenansätzen rechnen, müssen Sie diese Tatsache bei der Berechnung der Arbeitskosten berücksichtigen.

	A	B	C	D	E
1	Auftragsnummer:	20030001			
2	Datum:	27.03.2012			
3	Stundenansatz:	CHF 96.00			
4					
5	Arbeit	Beginn	Ende	Zeit	Arbeitskosten
6	Motor/Motorraum waschen	07:15	07:30	00:15	CHF 24.00
7	Chassis waschen	07:30	08:30	01:00	CHF 96.00
8	Bremsflüssigkeit ersetzen	08:35	08:45	00:10	CHF 16.00
9	Zahnriemen ersetzen	08:50	09:55	01:05	CHF 104.00
10	Kraftstofffilter ersetzen	10:15	10:20	00:05	CHF 8.00
11	Wasserpumpe ersetzen	10:20	10:30	00:10	CHF 16.00
12	Thermostat Dichtung ersetzen	10:40	10:45	00:05	CHF 8.00
13	Raumluftfilter ersetzen	10:45	10:50	00:05	CHF 8.00
14	Heizschalterbeleuchtung reparieren	11:00	11:35	00:35	CHF 56.00

Prozent

- In der Wirtschaft werden viele Angaben in Prozentwerten ausgedrückt, z. B. Skonti, Rabatte, Zinsen, Gewinne, Verluste oder Grössenveränderungen.
- Wenn Sie einer Zahl in Excel das Format **Prozent** zuweisen, wird die Zahl als Prozentwert dargestellt. Hinter dem Prozentwert steht aber eine normale Dezimalzahl, die – wie der Name schon sagt – ein Hundertstel des Prozentwertes beträgt.
- Sie haben zwei Möglichkeiten, einer Zelle das Zahlenformat **Prozent** zuzuweisen.
  1. Sie geben die Zahl bereits als Prozentwert ein (z. B. 53.5%)
  2. Sie geben die Zahl als Dezimalzahl ein (z. B. 0.535) und formatieren die Zelle anschliessend über das Symbol **Prozentformat** der Gruppe **Zahl** bzw. über das **Dialogfeld Zellen formatieren**, Register **Zahlen**.
- Die Zuweisung des Formates **Prozent** verändert lediglich das Erscheinungsbild der Zelle. Intern speichert und rechnet Excel mit der Dezimalzahl und nicht mit dem Prozentwert. Diese Tatsache müssen Sie beim Rechnen mit Prozentwerten beachten. 1% ist also mit 0.01 absolut identisch!

▶ Grundbegriffe

- Der Grundwert beträgt 100 Prozent und wird mit G abgekürzt.
- Die Angabe in % heisst Prozentsatz, abgekürzt p%.
- Der Wert, der dem Prozentsatz entspricht, heisst Prozentwert, abgekürzt W.

20 Prozent	von	CHF 400.–	sind	CHF 80.–
Prozentsatz (p%)		Grundwert (G)		Prozentwert (W)

▶ Berechnen von Prozentwerten

Auf den Betrag von CHF 2500.– müssen Sie 8 Prozent Mehrwertsteuer zahlen. Wie hoch ist dieser Prozentwert in Franken?

Die Lösung auf dem Papier sieht folgendermassen aus: $\dfrac{2500 \cdot 8}{100}$

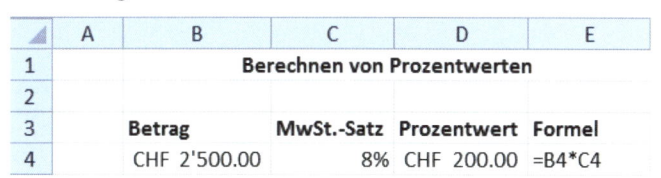

Die Lösung in Excel:

	A	B	C	D	E
1		Berechnen von Prozentwerten			
2					
3		**Betrag**	**MwSt.-Satz**	**Prozentwert**	**Formel**
4		CHF 2'500.00	8%	CHF 200.00	=B4*C4

Berechnen von Prozentwerten

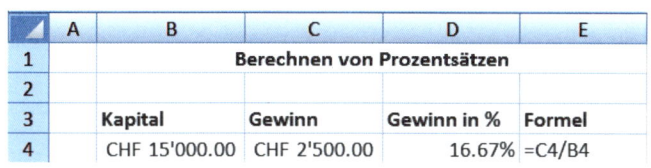

▶ Berechnen von Prozentsätzen

Bei einem investierten Kapital von CHF 15 000.– haben Sie CHF 2500.– Gewinn gemacht. Wie hoch ist der Gewinn in Prozenten?

Die Lösung auf dem Papier sieht folgendermassen aus: $\dfrac{100 \cdot 2500}{15\,000}$

Die Lösung in Excel:

	A	B	C	D	E
1		Berechnen von Prozentsätzen			
2					
3		**Kapital**	**Gewinn**	**Gewinn in %**	**Formel**
4		CHF 15'000.00	CHF 2'500.00	16.67%	=C4/B4

Berechnen von Prozentsätzen

Denken Sie daran, der Zelle D4 das Prozentformat zuzuweisen!

▶ Berechnen von Grundwerten

Die Bank hat Ihnen bei einem Prozentsatz von 2,5 Prozent CHF 3500.– Zinsen gutgeschrieben. Wie gross ist Ihr Kapital?

Die Lösung auf dem Papier sieht folgendermassen aus: $\dfrac{3500 \cdot 100}{2{,}5}$

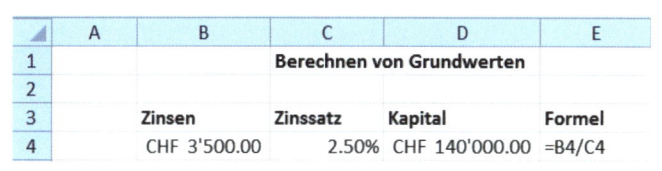

Die Lösung in Excel:

	A	B	C	D	E
1		Berechnen von Grundwerten			
2					
3		**Zinsen**	**Zinssatz**	**Kapital**	**Formel**
4		CHF 3'500.00	2.50%	CHF 140'000.00	=B4/C4

Berechnen von Grundwerten

Tabellenkalkulation

▶ Prozentaufschlag

Bei einem Prozentaufschlag muss ein gegebener Prozentsatz auf einen Grundwert aufgeschlagen werden. Aufgabe: Auf einen Nettopreis von CHF 450.– soll die Mehrwertsteuer von 8 Prozent aufgeschlagen werden. Das Ergebnis – der Bruttopreis – beinhaltet den Nettopreis und die Mehrwertsteuer.

Die Lösung auf dem Papier sieht folgendermassen aus: $\dfrac{450 \cdot 108}{100}$

Die Lösung in Excel:

Nettopreis * (1 + MwSt.-Satz) = Bruttopreis

	A	B	C	D	E
1		\multicolumn{3}{c}{Prozentaufschlag}		
2					
3		Nettopreis	MwSt.-Satz	Bruttopreis	Formel
4		CHF 450.00	8%	CHF 486.00	=B4*(1+C4)

Prozentaufschlag

Der Wert in Klammern (1 + MwSt.-Satz) ergibt 108 Prozent.

▶ Prozentabschlag

Bei einem Prozentabschlag ist ein Grundwert um einen bestimmten Prozentsatz zu vermindern. Das ist eine häufige Anwendung bei Rabatten und Skonti. Aufgabe: Auf den Betrag von CHF 5600.– erhalten Sie 5 Prozent Rabatt. Wie hoch ist der Barpreis?

Die Lösung auf dem Papier sieht folgendermassen aus: $\dfrac{5600 \cdot 95}{100}$

Die Lösung in Excel:

Betrag * (1 – Rabatt) = Barpreis

	A	B	C	D	E
1		\multicolumn{3}{c}{Prozentabschlag}		
2					
3		Betrag	Rabatt	Barpreis	Formel
4		CHF 5'600.00	5.00%	CHF 5'320.00	=B4*(1-C4)

Prozentabschlag

Öffnen Sie die Aufgabe 42 und berechnen Sie für die Jahre 2001 bis 2004 den prozentualen Anteil der Autoverkäufe nach Herkunftsländern.

Aufgabe 42

	A	B	C	D	E	F	G	H	I
1	Autoverkäufe nach Herkunftsländern								
2	(Schweiz und Fürstentum Liechtenstein)								
3									
4		2001		2002		2003		2004	
5		absolut	in %	absolut	in %	absolut	in %	absolut	in %
6	Deutschland	147'774	46.60%	136'650	46.30%	117'118	43.13%	115'328	42.84%
7	Frankreich	47'587	15.01%	45'886	15.55%	45'253	16.67%	42'200	15.68%
8	Italien	19'037	6.00%	16'492	5.59%	14'236	5.24%	14'610	5.43%
9	Japan	59'425	18.74%	55'585	18.84%	55'950	20.60%	58'246	21.64%
10	Schweden	10'440	3.29%	8'541	2.89%	9'102	3.35%	8'983	3.34%
11	England	4'570	1.44%	4'285	1.45%	3'133	1.15%	2'911	1.08%
12	USA	6'419	2.02%	4'481	1.52%	3'535	1.30%	3'106	1.15%
13	Korea	11'097	3.50%	12'922	4.38%	13'082	4.82%	13'694	5.09%
14	Übrige	10'777	3.40%	10'267	3.48%	10'132	3.73%	10'133	3.76%
15									
16	Total	317'126	100.00%	295'109	100.00%	271'541	100.00%	269'211	100.00%

Sie beabsichtigen, eine Liegenschaft für CHF 750 000.– zu kaufen. Um Ihre jährliche und monatliche Belastung durch das Wohneigentum zu ermitteln, erstellen Sie eine Tabelle.

Aufgabe 43

Ihre Bank ist bereit, für die Finanzierung eine 1. Hypothek im Umfang von 65 Prozent des Anlagewertes zu einem Zinssatz von 3,5 Prozent zu gewähren. Mindestens 20 Prozent des Anlagewertes müssen Sie aus eigenen Mitteln aufbringen. Für den Restbetrag gewährt Ihnen die Bank eine 2. Hypothek zu einem Zinssatz von 4 Prozent. Diese Hypothek ist in jährlichen Raten innert 20 Jahren zurückzuzahlen. Neben Amortisation und Zinsen müssen Sie noch mit Nebenkosten von 1 Prozent des Anlagewertes rechnen. Nachdem Sie die Berechnungen durchgeführt haben, heben Sie wichtige Wörter und Zahlen durch Fettschrift hervor. Versehen Sie zudem alle Zellen, in denen Formeln enthalten sind, mit einem Zellschutz, sodass die Formeln nicht überschrieben werden können.

	A	B	C
1	**Jährliche und monatliche Belastung durch Wohneigentum**		
2			
3	**Anlagekosten**		CHF 750'000.00
4			
5	**Finanzierung**		
6	Eigenkapital	20.00%	CHF 150'000.00
7	1. Hypothek	65.00%	CHF 487'500.00
8	2. Hypothek	15.00%	CHF 112'500.00
9			
10	**Kosten**		
11	Amortisation 2. Hypothek	5.00%	CHF 5'625.00
12	Nebenkosten (in Prozenten der Anlagekosten)	1.00%	CHF 7'500.00
13	Zins 1. Hypothek	3.50%	CHF 17'062.50
14	Zins 2. Hypothek	4.00%	CHF 4'500.00
15	**Jährliche Belastung**		CHF 34'687.50
16	**Monatliche Belastung**		CHF 2'890.63

Wie verändert sich Ihre Belastung bei unterschiedlichen Eigenkapitalanteilen, Anlagekosten und Zinssätzen?

Benutzerdefinierte Zahlenformate

Falls Sie in der umfangreichen Auswahl vordefinierter Zahlenformate nichts Passendes finden, können Sie auch eigene, benutzerdefinierte Zahlenformate erstellen. Bevor wir eigene erstellen, schauen wir uns einmal den Aufbau eines benutzerdefinierten Formats an:

1. Öffnen Sie mit **Ctrl+1** das Dialogfeld **Zellen formatieren.**
2. Klicken Sie im Register **Zahlen** auf **Währung,** anschliessend auf **Benutzerdefiniert.**
3. Im Feld **Typ** steht Ihnen eine Vielzahl benutzerdefinierter Währungsformate zur Auswahl. Diese können Sie Ihren Bedürfnissen anpassen.

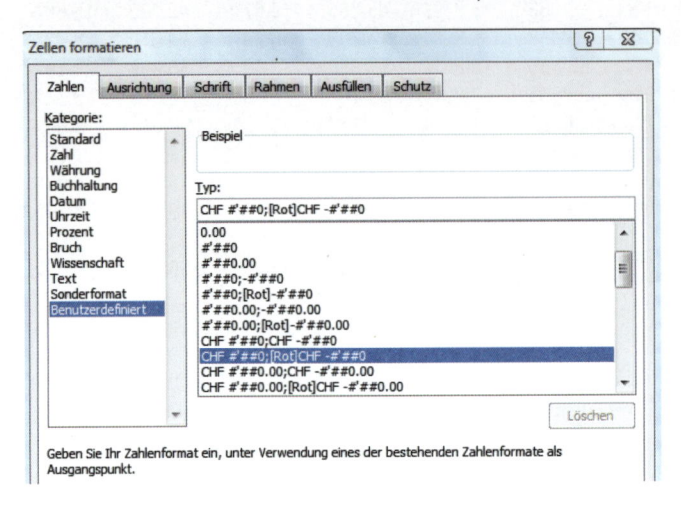

Das im Bildschirmausdruck markierte Format besteht aus zwei Abschnitten, getrennt durch einen Strichpunkt (Semikolon). Der erste Abschnitt legt das Aussehen positiver Zahlen fest, der zweite dasjenige negativer Zahlen. Wie Sie sehen, werden negative Zahlen rot [Rot] formatiert und erhalten ein Minuszeichen vorangestellt.

▶ **Die Einteilung von Zahlenformaten in Abschnitte**

Sie können das Format nicht nur für positive und negative Werte festlegen, sondern auch für Nullwerte und Text. Insgesamt können Sie für die Darstellung von Zellinhalten vier Formatvarianten definieren, und zwar für

- positive Werte,
- negative Werte,
- Nullwerte,
- Text.

Probieren Sie das gleich aus: Sie möchten ein Währungsformat erstellen, bei dem

- positive Werte schwarz,
- negative Werte rot,
- Nullwerte durch das Wort «Null» ersetzt werden und
- Text in Blau erscheint.

1. Öffnen Sie mit **Ctrl+1** das Dialogfeld **Zellen formatieren**.
2. Wählen Sie im Register **Zahlen** die Kategorie **Währung**.
3. Klicken Sie auf **Benutzerdefiniert**.
4. Wählen Sie das Format CHF #'##0.00;[ROT]CHF –#'##.0.00. Dieses Format definiert bereits die positiven und negativen Werte.
5. Setzen Sie den Cursor in der Zeile **Typ** ans Ende:

   Typ:
   `CHF #'##0.00;[Rot]CHF -#'##0.00`

6. Definieren Sie den dritten Abschnitt für Nullwerte: Tippen Sie einen Strichpunkt und Folgendes ein: "Null" (mit Anführungs- und Schlusszeichen!).
7. Definieren Sie im vierten Abschnitt das Format für Text. Geben Sie einen Strichpunkt ein, gefolgt von [Blau]. Die Zeile sollte nun so aussehen:

   Typ:
   `CHF #'##0.00;[Rot]CHF -#'##0.00;"Null";[Blau]`

8. Klicken Sie auf OK.

Probieren Sie Ihr benutzerdefiniertes Format aus. Tippen Sie untereinander in vier verschiedenen Zellen Folgendes ein:

500
–450
0
Excel 2007

Markieren Sie diese Zellen und wählen Sie Ihr benutzerdefiniertes Format an. Entsprechen die Formatierungen Ihren Einstellungen?

▶ Grundsätzliches Vorgehen beim Zuweisen benutzerdefinierter Formate

1. Markieren Sie die Zellen, die Sie formatieren möchten.
2. Öffnen Sie mit **Ctrl+1** das Dialogfeld **Zellen formatieren**.
3. Wählen Sie die **Kategorie**, die dem gewünschten Zahlenformat am nächsten kommt.
4. Klicken Sie auf die Kategorie **Benutzerdefiniert**.
5. Wählen Sie ein Format aus, passen Sie es Ihren Bedürfnissen an oder erstellen Sie ein neues Format.

▶ Formatcodes und ihre Bedeutung

Wenn Sie die Kategorie **Benutzerdefiniert** auswählen, sehen Sie rechts u. a. Rauten (#), Nullen und Sternchen (*). Was bedeuten diese Zeichen oder Formatcodes?

 # (Raute) sorgt dafür, dass nur Ziffern angezeigt werden, die Sie tatsächlich eingeben:

- Eine führende Null (z. B. 07) wird nicht angezeigt.
- Haben Dezimalstellen nach dem Komma mehr Stellen, als Rauten vorhanden sind, wird auf die Anzahl der eingegebenen #-Zeichen rechts vom Komma gerundet.
- Werden mehr Ziffern vor dem Komma eingegeben, als Rauten vorgesehen sind, werden die Ziffern zusätzlich angezeigt.

0 (Null) wird im Unterschied zur Raute als fester Platzhalter für Ziffern verwendet:

- Am Bildschirm werden mindestens so viele Ziffern angezeigt, wie Nullen als Platzhalter im Zahlenformat enthalten sind.
- Dieses Zahlenformat eignet sich, wenn Sie in Datenreihen führende Nullen brauchen, z. B. bei Rechnungs- oder Telefonnummern.

Probieren Sie diese Formatcodes aus:

1. Erfassen Sie die Zahlen gemäss der Spalte **Eingabe.**
2. Markieren Sie die Zelle, die Sie formatieren möchten.
3. Wählen Sie **Ctrl+1.**
4. Wählen Sie im Register **Zahlen** die Kategorie **Zahl.**
5. Klicken Sie auf **Benutzerdefiniert.**
6. Passen Sie das Format gemäss der Spalte **Format** an.

Eingabe	Format	Ergebnis
1529.3792	#'###.##	1'529.38
1529.3792	#'##0.00000	1'529.37920
007	###	7
007	000	007

_ (Unterstrich) sorgt dafür, dass ein Leerraum in der Grösse des nachfolgenden Zeichens reserviert wird. Diesen Formatcode brauchen Sie, wenn Sie beispielsweise die Zahlen etwas vom rechten Zellrand wegrücken möchten. In den Ergebniszellen sehen Sie, dass die erste Zahl um die Breite des Buchstabens **l** und die zweite Zahl um die Breite des Buchstabens **m** vom rechten Rand eingerückt wurden.

Eingabe	Format	Ergebnis
1529.3792	#'###.00_l	1'529.38
1529.3792	#'###.00_m	1'529.38

Anführungszeichen für "Text" brauchen Sie, wenn vor oder nach der Zahl ein Text stehen soll, z. B. eine Masseinheit (km, kg). Den Text müssen Sie zwischen Anführungs- und Schlusszeichen setzen. Nur so ist gewährleistet, dass Sie mit dieser Zelle rechnen können.

- Alles, was zwischen Anführungs- und Schlusszeichen steht, interpretiert Excel als Text.
- Auf diese Weise können Sie vor oder hinter eine Zahl einen beliebigen Text, z. B. eine Masseinheit, schreiben. Bitte ausprobieren!

Eingabe	Format	Distanz
10.5	0.0 "km"	10.5 km

@ Textplatzhalter gilt für Texte. Man braucht ihn beispielsweise dann, wenn man Texte mit Aufzählungspunkten gliedern will. Excel bietet ja nicht wie Word eine Aufzählungsfunktion.

Probieren Sie den Textplatzhalter gleich anhand der folgenden kleinen Übung aus:

1. Markieren Sie mehrere Zellen mit Text und öffnen Sie mit **Ctrl+1** das Dialogfeld zum Formatieren. Klicken Sie auf die Registerkarte **Zahlen.**
2. Klicken Sie nacheinander auf die Einträge **Text** und **Benutzerdefiniert.** Sie erhalten somit den Platzhalter @.
3. Setzen Sie den Cursor vor dieses Zeichen. Halten Sie die **Alt**-Taste gedrückt und geben Sie auf dem Zahlenblock die Zeichenfolge 0149 für den Punkt ein (oder 0150 für den Halbgeviertstrich). Tippen Sie noch ein Leerzeichen ein, um das Aufzählungszeichen vom nachfolgenden Text abzusetzen.

Eingabe	Format	Ergebnis
Eigenkapital	• @	• Eigenkapital
1. Hypothek	• @	• 1. Hypothek
2. Hypothek	• @	• 2. Hypothek

* (Sternchen) oder Asterisk-Zeichen ist ein Ausfüllzeichen.
- Es wirkt wie ein Tabulator und sorgt dafür, dass Informationen am linken und rechten Rand angeordnet werden.
- Dazu wird das Zeichen, das dem Sternchen folgt, so oft wiederholt, bis die Zelle aufgefüllt ist.

1. Tippen Sie in die Zelle A1 das Datum 15.01.2009 ein.
2. Füllen Sie das Datum bis zur Zelle A6 aus. In Zelle A6 sollte der 20.01.2009 stehen.
3. Markieren Sie diese Zellen.
4. Betätigen Sie **Ctrl+1**.
5. Wählen Sie in der Registerkarte **Zahlen** die Kategorie **Datum**.
6. Weisen Sie den Zellen das Format *14.03.2001 zu.
7. Klicken Sie auf **Benutzerdefiniert**. Tippen Sie am Anfang des Feldes **Typ** drei **TTT** ein, sodass das Feld so aussieht: TTT TT.MM.JJJJ. Beenden Sie Ihre Eingabe mit OK.

Die Zellen sehen so aus:

Do 15.01.2009
Fr 16.01.2009
Sa 17.01.2009
So 18.01.2009
Mo 19.01.2009
Di 20.01.2009

Sie möchten das Format ändern: Die Wochentage sollen am linken Rand, die Daten am rechten Rand stehen.

1. Markieren Sie die Zellen A1:A6.
2. Betätigen Sie **Ctrl+1**.
3. Setzen Sie den Cursor hinter das dritte T.
4. Tippen Sie einen * (Stern) ein. Nach dem Stern sollte ein Leerzeichen stehen. Klicken Sie auf OK.

Ihre Daten sehen wie folgt aus:

Do	15.01.2009
Fr	16.01.2009
Sa	17.01.2009
So	18.01.2009
Mo	19.01.2009
Di	20.01.2009

Tabellenkalkulation

▶ **Daten und Uhrzeiten**

Je nach gewünschtem Erscheinungsbild können die folgenden Codierungen frei kombiniert werden.

Code	Erscheinungsbild	
T	Tage als	1–31
TT	Tage als	01–31
TTT	Tage als	So–Sa
TTTT	Tage als	Sonntag–Samstag
M	Monate als	1–12
MM	Monate als	01–12
MMM	Monate als	Jan–Dez
MMMM	Monate als	Januar–Dezember
JJ	Jahre als	00–99
JJJJ	Jahre als	1900–9999
h	Stunden als	0–23
hh	Stunden als	00–23
m	Minuten als	0–59
mm	Minuten als	00–59
s	Sekunden als	0–59
ss	Sekunden als	00–59
[hh]	Stunden als	00–über 24

Eingabe	Format	Ergebnis
28.08.2009	TTTT, TT. MMMM JJJJ	Freitag, 28. August 2009
28.08.2009	TTT, TT.MM.JJJJ	Fr, 28.08.2009
28.08.2009	TT. MMMM JJ	28. August 09
28.08.2009	TT.MM.JJJJ	28.08.2009
28.08.2009	TTTT, TT. MMM. JJJJ	Freitag, 28. Aug. 2009

Aufgabe 44

Öffnen Sie die Aufgabe 44. Nehmen Sie in Spalte B Bezug auf Spalte A. Beispiel: In der Zelle B2 geben Sie die Formel =A2 ein. Formatieren Sie anschliessend die Zellen der Spalte B so, dass sie wie in der folgenden Tabelle aussehen.

	A	B
1	Zahl	Erscheinungsbild
2	11	11 kg
3	44500	CHF 44'500.00
4	03.12.2010	Fr, 3. Dezember 2010
5	24.04.1961	Montag, 24. April 1961
6	-565	- SFr. 565.00
7	7	007
8	890	Rechnung Nr. 890
9	Excel 2007	• Excel 2007
10	5600	5600

3.3 Ausrichtung

Im Register **Ausrichtung** des Dialogfeldes **Zellen formatieren** können Sie die Positionierung von Daten innerhalb einer Zelle bestimmen.

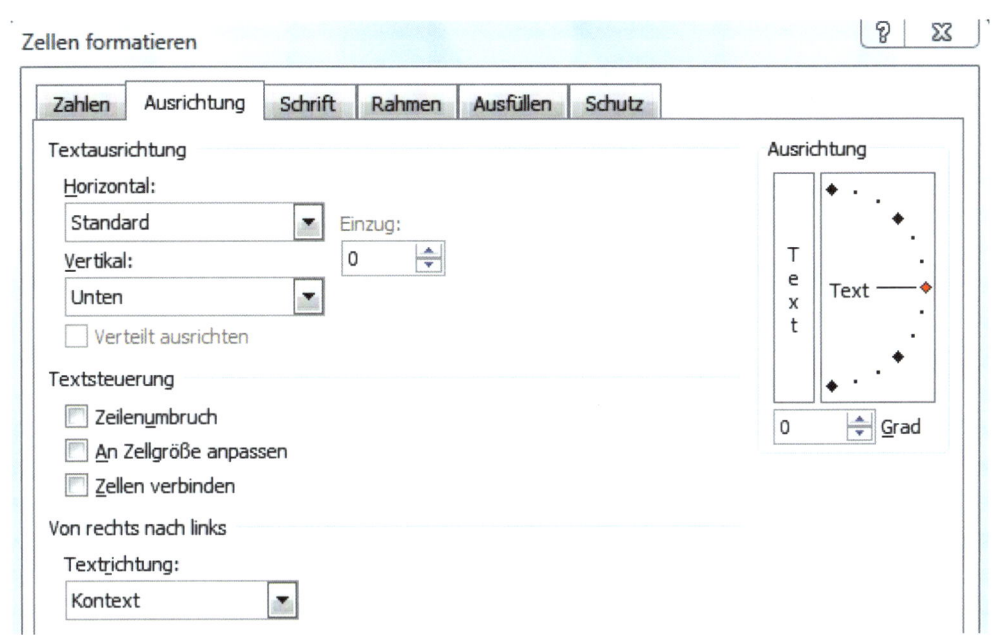

Dialogfeld **Zellen Formatieren**, Register **Ausrichtung**

Textausrichtung

Im Bereich Textausrichtung lassen sich Daten innerhalb einer Zelle **Horizontal** und **Vertikal** ausrichten.

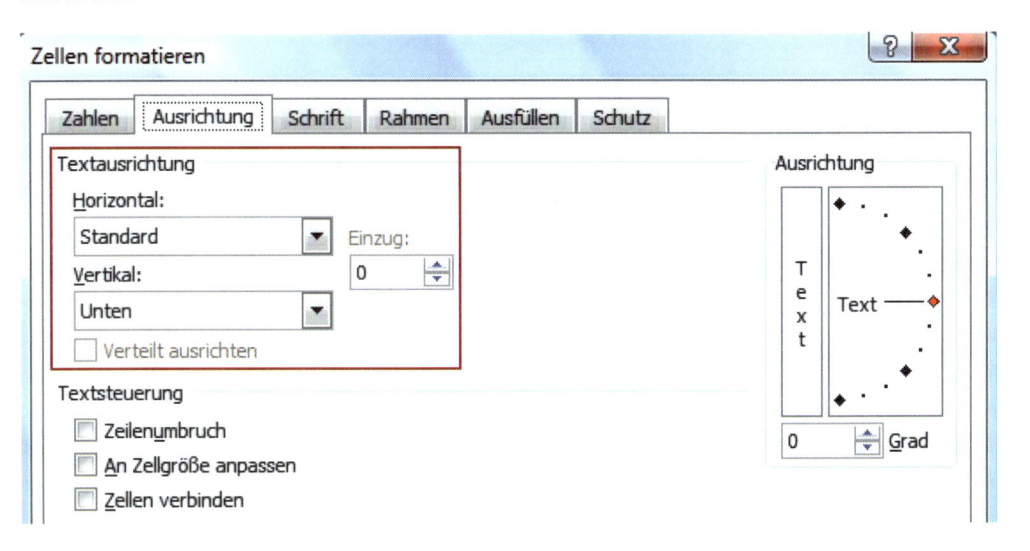

Tabellenkalkulation

Tipp: Die häufigsten Textausrichtungsarten sind auf der Registerkarte **Start**, Gruppe **Ausrichtung**, zu finden.

Symbol	Bezeichnung
≡	Linksbündig
≡	Zentriert
≡	Rechtsbündig

▶ **Horizontal**

Die zur Verfügung gestellten Parameter der Option **Horizontal** haben folgende Bedeutung:

Parameter	Erläuterung	Erscheinungsbild
Standard	Text linksbündig; Zahlen rechtsbündig	Standard
Links (Einzug)	Zellinhalt linksbündig	Links (Einzug)
Zentriert	Zellinhalt zentriert	Zentriert
Rechts (Einzug)	Zellinhalt rechtsbündig	Rechts (Einzug)
Ausfüllen	wiederholt Zellinhalt, bis die Zelle ausgefüllt ist.	AusfüllenAusfüllen
Blocksatz	Die horizontalen Abstände zwischen den Wörtern werden angepasst, sodass der Zellinhalt gleichmässig zwischen dem linken und dem rechten Rand der Zelle verteilt ist.	Dieser Zelle wurde das Format Blocksatz zugewiesen.
Über Auswahl zentrieren	zentriert Zellinhalt über mehrere Zellen, ohne die Zellen zu verbinden.	Über Auswahl zentrieren
Verteilt (Einzug)	verteilt Zellinhalt gleichmässig zwischen dem linken und dem rechten Zellrand.	Verteilt (Einzug)

▶ **Vertikal**

Damit Sie die Wirkung des gewählten Parameters der Option **Vertikal** auf das Erscheinungsbild einer Zelle erkennen können, muss die Zeilenhöhe über dem Standardwert für die Schriftgrösse der formatierten Zelle liegen.

Die Standardeinstellung der Option **Vertikal** entspricht dem Parameter **Unten**. Die verfügbaren Parameter haben folgende Bedeutung:

Parameter	Erläuterung / Erscheinungsbild	
Oben	Zellinhalt wird am oberen Zellrand ausgerichtet.	Oben
Zentrieren	Zellinhalt wird vertikal zentriert.	Zentrieren
Unten	Zellinhalt wird am unteren Zellrand ausgerichtet.	Unten
Blocksatz	Die vertikalen Abstände werden angepasst, sodass der Zellinhalt gleichmässig zwischen dem oberen und dem unteren Rand der Zelle verteilt ist.	Dieser Zelle wurde das Format Ausrichtung > Vertikal > Blocksatz zugewiesen.
Verteilt	Die vertikalen Abstände werden angepasst, sodass der Zellinhalt gleichmässig zwischen dem oberen und dem unteren Rand der Zelle verteilt ist; entspricht in den allermeisten Fällen der Einstellung **Blocksatz**.	Dieser Zelle wurde das Format Ausrichtung > Vertikal > Verteilt zugewiesen.

Ausrichtung

► **Einzug**

Bei Textausrichtungsoptionen, die mit dem Klammerzusatz **(Einzug)** bezeichnet sind, können Sie im Feld **Einzug** einen Abstand des Zellinhaltes zum Zellrand definieren. Je nach Parameter bezieht sich dieser Abstand auf den linken oder rechten Zellrand.
Benutzen Sie Einzüge nur für Text, nicht für Zahlen.
Der Einzug in einer Zelle kann auch über die Symbole **Einzug vergrössern** und **Einzug verkleinern** der Gruppe **Ausrichtung** gesteuert werden.

Symbol **Einzug verkleinern**   Symbol **Einzug vergrössern**

Orientierung

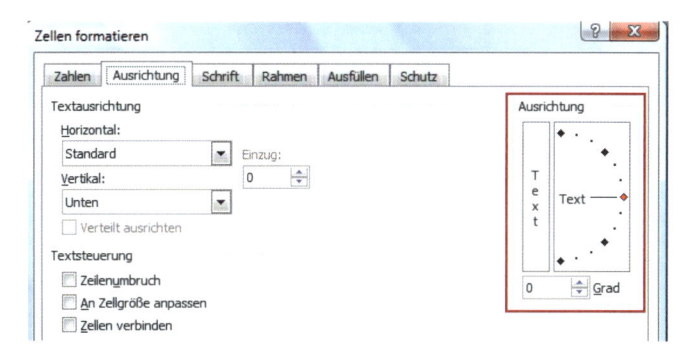

Im Bereich **Orientierung** des Registers **Ausrichtung** im Dialogfeld **Zellen formatieren** können Sie festlegen, dass ein Zellinhalt vertikal dargestellt oder in einem beliebigen Winkel zwischen −90° und +90° gedreht wird.
Zu diesem Zweck wählen Sie die Option **Text** oder stellen den Parameter **Grad** auf den gewünschten Winkel ein.

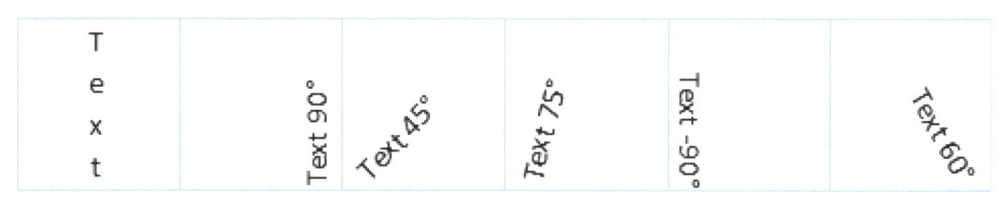

Unterschiedliche Orientierung von Zellinhalten

Tipp: Über das Symbol **Orientierung** der Gruppe **Ausrichtung** können Sie die häufigsten Formatierungen direkt anwählen.

Symbol **Orientierung**

Tabellenkalkulation

Textsteuerung

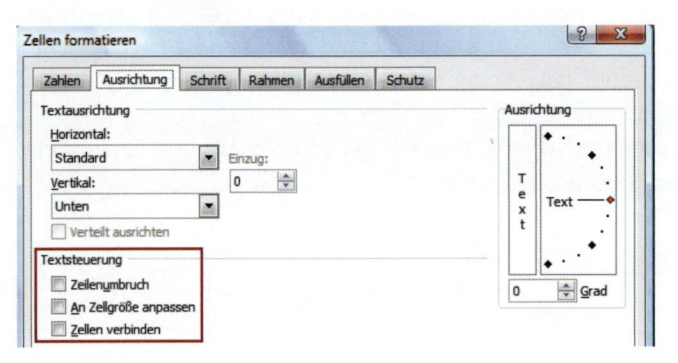

Tipp: Für den Zeilenumbruch können Sie auch das Symbol **Zeilenumbruch** der Gruppe **Ausrichtung** verwenden.

Symbol **Zeilenumbruch**

▶ Zeilenumbruch

Zellinhalte, die eine Überlänge aufweisen, werden – abhängig vom Inhalt der Nachbarzelle – abgeschnitten oder über den Zellrand hinaus geschrieben. Um einen abgeschnittenen Zellinhalt vollständig anzuzeigen, können Sie die Spaltenbreite entsprechend anpassen.

Im Bereich **Textsteuerung** des Registers **Ausrichtung** im Dialogfeld **Zellen formatieren** haben Sie aber auch die Möglichkeit, einen Zellinhalt auf mehreren Zeilen darzustellen. Zu diesem Zweck aktivieren Sie das Kontrollfeld **Zeilenumbruch**. Der Zeilenumbruch wird automatisch festgelegt.

| Zellinhalt mit Überlänge |

Um die Umbrüche manuell zu setzen, verwenden Sie bei der Dateneingabe die Tastenkombination **Alt+Enter**.

▶ Zellgrösse anpassen

Falls Sie weder die Spaltenbreite vergrössern noch mit Zeilenumbrüchen arbeiten wollen, können Sie den Zellinhalt auch so verkleinern, dass er genau in die Zelle passt. Dazu aktivieren Sie das Kontrollfeld **An Zellgrösse anpassen**.

▶ Zellen verbinden

Über das Kontrollfeld **Zellen verbinden** oder alternativ über das entsprechende Symbol in der Gruppe **Ausrichtung** können Sie mehrere markierte Zellen zu einer einzigen Zelle verbinden.

Symbol Zellen verbinden

Von rechts nach links

Der Bereich **Von rechts nach links** im Register **Ausrichtung** des Dialogfeldes **Zellen formatieren** dient der Festlegung der Textrichtung. Auf diese Option wird hier nicht näher eingegangen. Sie ist lediglich bei Sprachen von Bedeutung, die im Gegensatz zur deutschen und zu den meisten anderen europäischen Sprachen von rechts nach links gelesen werden.

3.4 Schrift

Im Register **Schrift** des Dialogfeldes **Zellen formatieren** können Sie eine Vielzahl von Schriftauszeichnungen festlegen. Schriftformate können einer markierten Zelle, einem markierten Zellbereich oder aber auch nur einem Teil eines Zellinhaltes zugewiesen werden. In diesem Fall müssen Sie den betreffenden Zellinhalt in der Bearbeitungszeile markieren, bevor Sie das Dialogfeld aufrufen.

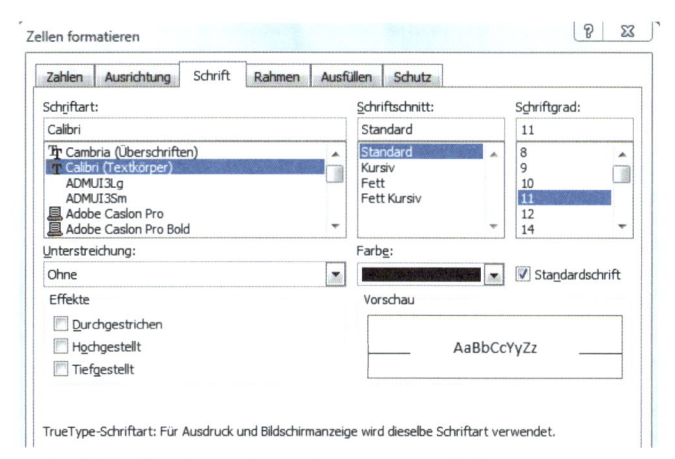

Dialogfeld **Zellen formatieren** des Registers **Schrift**

Excel hält stets zwei Vorschläge für Überschriften und Textkörper bereit. Sie ergeben sich aus dem gewählten Design (mehr zum Design erfahren Sie im Kapitel 3.7). Sie sollten möglichst diese Vorschläge übernehmen, damit Ihre Arbeitsblätter einheitlich formatiert aussehen. Die häufigsten Schriftformate können Sie auch über die Symbole der Gruppe **Schriftart** zuweisen.

Symbol	Bezeichnung
Calibri	Schriftart wählen
11	Schriftgrad festlegen
A A	Schriftgrad stufenweise vergrössern oder verkleinern
F	Fett formatieren
K	Kursiv formatieren
U	Einfach unterstreichen
D	Doppelt unterstreichen
A	Schriftfarbe

Der Vorteil des Registers **Schrift** gegenüber den Symbolen ist die Vorschau auf die Schriftgestaltung.

Schriftart und -grösse

Wenn Sie bei der Auswahl einer Schriftart nicht die gesamte Liste durchblättern möchten, tippen Sie einfach den Anfangsbuchstaben (oder die ersten zwei Buchstaben) der gesuchten Schriftart ein. Die Markierung im Listenfeld springt dadurch direkt auf die erste Schriftart, die mit diesem Anfangsbuchstaben beginnt.

▶ Voreingestellten Schriftgrad ändern

Der voreingestellte Schriftgrad (Schriftgrösse) beträgt 11 Punkte (pt). Wenn Sie diesen Standard verändern möchten, gehen Sie wie folgt vor:

1. Klicken Sie auf das Register **Datei** und dann auf **Optionen**.
2. In der Kategorie **Allgemein** passen Sie den Schriftgrad an und bestätigen Ihre Änderung mit einem Klick auf **OK**.

▶ Kontrollkästchen Standardschriftart

Im Dialogfeld **Zellen formatieren**, Register **Schrift**, finden Sie das Kontrollkästchen **Standardschriftart**. Über dieses Kästchen können Sie markierten Zellen schnell wieder die Standardschriftart zuweisen. Aktivieren Sie dieses Kästchen also, wenn Sie Schriftart, -grösse und -stil wieder auf die Standardwerte zurücksetzen möchten.

▶ Unterstreichung

Im Listenfeld **Unstreichung** finden Sie neben **Einfach** und **Doppelt** auch **Einfach (Buchhaltung)** und **Doppelt (Buchhaltung).** Wo liegt der Unterschied? Die Varianten mit **Buchhaltung** schneiden die Unterlängen von Buchstaben (z. B. bei **p** oder **g**) nicht ab. Zudem wird der Unterstreichungsstrich über die ganze Breite der Zelle gezogen.

3.5 Rahmen

Linien und Rahmen sind dazu da, Tabellen übersichtlicher zu gestalten und den Leser durch die Daten zu führen. Verwenden Sie Daten und Linien, um

- wichtige Zellen oder Zellbereiche hervorzuheben,
- zusammengehörige Datenbereiche zu kennzeichnen,
- unterschiedliche Informationen voneinander abzugrenzen.

Im Register **Rahmen** des Dialogfeldes **Zellen formatieren** können Sie einer markierten Zelle oder einem markierten Zellbereich Rahmenlinien zuweisen.

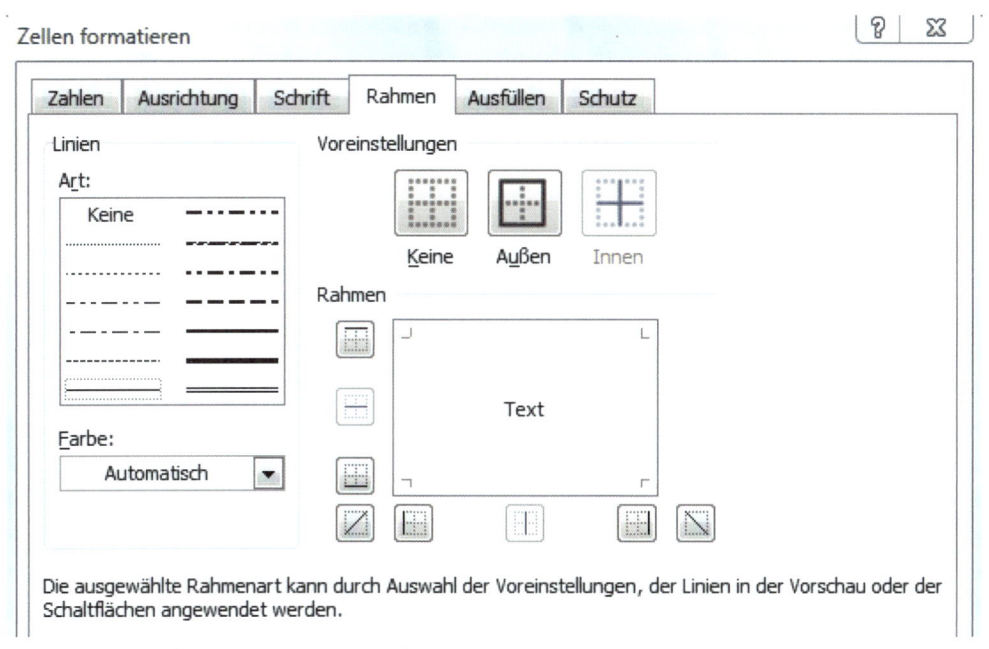

Dialogfeld **Zellen formatieren**, Register **Rahmen**

Eine Tabelle verfügt zwar standardmässig bereits über Gitternetzlinien. Diese dienen aber nur der Orientierung im Tabellenblatt und werden nicht ausgedruckt.

Um Rahmenlinien zuzuweisen, gehen Sie wie folgt vor:

- Markieren Sie den Zellbereich, dem Sie Linien zuweisen möchten.
- Wählen Sie die **Art** und die **Farbe** im Bereich **Linien.**
- Legen Sie fest, wo horizontale, vertikale oder diagonale Linien gesetzt werden sollen. Das geschieht entweder durch Auswahl der entsprechenden Schaltfläche(n) im Bereich **Voreinstellungen,** wenn Sie die Markierung mit einem vollständigen Rahmen versehen wollen, oder im Bereich **Rahmen,** wenn nur bestimmte Zellränder eine Linie erhalten sollen.

Tabellenkalkulation

Das weisse Feld im Bereich **Rahmen** zeigt eine Vorschau der zugewiesenen Formatierung. Setzen Sie Linien überlegt ein: Mit diagonalen Linien kennzeichnen Sie beispielsweise in Formularen Zellen, bei denen keine Eingabe erforderlich oder gewünscht ist. Mit dicken Linien oder Doppellinien lassen sich beispielsweise Gesamtergebnisse gut hervorheben.

Linien und Rahmen können auch über zwei Symbolschaltflächen zugewiesen werden:

Gruppe **Schriftart** der Registerkarte **Start**

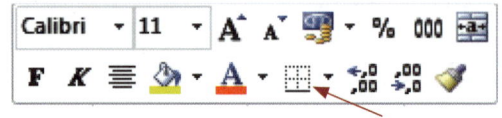

Minisymbolleiste

Mit einem Klick auf den Dropdown-Pfeil neben dem Symbol öffnet sich ein Menü, in dem Sie alle erforderlichen Befehle erreichen können:

Rahmenlinien
- Rahmenlinie unten
- Rahmenlinie oben
- Rahmenlinie links
- Rahmenlinie rechts
- Kein Rahmen
- Alle Rahmenlinien
- Rahmenlinien außen
- Dicke Rahmenlinien
- Doppelte Rahmenlinien unten
- Dicke Rahmenlinie unten
- Rahmenlinie oben und unten
- Rahmenlinie oben und dicke unten
- Rahmenlinie oben und doppelte unten

Rahmenlinien zeichnen
- Rahmenlinie zeichnen
- Rahmenraster zeichnen
- Rahmenlinie entfernen
- Linienfarbe ▶
- Linienart ▶
- Weitere Rahmenlinien...

Tipp:

Sehr nützlich und zeitsparend ist der Menübefehl **Rahmenlinie zeichnen**. Ohne vorher etwas zu markieren, können Sie mit einem Stift Linien ziehen und Rahmen zeichnen.

Über **Rahmenlinie entfernen** löschen Sie überflüssige Linien schnell mit dem elektronischen Radiergummi.

Wenn Sie allerdings eine andere Farbe als Schwarz und z. B. gestrichelte Linien benötigen, müssen Sie dieses Menü mehrmals öffnen. Das ist etwas umständlich. In diesem Fall arbeiten Sie besser mit dem Dialogfeld **Zellen formatieren**, Register **Rahmen**.

3.6 Ausfüllen

Im Register **Ausfüllen** des Dialogfeldes **Zellen formatieren** können Sie eine markierte Zelle oder einen markierten Zellbereich mit einer Hintergrundfarbe und/oder einem Muster versehen.

Dialogfeld **Zellen formatieren**, Register **Ausfüllen**

▶ **Hintergrundfarbe**
Klicken Sie einfach auf die gewünschte Farbe oder wählen Sie einen Fülleffekt. Es stehen Ihnen 70 vordefinierte Farben und Millionen von Farbvarianten zur Verfügung!

▶ **Musterfarbe und Musterformat**
Diese Formatierungen sind beispielsweise nützlich, um Zellen zu kennzeichnen, in denen nichts eingegeben werden soll.
Hintergrundfarbe, Musterfarbe und Musterformat lassen sich auch kombinieren. Gehen Sie dazu wie folgt vor:

1. Bestimmen Sie zuerst die Hintergrundfarbe.
2. Legen Sie die zweite Farbe für das Muster fest (Musterfarbe).
3. Wählen Sie die Art des Musters aus (Musterformat).

Tipp: Die Hintergrundfarbe lässt sich auch über das Symbol **Füllfarbe** der Gruppe **Schriftart** oder der Minisymbolleiste festlegen:

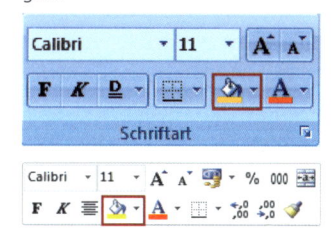

Tabellenkalkulation

Aufgabe 45

Für die Abwicklung komplexer Projekte ist es empfehlenswert, einen Strukturplan zu erstellen, der die Projektarbeiten und ihre zeitliche Dauer aufschlüsselt.

Eine mögliche Technik zur Erstellung eines solchen Strukturplanes stellt das Gantt-Diagramm dar. Es zeigt, innerhalb welcher Zeiträume eine bestimmte Projektaufgabe erledigt wird, und erlaubt eine gute Kontrolle des Projektfortschrittes im Vergleich zur ursprünglichen Planung. Tabellenkalkulationsprogramme eignen sich hervorragend zur Erstellung solcher Gantt-Diagramme. Die folgende Abbildung zeigt ein Gantt-Diagramm für eine Datenbankanwendung.

Öffnen Sie die Aufgabe 45 und fertigen Sie das Diagramm gemäss Vorlage an. Die Farbe können Sie selbst bestimmen. Arbeiten Sie möglichst rationell, indem Sie zum Beispiel die Wochen 35 bis 48 und die Nummern 2 bis 9 durch Ausfüllen erzeugen.

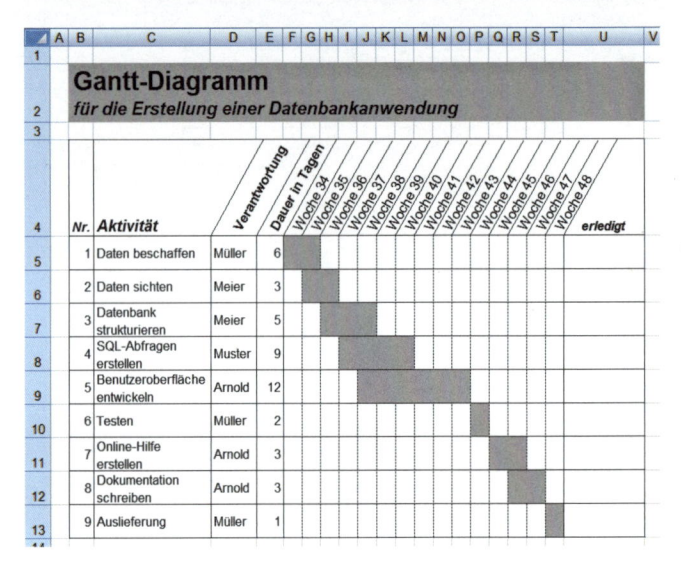

Aufgabe 46

Öffnen Sie die Aufgabe 46 und formatieren Sie die Preisliste gemäss folgender Vorlage. Die Farbe können Sie selber bestimmen.

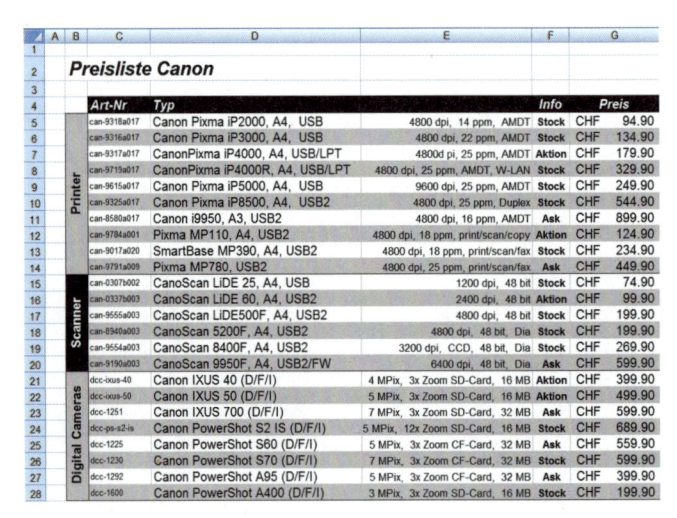

3.7 Mit Vorlagen formatieren

Mit Vorlagen können Sie einer Tabelle blitzschnell ein ansprechendes Aussehen verleihen. Man unterscheidet folgende Vorlagen:

```
                    Vorlagen
                 zum Formatieren
                        │
        ┌───────────────┼───────────────┐
     Designs    Tabellenformatvorlagen  Zellenformatvorlagen
```

Designs

Ein Design ist eine Gruppe von Formatanweisungen und umfasst in Excel

- Farben
- Schriftarten
- Linien
- Fülleffekte

Register	**Seitenlayout**
Gruppe	**Designs**
Befehl	**Designs**

Designs wirken sich – im Gegensatz zu Tabellenformatvorlagen und Zellenformatvorlagen – immer auf die **ganze** Arbeitsmappe aus, also auf alle Tabellen und Diagramme, die in der Arbeitsmappe enthalten sind. Mit Designs kann in einem Unternehmen das Erscheinungsbild der Objekte einheitlich gestaltet werden. Die von Microsoft mitgelieferten Designs können dem Corporate Design (z. B. den Firmenfarben) des Unternehmens angepasst werden. Wechseln Sie zum Register **Seitenlayout** und klicken Sie in der Gruppe **Designs** auf den Pfeil unter **Designs**.

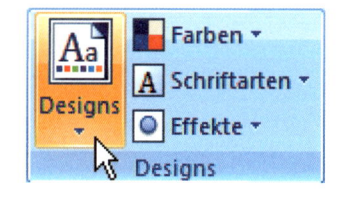

Excel stellt Ihnen 20 vorgefertigte Designs zur Verfügung.

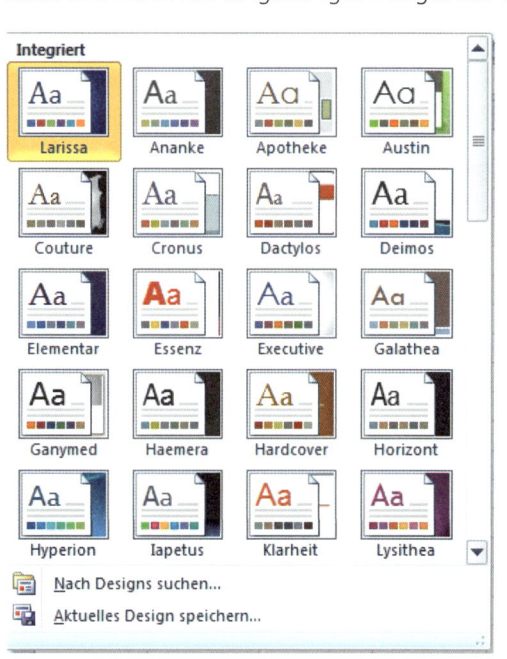

Tabellenkalkulation

Standardmässig wird das Design **Larissa** verwendet. Jedem Design sind eine Farbpalette, zwei Schriftarten und Effekte zugeordnet. Klicken Sie nacheinander auf die Schaltflächen **Farben**, **Schriftarten** und **Effekte** und betrachten Sie die Einstellungen.

Für Interessierte – also für Sie: Was bedeuten Larissa, Hyperion oder Nyad? Woher hat Microsoft diese Namen?

Es sind Namen aus der griechischen Mythologie. Larissa hat die Wahl, eine Gebliebte des Zeus zu werden oder Selbstmord zu begehen; Hyperion ist der Lichtgott, der nur Gutes bringt, und Nyad ist die Tochter des Flussgottes Okeanos.

Aufgabe 47a

Öffnen Sie die Aufgabe 47a. Lassen Sie sich die Liste der vorgefertigten Designs anzeigen. Fahren Sie mit der Maus über die verschiedenen Designs. Beobachten Sie, wie sich die Schriftart und die Farben des Diagramms ändern. Kehren Sie anschliessend wieder zum Design **Larissa** zurück.

Tabellenformatvorlagen

Register	**Start**
Gruppe	**Formatvorlagen**
Befehl	**Als Tabelle formatieren**

Zu jedem Design gehören 60 vorgefertigte Tabellenformatvorlagen, eingeteilt in die Gruppen **Hell**, **Mittel** und **Dunkel**. Je nach Design unterscheiden sie sich in den Farben.

Tabellenformatvorlagen des Designs **Larissa**

Mit Vorlagen formatieren

Öffnen Sie erneut die Aufgabe 47a. Wir versehen die Tabelle mit einer Tabellenformatvorlage.

Aufgabe 47b

Vorgehen:

1. Markieren Sie den Zellbereich, den Sie als Tabelle formatieren möchten. In unserem Beispiel ist das B2:E15.
2. Klicken Sie in der Registerkarte **Start,** Gruppe **Formatvorlagen,** auf die Schaltfläche **Als Tabelle formatieren.**
3. Wählen Sie die Tabellenformatvorlage **Mittel2** (zweites Format in der Gruppe Mittel).
4. Es erscheint ein Dialogfeld, in dem Sie nachprüfen können, ob Sie den richtigen Bereich markiert haben.
5. Klicken Sie auf OK.

Ihre Tabelle sieht nun so aus:

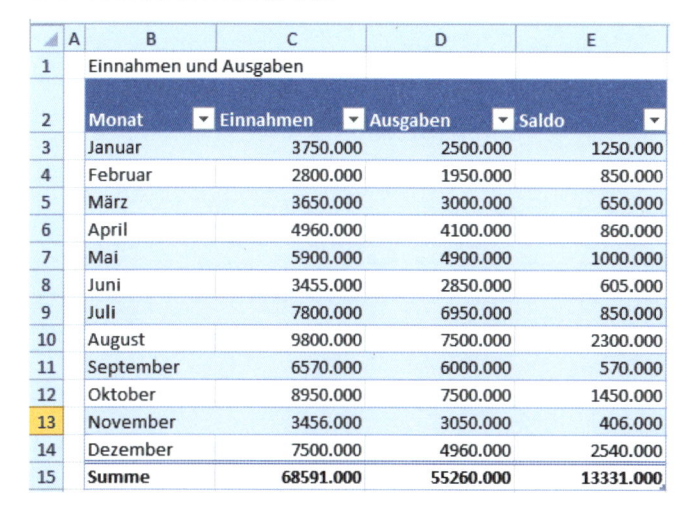

	A	B	C	D	E
1		Einnahmen und Ausgaben			
2		Monat	Einnahmen	Ausgaben	Saldo
3		Januar	3750.000	2500.000	1250.000
4		Februar	2800.000	1950.000	850.000
5		März	3650.000	3000.000	650.000
6		April	4960.000	4100.000	860.000
7		Mai	5900.000	4900.000	1000.000
8		Juni	3455.000	2850.000	605.000
9		Juli	7800.000	6950.000	850.000
10		August	9800.000	7500.000	2300.000
11		September	6570.000	6000.000	570.000
12		Oktober	8950.000	7500.000	1450.000
13		November	3456.000	3050.000	406.000
14		Dezember	7500.000	4960.000	2540.000
15		Summe	68591.000	55260.000	13331.000

Speichern Sie Ihre Tabelle unter **Aufgabe_47b** ab.

Was hat sich alles verändert?

- Neben jeder Spaltenüberschrift befindet sich ein Pfeil, über den man die Tabelle sortieren und filtern kann.
- Excel hat aus dem Zellbereich eine Tabelle gemacht. Das hat den Vorteil, dass die Tabelle ihre Formate behält, wenn Sie sie erweitern oder verkleinern. Wenn Sie also eine neue Zeile oder Spalte einfügen, passen sich die Farben automatisch der erweiterten Tabelle an.
- Beachten Sie die blaue Ecke in der rechten unteren Tabellenzelle. Durch Ziehen an dieser blauen Ecke können Sie die Tabelle erweitern oder verkleinern.
- Wenn mindestens eine Zelle Ihrer Tabelle markiert ist, erscheint über dem Menüband das Register **Tabellentools** und darunter die Registerkarte **Entwurf**, über die Sie gewisse Tabellenelemente schnell ein- oder ausblenden können:

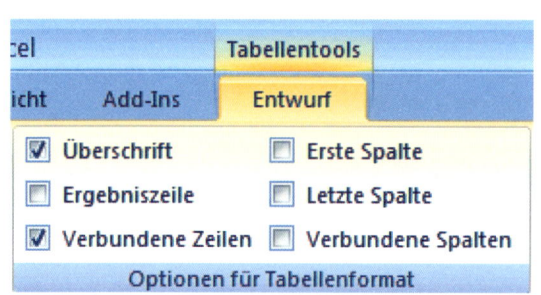

Tabellenkalkulation

Setzen Sie bei **Ergebniszeile** ein Häkchen. Sofort wird eine neue Zeile eingefügt. Über Dropdown-Menüs können Sie verschiedene Funktionen auswählen. Möchten Sie die Werte der Spalten addieren, wählen Sie **Summe**.

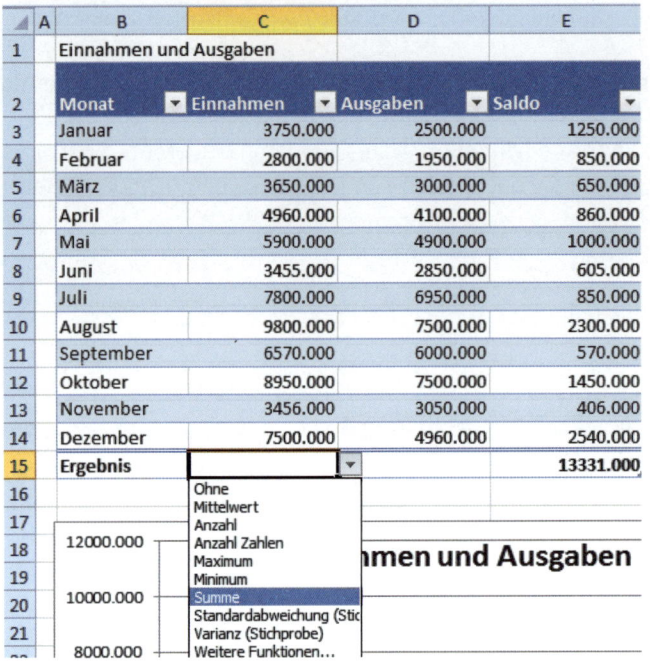

Die Ergebniszeile einer Tabelle

Tabelle aufheben

Um die Tabelle aufzuheben, gehen Sie wie folgt vor:

1. Markieren Sie mindestens eine Zelle der Tabelle.
2. Klicken Sie auf die Registerkarte **Entwurf**.
3. Wählen Sie in der Gruppe **Tools** die Befehlsschaltfläche **In Bereich konvertieren** an und klicken Sie im darauf erscheinenden Dialogfeld auf **Ja**.

Zellenformatvorlagen

Register	**Start**
Gruppe	**Formatvorlagen**
Befehl	**Zellenformatvorlagen**

Mit Zellenformatvorlagen sorgen Sie für das rasche Formatieren markierter Zellen. Eine Zellenformatvorlage kann Schriftart und -grad, Zahlenformat, Ausrichtung, Zellrahmen, Füllfarbe und mehr enthalten.

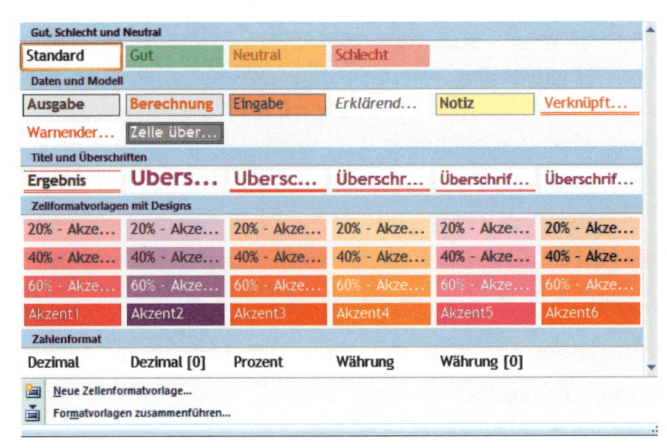

Register **Start**, Gruppe **Formatvorlagen**, Befehl **Zellenformatvorlagen**

Die Zellenformatvorlagen sind in fünf Kategorien eingeteilt:

▶ **Gut, Schlecht und Neutral**
Das sind Vorlagen, mit denen Sie Ihren Zellen nach dem Ampelprinzip Aussagen zuordnen können. Grün steht beispielsweise für «Gut», während Rot als Warnfarbe für «Schlecht» steht.

▶ **Daten und Modell**
Diese Vorlagen können Sie verwenden, um einzelne Zellen zu kommentieren oder deren Typ zu kennzeichnen. Beispiel: Alle Felder, in denen jemand einen Inhalt eingeben muss, kennzeichnen Sie einheitlich mit der Vorlage **Eingabe**.

▶ **Titel und Überschriften**
Mit diesen Vorlagen können Sie Ihre Überschriften oder Ergebnisse schnell und einheitlich formatieren.

▶ **Zellformatvorlagen mit Designs**
Vorbei ist die Zeit, in der Sie farblich gut abgestimmte Formatierungen für Ihre Zellen suchen mussten. Neu stehen Ihnen 24 Vorlagen zur Verfügung. Auch diese können Sie selbstverständlich ändern. Dazu müssen Sie auf der zu ändernden Vorlage mit einem Rechtsklick das Kontextmenü öffnen und **Ändern** wählen.

▶ **Zahlenformat**
Über diese Vorlagen weisen Sie den markierten Zellen ein Zahlenformat zu.

Aufgabe 47c

Öffnen Sie die Aufgabe 47c. Weisen Sie Ihrer Tabelle Zellenformatvorlagen zu. Folgende Elemente sollen formatiert werden:

- der Titel **Einnahmen und Ausgaben**
- die Zeile mit den Summen
- alle Zahlen

1. Markieren Sie die Zelle B1 und weisen Sie ihr die Zellenformatvorlage **Überschrift** zu.
2. Markieren Sie die Zellen B15:E15. Weisen Sie dieser Ergebniszeile die Zellenformatvorlage **Ergebnis** zu.
3. Markieren Sie den Bereich C3:E15. Weisen Sie ihm die Zellenformatvorlage **Währung** zu.

Speichern Sie die Tabelle unter dem gleichen Namen ab.

Tabellenkalkulation

3.8 Bedingte Formatierung

Register	**Start**
Gruppe	**Formatvorlagen**
Befehl	**Bedingte Formatierung**

Mit der bedingten Formatierung können Sie Zahlen hervorheben, die eine bestimmte Bedingung erfüllen. Beispiele: Sie notieren sich auf einer Excel-Tabelle die Klausurnoten. Alle Noten, die unter 4 sind, soll Excel automatisch rot hervorheben. Oder Sie haben die Monatsumsätze erfasst und möchten alle Werte hervorheben, die unter einem bestimmten Grenzwert liegen.

Erfassen Sie auf einem neuen Tabellenblatt die folgenden Werte:

	A	B	C	D
1				
2		Grenzwert	70000	
3				
4		Monat	Umsatz	
5		Januar	75500	
6		Februar	80800	
7		März	69500	
8		April	73100	
9		Mai	72500	
10		Juni	65000	
11		Juli	55000	
12		August	88500	
13		September	70000	
14		Oktober	66000	
15		November	73500	
16		Dezember	90000	
17				

Hervorheben von Zellen unter oder über einem bestimmten Grenzwert

Wir heben alle Werte, die unter dem Grenzwert in Zelle C2 liegen, rot hervor.

1. Markieren Sie die Zellen C5:C16.
2. Klicken Sie in der Registerkarte **Start**, Gruppe **Formatvorlagen**, auf **Bedingte Formatierung**. Zeigen Sie mit der Maus auf die Schaltfläche **Regeln zum Hervorheben von Zellen** und klicken Sie auf **Kleiner als**.

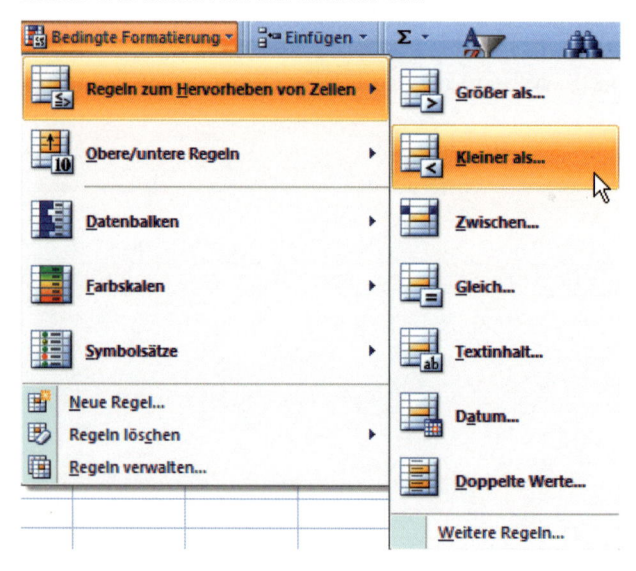

3. Excel zeigt ein Dialogfeld, in dem Sie die Regel anpassen können. Der Wert 72 500 entspricht dem Durchschnitt aus dem grössten und dem kleinsten Wert.
4. Klicken Sie im Tabellenblatt auf die Zelle C2. Die Farbe **Hellrote Füllung 2** können Sie übernehmen. Klicken Sie auf OK.
5. Nun sollten alle Zellen mit einem tieferen Wert als 70 000 hellrot formatiert sein.
6. Ändern Sie den Grenzwert und beobachten Sie, wie sich die bedingte Formatierung auswirkt.

Regel löschen

1. Markieren Sie den Bereich, in dem Sie eine Regel löschen wollen. In unserem Beispiels ist das C5:C16.
2. Klicken Sie in der Registerkarte **Start**, Gruppe **Formatvorlagen**, auf **Bedingte Formatierung**.
3. Führen Sie die Maus auf den Befehl **Regel löschen** und wählen Sie dann **Regeln in ausgewählten Zellen löschen**.

Obere/untere Regel

Sie möchten alle Zellen hervorheben, die über dem Durchschnitt aller Zahlen liegen.

1. Markieren Sie den gewünschten Zellbereich, in unserem Beispiel C5:C16.
2. Rufen Sie den Befehl **Bedingte Formatierung, Obere/untere Regeln** auf.
3. Wählen Sie **Über dem Durchschnitt** und klicken Sie auf OK.

Datenbalken, Farbskalen und Symbolsätze

Löschen Sie die Regel unserer Beispieltabelle.

1. Markieren Sie erneut den Bereich C5:C16.
2. Klicken Sie auf **Bedingte Formatierung** und führen Sie die Maus auf das Menü **Datenbalken**.
3. Bewegen Sie den Mauszeiger über die Symbole des Untermenüs. Excel zeigt Ihnen die Wirkung der Befehle als Vorschau in der Tabelle an. Klicken Sie auf eine der Varianten, um dem Bereich die Formatierung zuzuweisen.

	A	B	C
1			
2		Grenzwert	70000
3			
4		Monat	Umsatz
5		Januar	75500
6		Februar	80800
7		März	69500
8		April	73100
9		Mai	72500
10		Juni	65000
11		Juli	55000
12		August	88500
13		September	70000
14		Oktober	66000
15		November	73500
16		Dezember	90000
17			

Tabelle mit Datenbalken

Der höchste Wert erhält den längsten Balken, der niedrigste Wert den kürzesten.
Anstelle von Datenbalken könnten Sie auch Farbskalen oder Symbolsätze verwenden. Probieren Sie das aus.

Regeln verwalten

Über die Schaltfläche **Bedingte Formatierung, Regeln verwalten,** können Sie Regeln bearbeiten oder neue hinzufügen.

1. Markieren Sie die Zellen C5:C15 unserer Beispieltabelle und öffnen Sie über **Bedingte Formatierung** den Befehl **Regeln verwalten**.

Dialogfeld **Manager für Regeln zur bedingten Formatierung**

2. Erstellen Sie eine neue Regel: Alle Zellen, deren Wert grösser als 89 000 ist, sollen in roter Schrift formatiert werden.

Mehrere Regeln: Welche kommt wann zum Zug?

Es kann durchaus vorkommen, dass Sie einem Zellbereich nicht nur eine, sondern gleich mehrere Regeln zuweisen. Es stellt sich dann die Frage, welche Regel wann ausgeführt wird. Beachten Sie dazu folgende Punkte:

- Die Regeln werden im **Manager für Regeln zur bedingten Formatierung** eingetragen.
- Excel führt die Regeln von oben nach unten aus. Sobald eine Regel zutrifft, also wahr ist, wird diese Regel angewendet – analog dem Sprichwort: Wer zuerst kommt, mahlt zuerst!
- Jede neue Regel wird an erster Stelle im **Manager für Regeln zur bedingten Formatierung** eingetragen.
- Die Reihenfolge der Regeln kann entscheidend sein, wie die Zellen formatiert werden. Daher müssen Sie manchmal die Reihenfolge der Regeln anpassen.

Öffnen Sie die Aufgabe 48. In der Tabelle sind Umsätze Ihrer Vertreter eingetragen. Beachten Sie die Legende: Alle Zellen, in denen die Werte grösser als 210 sind, sollen mit roter Füllfarbe formatiert werden; alle Zellen, deren Werte grösser als 180 sind, sollen grün hervorgehoben werden. Wichtig: Bei dieser Aufgabe ist die Reihenfolge der Regeln im Manager entscheidend.

Aufgabe 48

Tipp: Wir gehen davon aus, dass Sie Ihre Schulnoten in einer Excel-Tabelle nachführen. Wenden Sie die bedingte Formatierung an. Beispiel: Alle Noten unter 4 soll Excel automatisch rot formatieren.

Umsätze 2011 in Tsd. CHF

Vertreter	Quartal 1	Quartal 2	Quartal 3	Quartal 4
Ammann	92	110	147	143
Eigenmann	252	149	54	132
Ernst	88	215	136	214
Gerber	30	86	178	174
Helfer	119	39	252	272
Hinz	144	123	245	300
Huber	225	201	27	165
Kunz	145	321	241	311
Meierhans	99	200	199	209
Reich	214	221	163	46
Rosenast	22	101	220	182
Sabel	344	255	80	290
Stein	251	260	76	218
Walther	133	30	200	153

Legende:
1. Umsatz > 180
2. Umsatz > 210

Funktionen

4

4.1 Funktionssyntax

Müssten wir in Excel ohne Funktionen auskommen, wäre das Rechnen manchmal zeitraubend, umständlich und fehleranfällig. Betrachten Sie die Formel in der Zelle C15.

	A	B	C	D	E
1					
2			Filiale Bern	Filiale Zürich	Filiale Chur
3		Januar	CHF 75'000	CHF 45'000	CHF 34'500
4		Februar	CHF 63'000	CHF 48'900	CHF 35'600
5		März	CHF 57'000	CHF 43'500	CHF 37'500
6		April	CHF 65'000	CHF 45'800	CHF 38'900
7		Mai	CHF 63'500	CHF 46'500	CHF 37'900
8		Juni	CHF 71'500	CHF 81'700	CHF 37'800
9		Juli	CHF 73'500	CHF 64'700	CHF 38'900
10		August	CHF 69'300	CHF 63'900	CHF 35'900
11		September	CHF 78'500	CHF 71'300	CHF 40'000
12		Oktober	CHF 76'000	CHF 47'500	CHF 41'000
13		November	CHF 63'500	CHF 48'500	CHF 42'500
14		Dezember	CHF 81'500	CHF 49'500	CHF 49'700
15		Total	=C3+C4+C5+C6+C7+C8+C9+C10+C11+C12+C13+C14		
16					

Die Formel ist lang und unübersichtlich; zudem ist sie umständlich einzutippen.
Die gleiche Berechnung mit der Funktion **SUMME** sieht so aus:

	A	B	C	D	E
1					
2			Filiale Bern	Filiale Zürich	Filiale Chur
3		Januar	CHF 75'000	CHF 45'000	CHF 34'500
4		Februar	CHF 63'000	CHF 48'900	CHF 35'600
5		März	CHF 57'000	CHF 43'500	CHF 37'500
6		April	CHF 65'000	CHF 45'800	CHF 38'900
7		Mai	CHF 63'500	CHF 46'500	CHF 37'900
8		Juni	CHF 71'500	CHF 81'700	CHF 37'800
9		Juli	CHF 73'500	CHF 64'700	CHF 38'900
10		August	CHF 69'300	CHF 63'900	CHF 35'900
11		September	CHF 78'500	CHF 71'300	CHF 40'000
12		Oktober	CHF 76'000	CHF 47'500	CHF 41'000
13		November	CHF 63'500	CHF 48'500	CHF 42'500
14		Dezember	CHF 81'500	CHF 49'500	CHF 49'700
15		Total	=SUMME(C3:C14)		
16					

Als erste Regel können wir festhalten: Arbeiten Sie bei Ihren Berechnungen wenn möglich mit Funktionen. Funktionen sind

- schnell in der Berechnung,
- benötigen wenig Platz,
- verringern das Risiko eines Fehlers.

Funktionen verfügen über eine bestimmte Syntax oder Struktur:

- Steht die Funktion am Anfang einer Formel, beginnt sie mit einem **Gleichheitszeichen.**
- Nach dem Gleichheitszeichen folgt der **Funktionsname.**
- Auf den Funktionsnamen folgt eine **öffnende runde Klammer.** Dadurch wird Excel mitgeteilt, dass jetzt die Argumente folgen.
- Nach der öffnenden Klammer werden die **Argumente** eingetragen. Argumente sind Informationen (Daten), die Excel verarbeiten soll. Argumente können Konstanten, Bezüge oder Formeln sein; sie werden jeweils durch einen Strichpunkt (Semikolon) voneinander getrennt.
- Auf das letzte Argument folgt die **schliessende Klammer.**

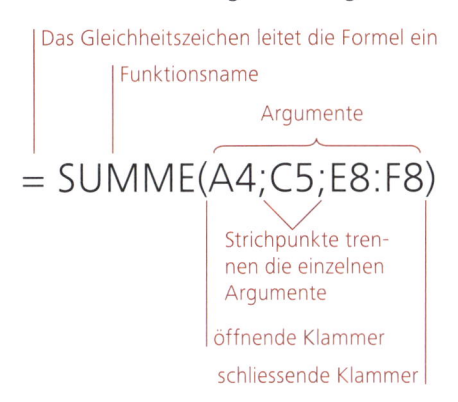

Das Gleichheitszeichen leitet die Formel ein
Funktionsname
Argumente

= SUMME(A4;C5;E8:F8)

Strichpunkte trennen die einzelnen Argumente

öffnende Klammer
schliessende Klammer

Beachten Sie:

- Vermeiden Sie Leerzeichen innerhalb von Formeln und Funktionen, denn sie führen oft zu Fehlermeldungen.
- Jedes verwendete Argument muss über einen gültigen Wert verfügen, sonst liefert die Funktion einen der folgenden Fehlerwerte:

Fehlerwert	mögliche Ursache
#NAME?	nicht existierender Funktionsname
#WERT!	Argument verwendet falschen Datentyp
#DIV/0!	Argument verwendet eine Division durch null
#NV	Wert nicht verfügbar
#BEZUG	ungültiger Zellbezug
#ZAHL	Argument verwendet ungültigen numerischen Wert
#NULL	Schnittmenge ist eine leere Menge

Es gibt auch Funktionen, die keine Argumente benötigen. Trotzdem müssen hinter dem Funktionsnamen die beiden Klammern gesetzt werden.

Excel stellt über 200 Funktionen in verschiedenen Kategorien zur Verfügung. Wir werden uns hier lediglich mit einer kleinen Auswahl der am häufigsten verwendeten Funktionen beschäftigen.

Tabellenkalkulation

4.2 Funktionen auswählen

Zur Eingabe von Funktionen stehen Ihnen folgende vier Möglichkeiten zur Verfügung:

Register	Start
Gruppe	Bearbeiten
Befehl	Summe

1. Sie finden im Register **Start**, Gruppe **Bearbeiten**, die Schaltfläche **Summe** bzw. **AutoSumme**. Das ist die häufigste Funktion. Über den Pfeil neben dem Summenzeichen können Sie vier weitere häufige Funktionen aufrufen: **Mittelwert, Anzahl, Max** und **Min**. Über **Weitere Funktionen** starten Sie den Funktionsassistenten.

Register	Formeln
Gruppe	Funktionsbibliothek

2. Auf dem Register **Formeln**, Gruppe **Funktionsbibliothek**, sind alle Funktionen in Gruppen oder Kategorien zusammengefasst:

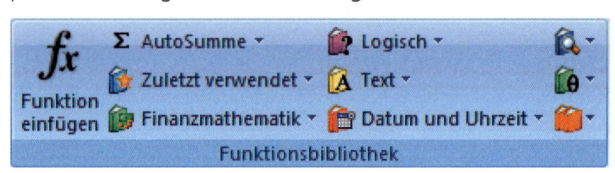

Die Schaltfläche **AutoSumme** entspricht exakt der Schaltfläche **Summe** des Registers **Start**. Unter den einzelnen Schaltflächen, wie z. B. **Logisch** oder **Text**, verbergen sich teilweise Dutzende von Funktionen.

Register	Formeln
Gruppe	Funktionsbibliothek
Befehl	Funktion einfügen

3. Der Befehl **Funktion einfügen** unterstützt Sie bei der Auswahl von vor allem komplexeren Funktionen. Sie rufen ihn auf über

- den Befehl **Funktion einfügen** der Registerkarte **Formeln,**
- die Schaltfläche **Funktion einfügen** in der Bearbeitungsleiste oder
- den Befehl **Weitere Funktionen** in der Dropdown-Liste des Summensymbols (s. oben).

Bearbeitungleiste:

4. Wenn Sie die korrekte Bezeichnung der Funktion wissen, können Sie die Funktion auch eintippen. Sobald Sie das Gleichheitszeichen und den ersten Buchstaben der Funktion eingegeben haben, öffnet Excel eine Auswahlliste:

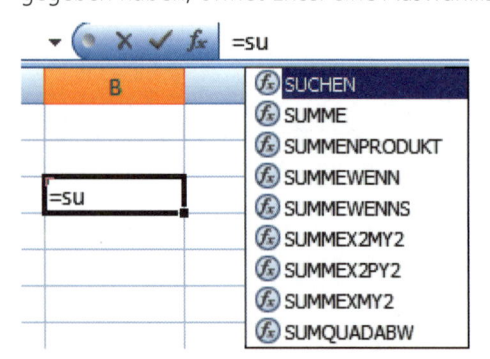

In der Regel ist es sinnvoll, zwei oder drei Buchstaben der gewünschten Funktion einzutippen. Klicken Sie dann die gewünschte Funktion an und betätigen Sie die **Tabulatortaste**. Anschliessend können Sie die Argumente eingeben.

4.3 Mathematische Funktionen (Mathematik und Trigonometrie)

Summe

Syntax: =SUMME(ZAHL1;ZAHL2;…)
Die Funktion **Summe** addiert die Argumente (Zahlenwerte). Es sind maximal 255 Argumente möglich. Zusammenhängende Zellbereiche können als ein Argument angegeben werden.

▶ **Was passiert, wenn Sie auf das Summensymbol klicken?**
Wenn Sie das Summensymbol anklicken, schlägt Excel automatisch einen Additionsbereich vor, indem es einen Laufrahmen um einen Zellbereich legt. Excel sucht dabei zuerst **über** der aktiven Zelle nach Zahlenwerten. Befinden sich dort keine Zahlen, durchsucht Excel den Bereich **links** von der aktiven Zelle. Sollte der von Excel vorgeschlagene Bereich nicht richtig sein, ändern Sie diesen, indem Sie bei gedrückter Maustaste den gewünschten Bereich markieren.

	A	B	C
1			
2			Umsatz
3		Januar	CHF 75'000
4		Februar	CHF 63'000
5		März	CHF 57'000
6		April	CHF 65'000
7		Mai	CHF 63'500
8		Juni	CHF 71'500
9		Juli	CHF 73'500
10		August	CHF 69'300
11		September	CHF 78'500
12		Oktober	CHF 76'000
13		November	CHF 63'500
14		Dezember	CHF 81'500
15		Total	=SUMME(C3:C14)

Die Funktion **Summe**

Die Summenfunktion wird von zahlreichen Anfängern für alle möglichen Berechnungen verwendet, auch wenn gar keine Addition vorgenommen wird. Achten Sie bei Ihrer Arbeit darauf, dass Sie unprofessionelle Formeln wie in der folgenden Tabelle vermeiden.

Formel falsch	Formel korrekt
=SUMME(C1*C2)	=C1*C2
=SUMME(B1+B2+B3)	=B1+B2+B3 oder =SUMME(B1:B3)

Register	Start
Gruppe	Bearbeiten
Befehl	Summe

Öffnen Sie die Aufgabe 49 und berechnen Sie die Summen in der Zeile 15 und in der Spalte F.

Aufgabe 49

	A	B	C	D	E	F
1						
2			Filiale Bern	Filiale Zürich	Filiale Chur	Gesamt
3		Januar	CHF 75'000	CHF 45'000	CHF 34'500	CHF 154'500
4		Februar	CHF 63'000	CHF 48'900	CHF 35'600	CHF 147'500
5		März	CHF 57'000	CHF 43'500	CHF 37'500	CHF 138'000
6		April	CHF 65'000	CHF 45'800	CHF 38'900	CHF 149'700
7		Mai	CHF 63'500	CHF 46'500	CHF 37'900	CHF 147'900
8		Juni	CHF 71'500	CHF 81'700	CHF 37'800	CHF 191'000
9		Juli	CHF 73'500	CHF 64'700	CHF 38'900	CHF 177'100
10		August	CHF 69'300	CHF 63'900	CHF 35'900	CHF 169'100
11		September	CHF 78'500	CHF 71'300	CHF 40'000	CHF 189'800
12		Oktober	CHF 76'000	CHF 47'500	CHF 41'000	CHF 164'500
13		November	CHF 63'500	CHF 48'500	CHF 42'500	CHF 154'500
14		Dezember	CHF 81'500	CHF 49'500	CHF 49'700	CHF 180'700
15		**Gesamt**	**CHF 837'300**	**CHF 656'800**	**CHF 470'200**	**CHF 1'964'300**

Tabellenkalkulation

Aufgabe 50

Öffnen Sie die Aufgabe 50 und berechnen Sie in den Zeilen 6, 10, 14 und 18 die Quartalsergebnisse sowie in der Zeile 19 das Total aller Quartale.

	A	B	C	D	E	F
1						
2			Filiale Bern	Filiale Zürich	Filiale Chur	Gesamt
3		Januar	CHF 75'000	CHF 45'000	CHF 34'500	
4		Februar	CHF 63'000	CHF 48'900	CHF 35'600	
5		März	CHF 57'000	CHF 43'500	CHF 37'500	
6		Quartal 1	CHF 195'000	CHF 137'400	CHF 107'600	CHF 440'000
7		April	CHF 65'000	CHF 45'800	CHF 38'900	
8		Mai	CHF 63'500	CHF 46'500	CHF 37'900	
9		Juni	CHF 71'500	CHF 81'700	CHF 37'800	
10		Quartal 2	CHF 200'000	CHF 174'000	CHF 114'600	CHF 488'600
11		Juli	CHF 73'500	CHF 64'700	CHF 38'900	
12		August	CHF 69'300	CHF 63'900	CHF 35'900	
13		September	CHF 78'500	CHF 71'300	CHF 40'000	
14		Quartal 3	CHF 221'300	CHF 199'900	CHF 114'800	CHF 536'000
15		Oktober	CHF 76'000	CHF 47'500	CHF 41'000	
16		November	CHF 63'500	CHF 48'500	CHF 42'500	
17		Dezember	CHF 81'500	CHF 49'500	CHF 49'700	
18		Quartal 4	CHF 221'000	CHF 145'500	CHF 133'200	CHF 499'700
19		Gesamt	CHF 837'300	CHF 656'800	CHF 470'200	CHF 1'964'300

Aufgabe 51

Öffnen Sie die Aufgabe 51 entweder unformatiert oder formatiert. Vervollständigen und formatieren Sie die Bilanz.

	A	B	C	D	E	F	G	H
1	Aktiven		Bilanz vom 31.12.200_ (in 1'000 CHF)					Passiven
2	*Umlaufvermögen*				*Fremdkapital*			
3	*Liquide Mittel*				*Kurzfristiges Fremdkapital*			
4	Kasse	5			Kreditoren	10		
5	Post	7			Bankschuld	20	30	
6	Bank	3	15					
7					*Langfristiges Fremdkapital*			
8	*Forderungen*				Hypotheken	80	80	110
9	Debitoren	15	15					
10								
11	*Vorräte*							
12	Warenlager	45	45	75				
13								
14	*Anlagevermögen*				*Eigenkapital*			
15	Mobilien		30		Aktienkapital		90	
16	Immobilien		120	150	Reserven		25	115
17				225				225
18								
19								
20	Finanzierungskennzahlen							
21	Fremdfinanzierungsgrad			Fremdkapital in % des Gesamtkapitals				48.89%
22	Eigenfinanzierungsgrad			Eigenkapital in % des Gesamtkapitals				51.11%
23								
24	Investitionskennzahlen							
25	Intensität des Umlaufvermögens			Umlaufvermögen in % des Gesamtvermögens				33.33%
26	Intensität des Anlagevermögens			Anlagevermögen in % des Gesamtvermögens				66.67%
27								
28	Liquiditätskennzahlen							
29	Liquiditätsgrad 1 (Cash ratio)			Liquide Mittel in % des kurzfristigen Fremdkapitals				50.00%
30	Liquiditätsgrad 2 (Quick ratio)			Liquide Mittel und Forderungen in % des kurzfristigen Fremdkapitals				100.00%
31	Liquiditätsgrad 3 (Current ratio)			Umlaufvermögen in % des kurzfristigen Fremdkapitals				250.00%

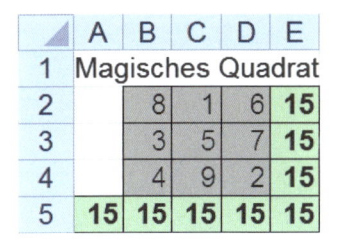

Mathematische Funktionen (Mathematik und Trigonometrie)

Aufgabe 52

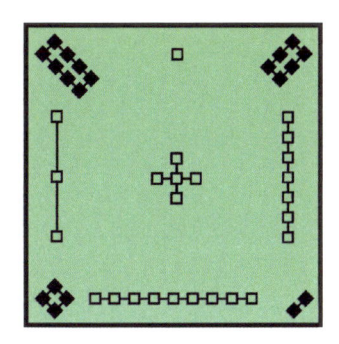

Ein magisches Quadrat ist eine Anordnung von positiven Zahlen 1, 2, 3, ... , n^2 in einem quadratischen Schema der Seitenlänge n, sodass die Summe der Zeilen-, der Spalten- und der Diagonalelemente jeweils gleich einer konstanten Zahl – der magischen Summe – ist.

Magische Quadrate sind schon sehr lange bekannt. Das älteste bekannte magische Quadrat geht auf den Kaiser Loh-Shu zurück, der ungefähr um 2800 v. Chr. in China gelebt hat. In der Originaldarstellung werden die ungeraden Zahlen durch weisse Punkte (die Yang-Symbole) dargestellt und repräsentieren den Himmel, während die geraden Zahlen als schwarze Punkte (die Yin-Symbole) dargestellt sind, das Symbol der Erde.

Öffnen Sie die Aufgabe 52. Ordnen Sie die Zahlen 1 bis 9 so an, dass ein magisches Quadrat analog obigem Muster entsteht. Die Summe der Zeilen-, Spalten- und Diagonalelemente muss 15 ergeben. Verwenden Sie die Funktion SUMME.

	A	B	C	D	E
1	Magisches Quadrat				
2		8	1	6	15
3		3	5	7	15
4		4	9	2	15
5	15	15	15	15	15

Wie lauten die Formeln in Spalte E und Zeile 5 zur Überprüfung der magischen Summe?

E2 _____
E3 _____
E4 _____
A5 _____
B5 _____
C5 _____
D5 _____
E5 _____

Tabellenkalkulation

Aufgabe 53

Öffnen Sie die Aufgabe 53 und vervollständigen Sie die Tabelle mit den Strassenverkehrsunfällen nach Kanton 2006. Verwenden Sie nach Möglichkeit die Summenfunktion und achten Sie auf die Formatierungen. Diese Aufgabe liegt auch bereits als formatierte Version vor.

Strassenverkehrsunfälle mit Personenschaden und Verunfallte nach Kanton. 2006

	Unfälle mit Personenschaden					Verunfallte Personen				
	Total	mit Getöteten	mit Verletzten	davon mit schwer Verletzten	mit leicht Verletzten	Total	Getötete	Verletzte Total	schwer Verletzte	leicht Verletzte
Total	21'491	340	21'151	4'608	16'543	27'088	370	26'718	5'066	21'652
Genferseeregion	3'939	77	3'862	1'001	2'861	5'048	79	4'969	1'109	3'860
Genève	1'194	16	1'178	381	797	1'494	16	1'478	403	1'075
Valais	621	24	597	346	251	795	26	769	402	367
Vaud	2'124	37	2'087	274	1'813	2'759	37	2'722	304	2'418
Espace Mittelland	5'073	74	4'999	1'059	3'940	6'429	81	6'348	1'162	5'186
Bern	2'898	45	2'853	634	2'219	3'649	51	3'598	687	2'911
Fribourg	702	11	691	160	531	903	11	892	173	719
Jura	167	3	164	60	104	225	3	222	69	153
Neuchâtel	425	6	419	92	327	536	6	530	108	422
Solothurn	881	9	872	113	759	1'116	10	1'106	125	981
Nordwestschweiz	2'764	33	2'731	530	2'201	3'404	35	3'369	582	2'787
Aargau	1'491	25	1'466	299	1'167	1'856	26	1'830	332	1'498
Basel-Landschaft	701	6	695	114	581	889	7	882	121	761
Basel-Stadt	572	2	570	117	453	659	2	657	129	528
Zürich	3'218	47	3'171	536	2'635	3'889	53	3'836	578	3'258
Ostschweiz	2'906	57	2'849	654	2'195	3'713	68	3'645	730	2'915
Apppenzell A. Rh.	138	1	137	14	123	171	1	170	14	156
Apppenzell I. Rh.	31	1	30	4	26	36	1	35	4	31
Glarus	87	1	86	22	64	101	1	100	23	77
Graubünden	624	18	606	93	513	849	28	821	102	719
St. Gallen	1'197	23	1'174	388	786	1'524	24	1'500	446	1'054
Schaffhausen	205	3	202	59	143	236	3	233	61	172
Thurgau	624	10	614	74	540	796	10	786	80	706
Zentralschweiz	2'084	36	2'048	412	1'636	2'682	38	2'644	462	2'182
Luzern	1'118	18	1'100	207	893	1'446	19	1'427	237	1'190
Nidwalden	94	2	92	12	80	112	2	110	12	98
Obwalden	100	-	100	16	84	122	-	122	17	105
Schwyz	330	9	321	58	263	435	10	425	63	362
Uri	104	4	100	19	81	139	4	135	24	111
Zug	338	3	335	100	235	428	3	425	109	316
Ticino	1'507	16	1'491	416	1'075	1'923	16	1'907	443	1'464

Quelle: Bundesamt für Statistik, Strassenverkehrsunfälle

Mathematische Funktionen (Mathematik und Trigonometrie)

Öffnen Sie die Aufgabe 54 und vervollständigen Sie die Tabelle mit den Ausgaben von Bund, Kantonen und Gemeinden 2001–2004, gegliedert nach Funktionen. Verwenden Sie nach Möglichkeit die Summenfunktion und achten Sie auf die Formatierungen.

Aufgabe 54

Ausgaben von Bund, Kantonen und Gemeinden, nach Funktionen
Nach Abzug der Doppelzählungen

	2001		2002		2003		2004	
	Mio. CHF	%	Mio. CHF	%	Mio. CHF	%	Mio. CHF	%
Allgemeine Verwaltung	8'848	6.8%	8'818	6.6%	9'204	6.8%	8'855	6.4%
Justiz, Polizei, Feuerwehr	7'185	5.5%	7'514	5.6%	7'872	5.8%	7'970	5.8%
Landesverteidigung	5'338	4.1%	5'162	3.8%	5'066	3.7%	4'979	3.6%
Beziehungen zum Ausland	2'691	2.1%	2'373	1.8%	2'365	1.7%	2'427	1.8%
Bildung	24'074	18.5%	25'786	19.2%	26'560	19.6%	27'684	20.0%
davon:								
Volksschulen	12'307	9.5%	12'959	9.7%	13'389	9.9%	13'397	9.7%
Berufsbildung	3'125	2.4%	3'406	2.5%	3'206	2.4%	3'251	2.3%
Hochschulen	5'377	4.1%	5'976	4.5%	6'390	4.7%	7'256	5.2%
Kultur und Freizeit	4'170	3.2%	4'187	3.1%	4'212	3.1%	4'249	3.1%
Gesundheit	16'856	13.0%	18'047	13.4%	18'839	13.9%	19'326	14.0%
davon Krankenanstalten	15'520	11.9%	16'623	12.4%	17'334	12.8%	17'834	12.9%
Soziale Wohlfahrt	24'187	18.6%	25'411	18.9%	26'481	19.5%	27'742	20.0%
davon Sozialversicherungen	16'606	12.8%	17'487	13.0%	18'009	13.3%	18'774	13.6%
Verkehr	14'097	10.8%	14'671	10.9%	14'024	10.3%	14'411	10.4%
davon Strassen	6'766	5.2%	6'807	5.1%	6'918	5.1%	6'954	5.0%
Umwelt, Raumordnung	4'938	3.8%	4'909	3.7%	4'897	3.6%	4'907	3.5%
Volkswirtschaft	7'134	5.5%	7'058	5.3%	6'466	4.8%	6'344	4.6%
davon Landwirtschaft	4'453	3.4%	4'541	3.4%	4'389	3.2%	4'363	3.2%
Finanzen und Steuern	10'448	8.0%	10'317	7.7%	9'825	7.2%	9'486	6.9%
Total	129'967	100.0%	134'253	100.0%	135'811	100.0%	138'379	100.0%

Quelle: Eidgenössische Finanzverwaltung

▶ Funktionen sind fehlertolerant

Sie haben die Summenfunktion anhand einiger Übungen kennengelernt. Ein weiterer Vorteil von Funktionen ist ihre Fehlertoleranz gegenüber bestimmten Eingabefehlern. So kann beispielsweise die Formel =SUMME(A1;B1) auch dann das richtige Ergebnis berechnen, wenn in Zelle B1 ein Text steht. Wenn Sie die Zellen A1 und B1 ohne Funktion addieren (=A1+B1), aber in Zelle B1 ein Text steht, quittiert Excel Ihre Berechnung mit der Fehlermeldung **#WERT!**.

Ein weiterer Vorteil zeigt sich, wenn Sie eine Zelle löschen, die als Argument verwendet wird. Tippen Sie in die Zelle A2:B4 die Werte gemäss unten stehender Tabelle ein. Ermitteln Sie in der Zelle A1 das Ergebnis durch Addieren und in der Zelle B1 durch die Summenfunktion. Sie erhalten beide Male 15. Löschen Sie nun die Zeile 2. Was passiert? Zelle A1 zeigt einen Fehlerwert an, Zelle B1 das richtige Ergebnis. Deshalb: Arbeiten Sie wenn möglich immer mit Funktionen.

	A	B	C
1	=A2+A3+A4	=SUMME(A2:A4)	
2	5	5	
3	5	5	
4	5	5	

Tabellenkalkulation

Runden

Syntax: =RUNDEN(ZAHL;ANZAHL_STELLEN)

Die Funktion **Runden** rundet eine Zahl auf eine bestimmte Anzahl von Dezimalstellen. Das Argument **Zahl** kann eine Zahl, ein Zellbezug auf eine Zahl oder eine Formel sein. Das Argument **Anzahl_Stellen** gibt an, auf wie viele Dezimalstellen vor oder nach dem Komma Sie die Zahl runden möchten.

	A	B	C
1	Zahl	3546.59265	
2			
3	Rundung	Ergebnis	Formel
4	Hundertstel	3546.59	=RUNDEN(B1;2)
5	Zehntel	3546.6	=RUNDEN(B1;1)
6	Ganze	3547	=RUNDEN(B1;0)
7	Zehner	3550	=RUNDEN(B1;-1)
8	Hunderter	3500	=RUNDEN(B1;-2)

Beachten Sie, dass Excel beim Verwenden der Rundungsfunktion mit den gerundeten Werten weiterrechnet, während beim Formatieren nur das Erscheinungsbild der Zelle einen gerundeten Wert zeigt! Wenn Sie mit formatierten Werten weiterrechnen, wird der Berechnung der Zellinhalt und nicht das Erscheinungsbild der Zelle zugrunde gelegt.

Diese wichtige Erkenntnis verdeutlicht die folgende Tabelle:

	A	B	C	D	E
1		Zellinhalt	Erscheinungsbild	Multiplikator	Produkt
2	Formatieren	1.135	1.14	1000	1135
3	Runden	=RUNDEN(1.135;2)	1.14	1000	1140

Die Werte in Spalte C der Tabelle zeigen dasselbe Erscheinungsbild, obwohl sie unterschiedliche Zellinhalte aufweisen (siehe Spalte B). Die Zelle C2 enthält den Wert 1.135 und wurde mit dem Format **Zahl mit 2 Dezimalstellen** versehen. In Zelle C3 wird derselbe Wert mit der Rundungsfunktion auf zwei Dezimalstellen gerundet. Die Multiplikation mit dem Faktor 1000 in Spalte D ergibt verschiedene Ergebnisse. Der Grund: In Zelle E2 wird mit dem tatsächlichen Zellinhalt von 1.135 gerechnet, während in Zelle E3 mit dem auf zwei Dezimalstellen gerundeten Wert 1.14 gerechnet wird.

Aufrunden und Abrunden

Eine Variante der Rundungsfunktion stellen die beiden Funktionen
=AUFRUNDEN(ZAHL;ANZAHL_STELLEN) und
=ABRUNDEN(ZAHL;ANZAHL_STELLEN)
dar. Wie die Namen bereits sagen, wird die jeweilige Zahl bei **AUFRUNDEN** stets aufgerundet und bei **ABRUNDEN** stets abgerundet.

▶ Spezialrundungen

Wenn Sie Frankenbeträge auf fünf Rappen oder Schulnoten auf Halbe oder Viertel runden wollen, müssen Sie einen kleinen Trick anwenden, damit die Rundungsfunktion das korrekte Ergebnis liefert. Die folgende Abbildung zeigt das allgemeine Vorgehensschema für solche Spezialrundungen anhand dreier Beispiele.

	A	B	C	D
1	Zahl			4.362
2				
3		Vorgehensschema für Spezialrundungen		
4	1.	Wie oft kommt der Rundungswert in einer Einheit vor?	Faktor	
5	2.	Aus wie vielen Rundungswerten besteht die zu rundende Zahl?	=Zahl*Faktor	
6	3.	Wie viele vollständige Rundungswerte sind das?	=RUNDEN(Zahl*Faktor;0)	
7	4.	Wie viele Einheiten sind das?	=RUNDEN(Zahl*Faktor;0)/Faktor	
8				
9	Beispiele			
10				
11	Rundungswert			5 Rappen
12	1.	Wie viele 5-Rappen-Stücke hat ein Franken?		20
13	2.	Aus wie vielen 5-Rappen-Stücken besteht die zu rundende Zahl?	=D1*20	87.24
14	3.	Wie viele vollständige 5-Rappen-Stücke sind das?	=RUNDEN(D1*20;0)	87
15	4.	Wie viele Franken sind das?	=RUNDEN(D1*20;0)/20	4.35
16				
17	Rundungswert			½ Noten
18	1.	Wie viele ½ Noten hat eine ganze Note?		2
19	2.	Aus wie vielen ½ Noten besteht die zu rundende Zahl?	=D1*2	8.724
20	3.	Wie viele vollständige ½ Noten sind das?	=RUNDEN(D1*2;0)	9
21	4.	Wie viele ganze Noten sind das?	=RUNDEN(D1*2;0)/2	4.5
22				
23	Rundungswert			¼ Noten
24	1.	Wie viele ¼ Noten hat eine ganze Note?		4
25	2.	Aus wie vielen ¼ Noten besteht die zu rundende Zahl?	=D1*4	17.448
26	3.	Wie viele vollständige ¼ Noten sind das?	=RUNDEN(D1*4;0)	17
27	4.	Wie viele ganze Noten sind das?	=RUNDEN(D1*4;0)/4	4.25

Tabellenkalkulation

Aufgabe 55

Öffnen Sie die Aufgabe 55. Runden Sie die in Spalte A vorgegebenen Zahlen und notieren Sie die Formeln für die Zellen B3:L3.

Zelle	Formel
B3	=RUNDEN(A3;2)
C3	=RUNDEN(A3;1)
D3	=RUNDEN(A3;0)
E3	=RUNDEN(A3;-1)
F3	=RUNDEN(A3;-2)
G3	=RUNDEN(A3;-3)
H3	=RUNDEN(A3*20;0)/20
I3	=RUNDEN(A3*2;0)/2
J3	=RUNDEN(A3/5;0)*5
K3	=RUNDEN(A3/50;0)*50
L3	=RUNDEN(A3/500;0)*500

	A	B	C	D	E	F	G	H	I	J	K	L
1	Zahl	gerundet auf:										
2		1/100	1/10	Einer	Zehner	Hunderter	Tausender	1/20	1/2	Fünfer	Fünfzig	Fünfhundert
3	0.582	0.580	0.600	1.000	0.000	0.000	0.000	0.600	0.500	0.000	0.000	0.000
4	0.960	0.960	1.000	1.000	0.000	0.000	0.000	0.950	1.000	0.000	0.000	0.000
5	3.064	3.060	3.100	3.000	0.000	0.000	0.000	3.050	3.000	5.000	0.000	0.000
6	2.954	2.950	3.000	3.000	0.000	0.000	0.000	2.950	3.000	5.000	0.000	0.000
7	0.346	0.350	0.300	0.000	0.000	0.000	0.000	0.350	0.500	0.000	0.000	0.000
8	25.975	25.980	26.000	26.000	30.000	0.000	0.000	26.000	26.000	25.000	50.000	0.000
9	135.662	135.660	135.700	136.000	140.000	100.000	0.000	135.650	135.500	135.000	150.000	0.000
10	498.691	498.690	498.700	499.000	500.000	500.000	0.000	498.700	498.500	500.000	500.000	500.000
11	5223.980	5223.980	5224.000	5224.000	5220.000	5200.000	5000.000	5224.000	5224.000	5225.000	5200.000	5000.000
12	8770.612	8770.610	8770.600	8771.000	8770.000	8800.000	9000.000	8770.600	8770.500	8770.000	8750.000	9000.000
13	30705.665	30705.660	30705.700	30706.000	30710.000	30700.000	31000.000	30705.650	30705.500	30705.000	30700.000	30500.000
14	66766.621	66766.620	66766.600	66767.000	66770.000	66800.000	67000.000	66766.600	66766.500	66765.000	66750.000	67000.000

Aufgabe 56

Sie haben bei drei Lieferanten ein Angebot für die Lieferung von Tintentanks für Ihren Tintenstrahldrucker eingeholt. Die Offerten sind in der folgenden Tabelle ersichtlich.
Erstellen Sie den Angebotsvergleich. Rabatte und Skonti sind auf fünf Rappen zu runden. Arbeiten Sie rationell. Wenn die Formeln für das erste Angebot stimmen, können Sie diese für die Angebote 2 und 3 kopieren.

	A	B	C	D	E	F	G
1		Angebot 1		Angebot 2		Angebot 3	
2	Katalogpreis	CHF 37.60		CHF 37.60		CHF 37.60	
3	Rabattsatz	8.00%		0.00%		5.00%	
4	Skontosatz	0.00%		3.00%		2.00%	
5	Bezugskosten	CHF 6.00		CHF 2.25		CHF 4.00	
6							
7		%	CHF	%	CHF	%	CHF
8	Katalogpreis		CHF 37.60		CHF 37.60		CHF 37.60
9	Rabatt	8.00%	CHF 3.00	0.00%	CHF -	5.00%	CHF 1.90
10	Rechnungsbetrag		CHF 34.60		CHF 37.60		CHF 35.70
11	Skonto	0.00%	CHF -	3.00%	CHF 1.15	2.00%	CHF 0.70
12	Zahlung		CHF 34.60		CHF 36.45		CHF 35.00
13	Bezugskosten		CHF 6.00		CHF 2.25		CHF 4.00
14	Einstandspreis		CHF 40.60		CHF 38.70		CHF 39.00

4.4 Statistische Funktionen

Mittelwert

Syntax: =MITTELWERT(ZAHL1;ZAHL2;…)
Die Funktion **Mittelwert** gibt den Mittelwert (Durchschnitt) der Argumente zurück. Es sind maximal 255 Argumente möglich. Zusammenhängende Zellbereiche können als ein Argument angegeben werden.
Bitte beachten Sie, dass Excel leere Zellen anders behandelt als Zellen mit dem Wert 0. Leere Zellen werden – genau gleich wie Text – bei der Berechnung **nicht** berücksichtigt, während Zellen mit dem Wert 0 mitgerechnet werden.

	A	B	C	D
1	Monat	Umsatz		
2	1. Quartal	89000		
3	2. Quartal	91500		
4	3. Quartal	95500		
5	4. Quartal	98000		
6				
7		Ergebnis	Formel	
8	Mittelwert	93500	=MITTELWERT(B2:B5)	

Öffnen Sie die Aufgabe 57 (entweder bereits formatiert oder unformatiert) und vervollständigen Sie die Tabelle mit den Arbeitsindikatoren im internationalen Vergleich. Der Index der einzelnen Indikatoren bezieht sich auf den Mittelwert aller Länder.

Aufgabe 57

Ausgewählte Arbeitsmarktindikatoren im internationalen Vergleich. 2004								
	Erwerbsquote [1]		Teilzeitlich Erwerbstätige [2]		Arbeitszeit pro Woche		Erwerbslosenquote [3]	
	%	Index	%	Index	Stunden	Index	%	Index
Schweiz	**67.3**	**114%**	**31.7**	**161%**	**41.7**	**104%**	**4.3**	**61%**
Belgien	52.0	88%	21.6	110%	39.0	97%	7.4	106%
Dänemark	65.9	112%	22.5	115%	39.3	98%	5.2	74%
Deutschland	56.9	97%	22.3	114%	39.8	99%	10.7	153%
Griechenland	53.3	91%	4.6	23%	40.9	102%	10.2	146%
Spanien	54.9	93%	8.6	44%	40.3	101%	10.9	156%
Frankreich	55.9	95%	16.6	85%	38.9	97%	8.7	124%
Irland	60.0	102%	16.9	86%	39.2	98%	4.5	64%
Italien	49.6	84%	12.7	65%	39.2	98%	7.9	113%
Luxemburg	54.0	92%	17.8	91%	40.1	100%	4.8	69%
Niederlande	64.9	110%	45.6	232%	38.8	97%	4.6	66%
Österreich	58.6	100%	18.9	96%	41.7	104%	4.8	69%
Portugal	61.9	105%	11.2	57%	40.1	100%	6.3	90%
Finnland	62.1	106%	13.1	67%	39.1	98%	10.4	149%
Schweden	62.5	106%	23.9	122%	39.9	100%	6.7	96%
Vereinigtes Königreich	61.7	105%	26.2	133%	42.8	107%	4.6	66%
Mittelwert	**58.8**	**100%**	**19.6**	**100%**	**40.1**	**100%**	**7.0**	**100%**

[1] Erwerbspersonen (Erwerbstätige und Erwerbslose) in % der Bevölkerung (15 Jahre und älter)
[2] In % der Erwerbstätigen
[3] Erwerbslose in % der Erwerbsbevölkerung

Tabellenkalkulation

Aufgabe 58

In der Lehrabschlussprüfung für den Beruf Kauffrau/Kaufmann müssen Sie zeigen, ob Sie die Ausbildungsziele für den betrieblichen und den schulischen Teil erreicht haben.

Der betriebliche Teil der Lehrabschlussprüfung der erweiterten Grundbildung umfasst vier Fächer:

1. Arbeits- und Lernsituationen: Pro Lehrjahr finden zwei Beurteilungen und Rückmeldungen statt. Der auf eine Zehntelsnote gerundete Durchschnitt aller sechs Beurteilungen bildet die Fachnote.
2. Prozesseinheiten: Die Lernenden bearbeiten während der Lehre drei Prozesseinheiten. Der auf eine Zehntelsnote gerundete Durchschnitt aller drei Bearbeitungen bildet die Fachnote.
3. Berufspraktische Situationen und Fälle: Das Ergebnis der schriftlichen Prüfung bildet die Fachnote.
4. Berufliche Situationen, die kommunikative Fähigkeiten erfordern: Das Ergebnis der mündlichen Prüfung bildet die Fachnote.

Die Noten aus den Prüfungsfächern 1 bis 4 tragen je einen Viertel zur Gesamtnote der betrieblichen Lehrabschlussprüfung bei. Die Gesamtnote wird auf eine Dezimale gerundet.

Die schulische Lehrabschlussprüfung der erweiterten Grundbildung umfasst acht Fächer:

1. Information/Kommunikation/Administration (IKA): Der auf eine Zehntelsnote gerundete Durchschnitt von zwei Positionsnoten bildet die Fachnote.
   Position 1: Ergebnis der schriftlichen Prüfung, die spätestens am Ende des zweiten Lehrjahres zu absolvieren ist.
   Position 2: Der auf eine Zehntelsnote gerundete Durchschnitt aller Zeugnisnoten in diesem Lernbereich.
2. Wirtschaft und Gesellschaft (W&G) 1: Das Ergebnis der zentralen, schriftlichen Prüfung bildet die Fachnote.
3. Wirtschaft und Gesellschaft (W&G) 2: Das Ergebnis der dezentralen, schriftlichen Prüfung bildet die Fachnote.
4. Wirtschaft und Gesellschaft (W&G) 3: Der auf eine Zehntelsnote gerundete Durchschnitt aller Zeugnisnoten des zweiten und dritten Lehrjahres in diesem Lernbereich bildet die Fachnote.
5. Erste Landessprache (Standardsprache): Der auf eine Zehntelsnote gerundete Durchschnitt von zwei Positionsnoten bildet die Fachnote.
   Position 1: Ergebnis einer schriftlichen und einer mündlichen Prüfung.
   Position 2: Der auf eine Zehntelsnote gerundete Durchschnitt aller Zeugnisnoten der letzten beiden Ausbildungsjahre in diesem Fach.
6. Zweite Landessprache (erste Fremdsprache): Der auf eine Zehntelsnote gerundete Durchschnitt von zwei Positionsnoten bildet die Fachnote.
   Position 1: Ergebnis des internationalen Sprachdiploms.
   Position 2: Der auf eine Zehntelsnote gerundete Durchschnitt aller Zeugnisnoten der letzten beiden Ausbildungsjahre in diesem Fach.
7. Englisch (zweite Fremdsprache): Der auf eine Zehntelsnote gerundete Durchschnitt von zwei Positionsnoten bildet die Fachnote.
   Position 1: Ergebnis des internationalen Sprachdiploms.
   Position 2: Der auf eine Zehntelsnote gerundete Durchschnitt aller Zeugnisnoten der letzten beiden Ausbildungsjahre in diesem Fach.
8. Ausbildungseinheiten und selbstständige Arbeit: Die Fachnote setzt sich aus den Positionsnoten «Ausbildungseinheiten» und «Selbstständige Arbeit» zusammen. Die Positionsnote «Ausbildungseinheiten» zählt doppelt, die Positionsnote «Selbstständige Arbeit» einfach. Die Fachnote wird auf eine Zehntelsnote gerundet.
   Position 1: Der auf eine Zehntelsnote gerundete Durchschnitt aller bearbeiteten Ausbildungseinheiten.
   Position 2: Ergebnis der selbstständigen Arbeit.

Die Noten aus den Prüfungsfächern 1 bis 8 tragen je einen Achtel zur Gesamtnote der schulischen Lehrabschlussprüfung bei. Die Gesamtnote wird auf eine Dezimale gerundet.

Die Prüfung gilt als bestanden, wenn sowohl in der betrieblichen als auch in der schulischen Lehrabschlussprüfung die Bestehensnormen erfüllt sind.

a) Die betriebliche Prüfung gilt als bestanden, wenn die Gesamtnote mindestens 4.0 beträgt und wenn höchstens eine Fachnote ungenügend ist und nicht unter 3.0 liegt.
b) Die schulische Prüfung gilt als bestanden, wenn die Gesamtnote mindestens 4.0 beträgt und wenn nicht mehr als zwei Fachnoten ungenügend sind und die Summe der negativen Notenabweichungen zur Note 4.0 nicht mehr als 2.0 Notenpunkte beträgt.

Öffnen Sie die Aufgabe 58 (entweder bereits formatiert oder unformatiert) und ermitteln Sie die Ergebnisse der Lehrabschlussprüfung. Sie können diese Tabelle auch verwenden, um Ihre persönlichen Ergebnisse einzutragen. Beachten Sie aber, dass das Reglement bezüglich Prüfungstermine und des Einsatzes von internationalen Sprachzertifikaten relativ offen ist. Die detaillierten Prüfungsmodalitäten müssen Sie bei Ihrer Schule erfragen.

	A	B	C	D	E	F	G	H	I	J
1		Qualifikationsverfahren (QV) Kauffrau/Kaufmann Erweiterte Grundbildung								
2										
3					Semester					Fach-
4		Betriebliches Qualifikationsverfahren	1	2	3	4	5	6		note
5	1	Arbeits- und Lernsituationen	5.50	5.00	5.00	5.50	4.50	5.00		5.10
6		Prozesseinheiten		4.50	4.50		5.00			4.70
7		Berufspraktische Situationen und Fälle								5.00
8		Berufliche Situationen, die kommunikative Fähigkeiten erfordern								5.50
9		Durchschnitt								5.10
10										
11					Semester				Positions-	Fach-
12		Schulisches Qualifikationsverfahren	1	2	3	4	5	6	note	note
13		IKA schriftlich							6.00	
14		IKA Erfahrungsnote	5.50	5.00	5.00	5.00			5.10	
15	1	Information/Kommunikation/Administration								5.60
16		Wirtschaft & Gesellschaft 1 zentral								4.50
17		Wirtschaft & Gesellschaft 2 schulspezifisch								5.00
18		Wirtschaft & Gesellschaft 3 Erfahrungsnote			5.00	4.50	4.50	5.00		4.80
19		Deutsch schriftlich und mündlich							5.00	
20		Deutsch Erfahrungsnote			4.50	5.50	5.50	5.50	5.30	
21		Deutsch								5.20
22		Internationales Sprachdiplom							4.50	
23		Französisch Erfahrungsnote			4.50	4.50	4.50	4.50	4.50	
24		Französisch								4.50
25		Internationales Sprachdiplom							5.00	
26		Englisch Erfahrungsnote			5.00	5.50	5.50	5.00	5.30	
27		Englisch								5.20
28		Ausbildungseinheiten	5.00		5.50		5.00		5.20	
29		Selbstständige Arbeit							4.50	
30		Ausbildungseinheiten und selbstständige Arbeit								5.00
31		Durchschnitt								5.00

Tabellenkalkulation

Minimum

Syntax: =MIN(ZAHL1;ZAHL2;…)
Die Funktion **Min** gibt den kleinsten Wert aus der Argumentenliste zurück. Es sind maximal 255 Argumente möglich. Zusammenhängende Zellbereiche können als ein Argument angegeben werden.
Enthalten die Argumente keine Zahlen, gibt **Min** den Wert 0 zurück.

	A	B	C
1	Monat	Umsatz	
2	1. Quartal	89000	
3	2. Quartal	91500	
4	3. Quartal	95500	
5	4. Quartal	98000	
6			
7		Ergebnis	Formel
8	Minimum	89000	=MIN(B2:B5)

Maximum

Syntax: =MAX(ZAHL1;ZAHL2;…)
Die Funktion **Max** gibt den grössten Wert aus der Argumentenliste zurück. Es sind maximal 255 Argumente möglich. Zusammenhängende Zellbereiche können als ein Argument angegeben werden.
Enthalten die Argumente keine Zahlen, gibt **Max** den Wert 0 zurück.

	A	B	C
1	Monat	Umsatz	
2	1. Quartal	89000	
3	2. Quartal	91500	
4	3. Quartal	95500	
5	4. Quartal	98000	
6			
7		Ergebnis	Formel
8	Maximum	98000	=MAX(B2:B5)

Aufgabe 59

Öffnen Sie die Aufgabe 59 (entweder bereits formatiert oder unformatiert). Die Tabelle enthält Witterungsdaten für ausgewählte Wetterstationen der Schweiz.
Berechnen Sie die durchschnittliche, die maximale und die minimale Sonnenscheindauer. Ermitteln Sie zudem die entsprechenden Niederschlagsmengen sowie einen Index, der das Verhältnis zu den Durchschnittswerten aufzeigt.

Witterung in der Schweiz 2003							
Station	H.ü.M.	Sonnenscheindauer		Niederschläge		Luftemperatur	
	m	h	Index[1]	mm	Index[1]	°C	Index[1]
Basel	316	2'031	95%	615	75%	11.4	107%
Bern	565	2'100	98%	738	90%	9.8	92%
Chur	555	1'964	92%	652	79%	10.9	102%
Davos	1'590	2'083	97%	849	103%	4.3	40%
Genf	420	2'239	105%	737	90%	11.8	110%
Lausanne	461	2'251	105%	864	105%	11.8	110%
Locarno	366	2'459	115%	1'107	135%	13.4	125%
Lugano	273	2'407	112%	1'167	142%	13.7	128%
Luzern	456	1'865	87%	957	116%	10.4	97%
Neuenburg	485	2'083	97%	698	85%	11.0	103%
Sitten	482	2'420	113%	427	52%	11.3	106%
St. Gallen	779	1'890	88%	1'018	124%	9.1	85%
Zürich	556	2'042	95%	859	104%	10.2	95%
Durchschnitt		**2'141**	**100%**	**822**	**100%**	**10.7**	**100%**
Minimum		**1'865**	**87%**	**427**	**52%**	**4.3**	**40%**
Maximum		**2'459**	**115%**	**1'167**	**142%**	**13.7**	**128%**
[1] 100 = Durchschnitt aller Stationen					Quelle: Bundesamt für Umwelt, Wald und Landschaft		

Öffnen Sie die Aufgabe 60 (entweder bereits formatiert oder unformatiert). Die Tabelle zeigt den Bestand und die Dichte der Ärzte, Zahnärzte und Apotheken nach Kantonen auf. Berechnen Sie den durchschnittlichen, den maximalen und den minimalen Bestand an Ärzten, Zahnärzten und Apotheken je 100 000 Einwohner.

Aufgabe 60

Bestand und Dichte der Ärzte, Zahnärzte und Apotheken nach Kanton							
	Ärzte	Zahnärzte	Apotheken	Mittlere Wohnbevölkerung	Bestand auf 100000 Einwohner		
					Ärzte	Zahnärzte	Apotheken
Genferseeregion	3'379	689	510	1'343'638	251	51	38
Genf	1'404	260	166	422'779	332	61	39
Wallis	462	105	106	278'423	166	38	38
Waadt	1'513	324	238	642'436	236	50	37
Espace Mittelland	3'092	762	342	1'682'349	184	45	20
Bern	1'914	482	174	958'585	200	50	18
Freiburg	354	86	68	243'781	145	35	28
Jura	101	17	18	67'584	149	25	27
Neuenburg	341	77	55	167'834	203	46	33
Solothurn	382	100	27	244'565	156	41	11
Nordwestschweiz	1'953	467	212	1'005'697	194	46	21
Aargau	779	204	107	553'963	141	37	19
Basel-Landschaft	500	127	36	260'820	192	49	14
Basel-Stadt	674	136	69	190'914	353	71	36
Zürich	2'832	658	222	1'259'055	225	52	18
Ostschweiz	1'590	452	127	1'053'750	151	43	12
Appenzell A. Rh.	79	85	5	52'837	150	161	9
Appenzell I. Rh.	16	4	1	14'715	109	27	7
Glarus	48	14	2	38'096	126	37	5
Graubünden	315	75	37	189'380	166	40	20
St. Gallen	706	175	46	455'347	155	38	10
Schaffhausen	137	32	13	73'691	186	43	18
Thurgau	289	67	23	229'684	126	29	10
Zentralschweiz	960	297	64	690'592	139	43	9
Luzern	515	160	34	351'458	147	46	10
Nidwalden	44	16	2	37'906	116	42	5
Obwalden	35	10	2	32'848	107	30	6
Schwyz	158	57	11	132'093	120	43	8
Uri	45	9	2	34'196	132	26	6
Zug	163	45	13	102'091	160	44	13
Tessin	602	176	172	312'689	193	56	55
Schweiz	14'408	3'501	1'649	7'347'770	196	48	22
Mittelwert					173	47	19
Minimum					107	25	5
Maximum					353	161	55

Tabellenkalkulation

Anzahl

Syntax: =ANZAHL(Wert1;Wert2;...)

Es kann vorkommen, dass Sie die Werte eines bestimmten Datenbereichs zählen wollen. Die Funktion **Anzahl** zählt in einem Datenbereich alle Werte, die **Zahlen** enthalten. Andere Werte, wie Text, werden **nicht** berücksichtigt. Es sind maximal 255 Argumente möglich. Zusammenhängende Zellbereiche können als ein Argument angegeben werden.

	A	B	C
1		CHF 580.00	
2		Umsatz	
3		08.12.2008	
4			
5		19	
6		22,24	
7		WAHR	
8		#DIV/0!	
9			
10		Ergebnis	Formel
11	Anzahl	3	=ANZAHL(B1:B8)

Anzahl2

Syntax: =ANZAHL2(Wert1;Wert2;...)

Im Gegensatz zu **Anzahl** zählt **Anzahl2** alle Werte eines Datenbereichs, die irgendwelche Daten enthalten: Text, Zahlen oder auch leerer Text (" "). Leere Zellen werden hingegen nicht berücksichtigt.

Es sind maximal 255 Argumente möglich. Zusammenhängende Zellbereiche können als ein Argument angegeben werden.

	A	B	C
1		CHF 580.00	
2		Umsatz	
3		08.12.2008	
4			
5		19	
6		22,24	
7		WAHR	
8		#DIV/0!	
9			
10		Ergebnis	Formel
11	Anzahl2	7	=ANZAHL2(B1:B8)

Statistische Funktionen

Öffnen Sie die Aufgabe 61. Auf einer Excel-Tabelle haben die Teilnehmer eines Kurses ihre Menüwahl für das Mittagessen eingetragen. Ermitteln Sie in Zeile 30, wie viele Menüs 1, 2 und 3 Sie bestellen müssen. Formatieren Sie zudem die Tabelle gemäss folgender Vorlage:

Aufgabe 61

	A	B	C	D	E	F
1		Name	Vorname	Menü 1	Menü 2	Menü 3
2		Brawand	Werner		x	
3		Brun	Regula		x	
4		Durrer	Jean		x	
5		Geissler	Jan			x
6		Gerber	Dave	x		
7		Graf	Ursula			x
8		Huber	Charles	x		
9		Imhof	Urs	x		
10		Imhof	Jens		x	
11		Joller	Jeannine		x	
12		Klose	Robert		x	
13		Kurmann	Hans		x	
14		Ledergerber	Max		x	
15		Meier	Hans	x		
16		Meisterhans	Sepp		x	
17		Ronner	Robert		x	
18		Rubli	Simone	x		
19		Rüttimann	Claudio	x		
20		Sager	Max		x	
21		Schneckenburger	Jens		x	
22		Schneider	Ralph	x		
23		Schnidrig	Urs		x	
24		Schöni	Urs	x		
25		Streit	Peter			x
26		Stutz	Charles			x
27		Uehlinger	Werner			x
28		Utziger	Ernst			x
29		Wagner	Joe		x	
30		Total		8	14	6

Addieren von Zahlen, die eine bestimmte Bedingung erfüllen

Syntax: =SUMMEWENN(Bereich;Kriterien;Summe_Bereich)
Summewenn addiert Zahlen, die einer bestimmten Bedingung entsprechen.

Bereich: Der Bereich ist der Zellbereich, den Sie auswerten möchten.

Kriterien: Die Kriterien bestimmen, welche Zellen addiert werden sollen.

Summe_Bereich: gibt den Bereich an, in dem sich die tatsächlich zu addierenden Zellen befinden.

Tabellenkalkulation

Beispiel: Sie haben verschiedene Gebrauchtwagen verkauft. Nun möchten Sie in Zelle F2 ermitteln, wie viel Umsatz Sie mit dem Verkauf von Porsches gemacht haben.

	A	B	C	D	E	F	G	H
1	Datum	Fahrzeug	Verkaufspreis		Summe der Verkaufspreise			
2	13.05.20..	Golf	CHF 16'000.00		Porsche	=SUMMEWENN(B2:C7;E2;C2:C7)		
3	20.05.20..	Porsche	CHF 34'500.00					
4	21.05.20..	Audi	CHF 28'700.00					
5	25.05.20..	Porsche	CHF 55'900.00					
6	01.06.20..	Passat	CHF 18'700.00					
7	03.06.20..	Porsche	CHF 29'500.00					

Betrachten wir die Formel =SUMMEWENN(B2:C7;E2;C2:C7):

B2:C7: Das ist der Bereich, den Sie auswerten möchten.

E2: Das ist das Kriterium; Sie möchten alle Zahlen addieren, die dem Kriterium der Zelle E2 (Porsche) entsprechen. Ebenso gut hätten Sie anstelle von E2 auch "Porsche" (in Anführungs- und Schlusszeichen!) schreiben können.

C2:C7: In diesem Bereich befinden sich die Verkaufspreise, also jene Zahlen, die Sie addieren möchten.

Aufgabe 62

Öffnen Sie die Aufgabe 62. Sie haben auf einer Excel-Tabelle die Barbezüge je Mitarbeiter erfasst. Ermitteln Sie nun in der Spalte F das Total der Barbezüge je Mitarbeiter. Beachten Sie: Wenn Ihre Formel in Zelle G4 optimal ist, können Sie diese bequem bis Zelle G11 ausfüllen!

	A	B	C	D	E	F	G	H	I
1	Barbezüge 20..								
2									
3	Datum	Name	Grund	Betrag		Auswertung Barbezüge je Mitarbeiter			
4	05.01.20..	Müller	Reisespesen	CHF 150.00		Beck	CHF 303.00		
5	08.01.20..	Huber	Reisespesen	CHF 75.00		Dreher	CHF 390.00		
6	10.01.20..	Meier	Ausstellung	CHF 490.00		Graf	CHF 1'360.00		
7	18.01.20..	Schnider	Bücher	CHF 120.00		Huber	CHF 405.00		
8	03.02.20..	Beck	Apéro	CHF 150.00		Meier	CHF 550.00		
9	17.02.20..	Meister	Bücher	CHF 75.00		Meister	CHF 150.00		
10	25.02.20..	Dreher	Herbstmesse	CHF 250.00		Müller	CHF 750.00		
11	03.03.20..	Graf	Ausstellung	CHF 400.00		Schnider	CHF 437.00		
12	15.03.20..	Müller	Kursspesen	CHF 250.00					
13	20.03.20..	Müller	Kursspesen	CHF 350.00					
14	04.04.20..	Schnider	Bücher	CHF 99.00					
15	14.04.20..	Dreher	Bücher	CHF 65.00					
16	20.04.20..	Graf	Reisespesen	CHF 250.00					
17	13.05.20..	Graf	Vernissage	CHF 350.00					

Zählen von Werten, die eine bestimmte Bedingung erfüllen

Syntax: =ZÄHLENWENN(Bereich;Kriterien)
Zählenwenn zählt die nicht leeren Zellen eines Bereichs, deren Inhalte mit den Suchkriterien übereinstimmen.

Bereich: Das ist der Zellbereich, von dem Sie wissen möchten, wie viele seiner Zellen einen Inhalt haben, der mit den Suchkriterien übereinstimmt.

Kriterien: Die Kriterien bestimmen, welche Zellen gezählt werden sollen.

Beispiel: Sie haben die Monatsumsätze erfasst und möchten wissen, wie oft der Umsatz kleiner als CHF 50 000.– war.

	A	B	C	D	E	F
1						
2		Monat	Filiale Bern			
3		Januar	CHF 75'000			
4		Februar	CHF 50'000			
5		März	CHF 48'000			
6		April	CHF 59'900			
7		Mai	CHF 45'700			
8		Juni	CHF 71'500			
9		Juli	CHF 73'500			
10		August	CHF 38'500			
11		September	CHF 49'000			
12		Oktober	CHF 37'500			
13		November	CHF 63'500			
14		Dezember	CHF 81'500			
15		Total	CHF 693'600			
16						
17			Ergebnis	Formel		
18		Umsatz <50000	5	=ZÄHLENWENN(C3:C14;"<50000")		

Beachten Sie:

- Wenn Sie als Kriterium keinen Zellbezug, sondern Text oder die Zeichen für grösser als (>) bzw. kleiner als (<) verwenden, müssen Sie das ganze Kriterium zwischen Anführungs- und Schlusszeichen setzen.
- ZÄHLENWENN lässt sich über den Befehl **Funktion Einfügen** bequem ausführen. Sie müssen sich dann nicht um Anführungs- und Schlusszeichen kümmern.

Tabellenkalkulation

Aufgabe 63

Öffnen Sie die Aufgabe 63. Sie haben auf einer Excel-Tabelle die Druckerverkäufe aufgeführt. Jeder Eintrag entspricht einem verkauften Drucker. Ermitteln Sie in den Zellen G5 und G6, wie viele Laser- und Tintenstrahldrucker Sie verkauft haben. In den Zellen G9 und G10 berechnen Sie die Umsätze für die Laser- und Tintenstrahldrucker. Benützen Sie für Ihre Berechnungen Funktionen.

	A	B	C	D	E	F	G
1		**Druckerverkäufe Mai 200..**					
2							
3		Druckertyp	Druckerart	Preis		Auswertung	
4		Color Lasershot 5200	Laserdrucker	CHF 549.00			Stückzahl
5		i-SENSY LBP 2900	Laserdrucker	CHF 169.00		Laserdrucker	11
6		i-SENSY LBP 3000	Laserdrucker	CHF 229.00		Tintenstrahldrucker	9
7		i-SENSY LBP 3300	Laserdrucker	CHF 459.00			
8		i-SENSY LBP 3360	Laserdrucker	CHF 799.00			Umsätze
9		i-SENSY LBP 3460	Laserdrucker	CHF 1'790.00		Laserdrucker	CHF 10'142.00
10		i-SENSY LBP 5000	Laserdrucker	CHF 499.00		Tintenstrahldrucker	CHF 1'717.00
11		i-SENSY LBP 5100	Laserdrucker	CHF 999.00			
12		i-SENSY LBP 5300	Laserdrucker	CHF 2'090.00			
13		i-SENSY LBP 5360	Laserdrucker	CHF 2'290.00			
14		Lasershot LBP 3200	Laserdrucker	CHF 269.00			
15		PIXMA iP2500	Tintenstrahldrucker	CHF 89.00			
16		PIXMA iP1700	Tintenstrahldrucker	CHF 79.00			
17		PIXMA iP3300	Tintenstrahldrucker	CHF 119.00			
18		PIXMA iP4300	Tintenstrahldrucker	CHF 159.00			
19		PIXMA iP5300	Tintenstrahldrucker	CHF 269.00			
20		PIXMA iP6210D	Tintenstrahldrucker	CHF 139.00			
21		PIXMA iP6220D	Tintenstrahldrucker	CHF 169.00			
22		PIXMA iP90	Tintenstrahldrucker	CHF 435.00			
23		PIXMA mini 260	Tintenstrahldrucker	CHF 259.00			

Rang

Syntax: =RANG(Zahl;Bezug;Reihenfolge)

Mit der Funktion **Rang** ermitteln Sie, welchen Platz (Rang) eine Zahl innerhalb einer Liste einnimmt.

Zahl: ist die Zahl, deren Rang Sie ermitteln möchten.

Bezug: umfasst den Bereich mit allen Zahlen, die in die Rangberechnung mit einbezogen werden. Nicht numerische Werte bleiben unberücksichtigt. Achtung: Oft muss der Bezug absolut gesetzt werden!

Reihenfolge: Wenn dieses Argument leer bleibt oder eine 0 (Null) enthält, ist die grösste Zahl auf Rang 1. Wenn Sie irgendeine Zahl, z. B. 1, eingeben, ist die kleinste Zahl auf Rang 1.

Beispiel: Die folgenden Personen haben bei einem Wettbewerb eine gewisse Punktzahl erzielt. Ermitteln Sie in Spalte D den Rang.

	A	B	C	D
1	Name	Vorname	Total	Rang
2	Hübscher	Vreni	85	
3	Werner	Max	82	
4	Affentranger	Werner	75	
5	Huber	Xaver	77	
6	Meier	Fritz	72	

Statistische Funktionen

1. Setzen Sie den Cursor in die Zelle D2.
2. Rufen Sie den Befehl **Funktion einfügen** auf.
3. Suchen Sie die Funktion RANG.
4. Klicken Sie die Zelle C2 an.
5. Setzen Sie den Cursor in das Feld **Bezug**.
6. Markieren Sie die Zellen C2:C6 und drücken Sie F4, um den Bezug absolut zu setzen. Der Bereich C2:C6 bleibt ja unverändert.
7. Lassen Sie das Feld **Reihenfolge** leer, damit derjenige mit der höchsten Punktzahl Sieger ist.
8. Betätigen Sie OK und kopieren Sie die Formel bis zur Zelle D6.

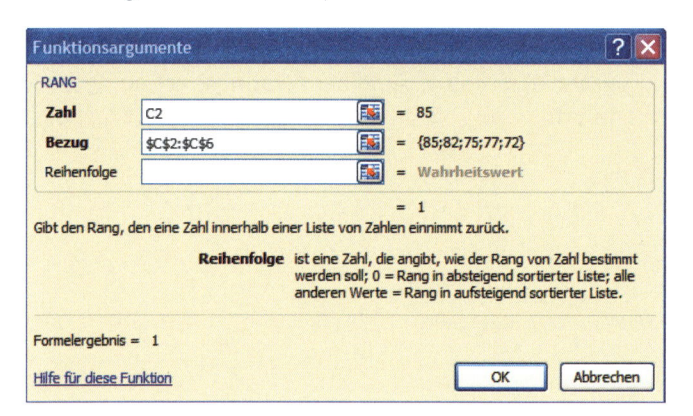

Tipp: Manchmal weiss man zwar noch den Namen der Funktion, aber nicht mehr die genaue Zahl oder Reihenfolge der Argumente. Geben Sie in diesem Fall einfach ein Gleichheitszeichen und dann den Funktionsnamen ein. Drücken Sie anschliessend die Tastenkombination Ctrl+a. Dadurch öffnet sich das Fenster **Funktion einfügen** an der richtigen Stelle. So können Sie auf einen Blick erkennen, welche Argumente für die gewählte Funktion nötig sind.

Gerade bei der Rangfunktion erleichtert uns der Befehl **Funktion einfügen** die Arbeit wesentlich.

Aufgabe 64

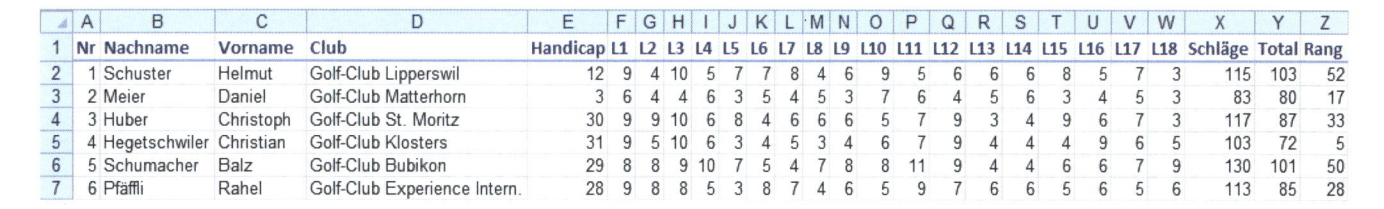

Öffnen Sie die Aufgabe 64 und betrachten Sie die Tabelle. Ihre Aufgabe ist es, die Rangliste eines Golfturniers zu erstellen. Zu jedem Teilnehmer sind die Schläge je Loch aufgeführt (L1:L18). Das Handicap zeigt, wie viele Freischläge ein Golfer hat. Je tiefer das Handicap, desto stärker ist der Golfer.

	A	B	C	D	E	F	G	H	I	J	K	L	M	N	O	P	Q	R	S	T	U	V	W	X	Y	Z
1	Nr	Nachname	Vorname	Club	Handicap	L1	L2	L3	L4	L5	L6	L7	L8	L9	L10	L11	L12	L13	L14	L15	L16	L17	L18	Schläge	Total	Rang
2	1	Schuster	Helmut	Golf-Club Lipperswil	12	9	4	10	5	7	7	8	4	6	9	5	6	6	6	8	5	7	3	115	103	52
3	2	Meier	Daniel	Golf-Club Matterhorn	3	6	4	4	6	3	5	4	5	3	7	6	4	5	6	3	4	5	3	83	80	17
4	3	Huber	Christoph	Golf-Club St. Moritz	30	9	9	10	6	8	4	6	6	6	5	7	9	3	4	9	6	7	3	117	87	33
5	4	Hegetschwiler	Christian	Golf-Club Klosters	31	9	5	10	6	3	4	5	3	4	6	7	9	4	4	9	6	5	103	72	5
6	5	Schumacher	Balz	Golf-Club Bubikon	29	8	8	9	10	7	5	4	7	8	8	11	9	4	4	6	6	7	9	130	101	50
7	6	Pfäffli	Rahel	Golf-Club Experience Intern.	28	9	8	8	5	3	8	7	4	6	5	9	7	6	6	5	6	5	6	113	85	28

1. Berechnen Sie in der Spalte **Schläge** das Total der Schläge (Total aus L1:L18).
2. Berechnen Sie in der Spalte **Total** das Ergebnis für jeden Spieler (Total Schläge abzüglich Handicap).
3. Ermitteln Sie in der Spalte **Rang** für jeden Spieler den Rang. Wer die tiefste Punktzahl hat, ist Sieger.

Wer hat das Turnier gewonnen?

Tabellenkalkulation

4.5 Logische Funktionen

Wenn

Syntax: =WENN(PRÜFUNG;DANN_WERT;SONST_WERT)
Die Funktion **Wenn** prüft, ob eine bestimmte Bedingung erfüllt ist, und führt abhängig vom Ergebnis dieser Prüfung eine Aktion aus.

Prüfung: Das Ergebnis einer Prüfung wird mit den Wahrheitswerten Wahr und Falsch ausgedrückt.

Dann_Wert: Wenn die Bedingung **wahr** ist, wird das Argument **Dann_Wert** ausgeführt.
Sonst_Wert: Wenn die Bedingung **falsch** ist, also nicht zutrifft, wird der **Sonst_Wert** ausgeführt.

Beispiel: Die Verkäufer einer Firma erhalten eine Leistungsprämie von CHF 1000.–, wenn sie einen Umsatz von über CHF 100 000.– erzielen. Erreichen sie dieses Ziel nicht, erhalten sie die Rückmeldung, dass sie sich mehr anstrengen müssen.
Schematisch lässt sich das Problem wie folgt darstellen:

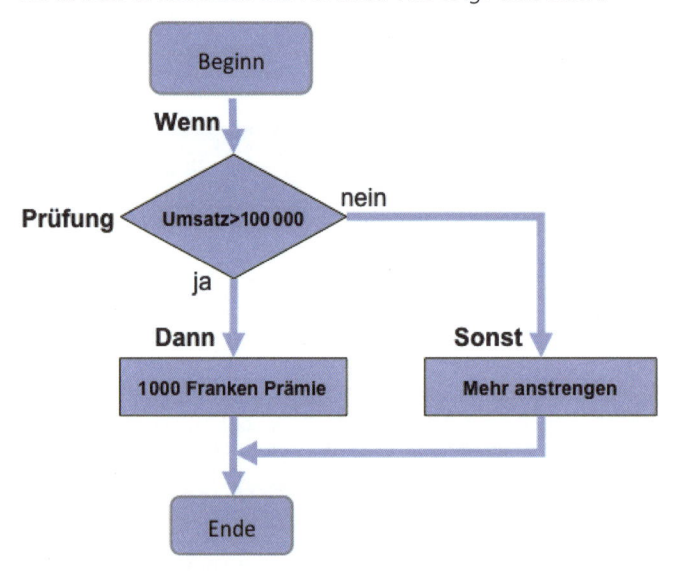

Die Umsetzung in Excel sieht so aus:

	A	B	C	D
1	Verkäufer	Umsatz	Ergebnis	Formel
2	Meier	113000	1000	=WENN(B2>100000;1000;"Mehr anstrengen!")
3	Müller	100000	Mehr anstrengen!	=WENN(B3>100000;1000;"Mehr anstrengen!")
4	Muster	87000	Mehr anstrengen!	=WENN(B4>100000;1000;"Mehr anstrengen!")

Beachten Sie:

- Die Wörter **dann** und **sonst** werden nie geschrieben!
- Wird als Wert ein Text in die Zelle geschrieben, muss dieser in Anführungszeichen gesetzt werden ("Mehr anstrengen!").
- Soll eine Zelle leer bleiben, nachdem eine Bedingung erfüllt wurde, setzt man zwei Anführungszeichen (" ").

Verschachteltes Wenn

Syntax: =WENN(PRÜFUNG;DANN_WERT;WENN(PRÜFUNG;DANN_WERT; SONST_WERT))
Von einem verschachtelten Wenn spricht man, wenn mehrere Wennfunktionen in einer Formel vorkommen.
Von links nach rechts werden mehrere Bedingungen geprüft; trifft eine Bedingung zu, wird der Dann_Wert ausgeführt. Trifft gar keine Bedingung zu, wird der Sonst_Wert ausgeführt.

Beispiel: Sie haben vier Vertreter. Diese erhalten eine Provision, die vom Umsatz abhängig ist.

- Wenn der Umsatz **kleiner als CHF 10 000.–** ist, erhalten sie **keine Provison.**
- Wenn der Umsatz **kleiner als CHF 15 000.–** ist, erhalten sie **3 Prozent Provision.**
- Wenn der Umsatz **grösser als CHF 15 000.–** ist, erhalten sie **6 Prozent Provision.**

Die Provision misst sich am Umsatz.
Schematisch lässt sich das so darstellen:

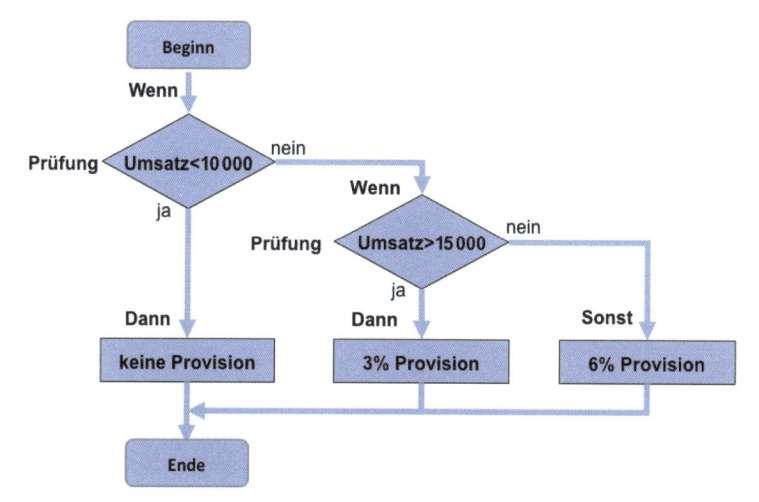

In Excel sieht das wie folgt aus:

	A	B	C	D
1	Vertreter	Umsatz	Provision	Formel
2	Huber	CHF 9'000.00	CHF -	=WENN(B2<10000;0;WENN(B2<15000;3%*B2;6%*B2))
3	Müller	CHF 12'000.00	CHF 360.00	=WENN(B2<10000;0;WENN(B2<15000;3%*B2;6%*B2))
4	Eberhard	CHF 15'000.00	CHF 900.00	=WENN(B2<10000;0;WENN(B2<15000;3%*B2;6%*B2))
5	Känzig	CHF 20'000.00	CHF 1'200.00	=WENN(B2<10000;0;WENN(B2<15000;3%*B2;6%*B2))

Würden Sie anstelle der Null für **keine Provision** zwei Anführungszeichen setzen, bliebe die Zelle leer. Nicht einmal das Währungssymbol würde angezeigt.

Tabellenkalkulation

Aufgabe 65

Um Ihre Ausgaben unter Kontrolle zu haben, führen Sie ein Haushaltsbuch, in dem Sie alle Ausgaben nach Kategorien erfassen (Spalten A bis C).

1. Öffnen Sie die Aufgabe 65.
2. Weisen Sie der Spalte A das richtige Format zu.
3. Gestalten Sie die Tabelle so, dass die Beträge der Spalte C jeweils in die richtigen Zellen der Spalten D bis I eingetragen werden. Mit andern Worten: Schreiben Sie in die Zelle D4 eine Formel, die Folgendes bewirkt: Wenn in der Zelle B4 **Haushalt** steht, soll der Betrag von Zelle C4 in die Zelle D4 geschrieben werden. Wenn Ihre Formel in D4 optimal ist, können Sie sie bis zur Zelle I17 ausfüllen, und alle Beträge werden automatisch in die richtigen Zellen geschrieben. Überlegen Sie sich also, wie die Bezüge sein müssen (relativ, absolut oder gemischt).
4. Bilden Sie die Totale.

	A	B	C	D	E	F	G	H	I
1	Haushaltsbuch								
2									
3	Datum	Kategorie	Betrag	Haushalt	Kleidung	Wohnen	Auto	Freizeit	Sonstiges
4	05.12.2008	Haushalt	CHF 98.60	CHF 98.60					
5	08.12.2008	Kleidung	CHF 92.50		CHF 92.50				
6	09.12.2008	Haushalt	CHF 61.75	CHF 61.75					
7	12.12.2008	Sonstiges	CHF 4.25						CHF 4.25
8	12.12.2008	Auto	CHF 82.00				CHF 82.00		
9	13.12.2008	Sonstiges	CHF 57.00						CHF 57.00
10	15.12.2008	Haushalt	CHF 96.15	CHF 96.15					
11	15.12.2008	Freizeit	CHF 30.00					CHF 30.00	
12	16.12.2008	Wohnen	CHF 210.00			CHF 210.00			
13	17.12.2008	Haushalt	CHF 36.95	CHF 36.95					
14	18.12.2008	Freizeit	CHF 72.50					CHF 72.50	
15	19.12.2008	Sonstiges	CHF 16.75						CHF 16.75
16	20.12.2008	Auto	CHF 64.00				CHF 64.00		
17	22.12.2008	Wohnen	CHF 1'235.00			CHF 1'235.00			
18									
19	Total		CHF 2'157.45	CHF 293.45	CHF 92.50	CHF 1'445.00	CHF 146.00	CHF 102.50	CHF 78.00

Logische Funktionen

Öffnen Sie die Aufgabe 66 und vervollständigen Sie die Notenliste.
Die Formel für die Berechnung der Noten in Spalte C lautet:

Aufgabe 66

$$5 \cdot \frac{\text{erreichte Punktzahl}}{\text{maximal mögliche Punktzahl}} + 1$$

In Spalte D werden die Noten auf eine Dezimale gerundet.
In Spalte E wird auf halbe Noten gerundet.
Wenn die halbe Note in Spalte E bei 4.0 oder höher liegt, steht in Spalte F «bestanden», andernfalls «nicht bestanden».
Wenn die halbe Note in Spalte E aufgerundet wurde, steht in Spalte G «aufgerundet», andernfalls «abgerundet».

	A	B	C	D	E	F	G
1	Notenliste						
2							
3	Maximale Punktzahl:	90					
4	Name	Punkte	Note ungerundet	Note 1/10	Note 1/2	Promotion	Rundung
5	Huber Florian	80	5.44	5.4	5.5	bestanden	aufgerundet
6	Müller Franziska	33	2.83	2.8	3.0	nicht bestanden	aufgerundet
7	Meier Judith	35	2.94	2.9	3.0	nicht bestanden	aufgerundet
8	Roth Andrea	22	2.22	2.2	2.0	nicht bestanden	abgerundet
9	Kälin Olivia	76	5.22	5.2	5.0	bestanden	abgerundet
10	Schumacher Sandra	24	2.33	2.3	2.5	nicht bestanden	aufgerundet
11	Graf Pirmin	78	5.33	5.3	5.5	bestanden	aufgerundet
12	Arnet Bruno	86	5.78	5.8	6.0	bestanden	aufgerundet
13	Bieri Beat	31	2.72	2.7	2.5	nicht bestanden	abgerundet
14	Bürgi Sandro	90	6.00	6.0	6.0	bestanden	abgerundet
15	Henseler Kevin	57	4.17	4.2	4.0	bestanden	abgerundet
16	Furrer Anita	60	4.33	4.3	4.5	bestanden	aufgerundet
17	Fallegger Larissa	58	4.22	4.2	4.0	bestanden	abgerundet
18	Kuster Evi	77	5.28	5.3	5.5	bestanden	aufgerundet
19	Niederberger Heinz	13	1.72	1.7	1.5	nicht bestanden	abgerundet
20	Amsler Kuno	41	3.28	3.3	3.5	nicht bestanden	aufgerundet
21	Schoch Chris	77	5.28	5.3	5.5	bestanden	aufgerundet
22	Weder Max	86	5.78	5.8	6.0	bestanden	aufgerundet
23	**Mittelwert**	**57**	**4.16**	**4.15**	**4.19**		

Tabellenkalkulation

Aufgabe 67

Tabellenblatt Klima:

Ordnen Sie die Messstationen gemäss folgenden Regeln einer Niederschlags- und einer Temperaturzone zu:

Liegt die Niederschlagsmenge unter dem Durchschnitt, gilt die Zone als «Trocken», andernfalls als «Feucht».

Liegt das Jahresmittel der Lufttemperatur über dem Durchschnitt, gilt die Zone als «Warm», andernfalls als «Kalt».

Witterung in der Schweiz 2003

Station	H.ü.M. m	Niederschläge mm	Lufttemperatur (Jahresmittel) °C	Niederschlagszone	Temperaturzone
Basel	316	615	11.4	Trocken	Warm
Bern	565	738	9.8	Trocken	Kalt
Chur	555	652	10.9	Trocken	Warm
Davos	1'590	849	4.3	Feucht	Kalt
Genf	420	737	11.8	Trocken	Warm
Lausanne	461	864	11.8	Feucht	Warm
Locarno	366	1'107	13.4	Feucht	Warm
Lugano	273	1'167	13.7	Feucht	Warm
Luzern	456	957	10.4	Feucht	Kalt
Neuenburg	485	698	11.0	Trocken	Warm
Sitten	482	427	11.3	Trocken	Warm
St. Gallen	779	1'018	9.1	Feucht	Kalt
Zürich	556	859	10.2	Feucht	Kalt
Durchschnitt		**822**	**10.7**		

Tabellenblatt Radar:

Halten Sie die Geschwindigkeitsüberschreitungen fest und berechnen Sie die Bussgelder nach folgender Regel: Ab einem Toleranzwert von 3 km/h beträgt die Busse CHF 10.– pro Stundenkilometer Geschwindigkeitsüberschreitung.

Geschwindigkeitslimite:		50 km/h
Toleranzwert:		3 km/h
Führerscheinentzug ab:		15 km/h

Kennzeichen	Geschwindigkeit	Überschreitung	Busse
86468	52 km/h	Ja	CHF -
8534	54 km/h	Ja	CHF 40.00
89355	68 km/h	Ja	CHF 180.00
380873	48 km/h	Nein	CHF -
486091	64 km/h	Ja	CHF 140.00
113012	81 km/h	Ja	CHF 310.00
486033	57 km/h	Ja	CHF 70.00
12327	37 km/h	Nein	CHF -

Logische Funktionen

Tabellenblatt Entzug:
Wenn die Geschwindigkeitsüberschreitung nach Abzug des Toleranzwertes von 3 km/h über 15 km/h liegt, wird zusätzlich zur Busse der Führerschein entzogen. Halten Sie diesen Sachverhalt in einer zusätzlichen Spalte fest.

Geschwindigkeitslimite:				50 km/h
Toleranzwert:				3 km/h
Führerscheinentzug ab:				15 km/h
Kennzeichen	Geschwindigkeit	Überschreitung	Busse	Strafe
86468	52 km/h	Ja	CHF -	-
8534	54 km/h	Ja	CHF 40.00	nur Busse
89355	68 km/h	Ja	CHF 180.00	nur Busse
380873	48 km/h	Nein	CHF -	-
486091	64 km/h	Ja	CHF 140.00	nur Busse
113012	81 km/h	Ja	CHF 310.00	zusätzlich Führerscheinentzug
486033	57 km/h	Ja	CHF 70.00	nur Busse
12327	37 km/h	Nein	CHF -	-

Aufgabe 68

Eine Firma zahlt ihren Aussendienstmitarbeitern einen Grundlohn sowie eine Provision in Prozenten des erzielten Umsatzes. Massgebend für die Höhe der Provision ist der Durchschnittswert des Umsatzes aller Mitarbeitenden.
Bei einem Umsatz, der unter diesem Durchschnittswert liegt, erhält ein Mitarbeiter 2,5 Prozent Provision. Bei einem Umsatz, der grösser oder gleich diesem Durchschnittswert ist, beträgt der Provisionssatz 5 Prozent.

1. Öffnen Sie die Aufgabe 68 (entweder bereits formatiert oder unformatiert).
2. Bestimmen Sie den Provisionssatz in Abhängigkeit vom durchschnittlich erzielten Umsatz und berechnen Sie die Provision.
3. Runden Sie den Provisionsbetrag auf 5 Rappen und berechnen Sie anschliessend den Bruttolohn der einzelnen Mitarbeiter.
4. Bilden Sie die Totale.

Gehalts- und Provisionsabrechnung April 20..					
Mitarbeiter	Umsatz in CHF	Grundlohn in CHF	Provision in %	Provision in CHF	Bruttolohn in CHF
Meier	CHF 62'450.00	CHF 3'600.00	5.00%	CHF 3'122.50	CHF 6'722.50
Müller	CHF 47'089.00	CHF 3'350.00	2.50%	CHF 1'177.25	CHF 4'527.25
Muster	CHF 89'971.00	CHF 3'825.00	5.00%	CHF 4'498.55	CHF 8'323.55
Huber	CHF 28'167.00	CHF 3'375.00	2.50%	CHF 704.20	CHF 4'079.20
Christen	CHF 56'577.00	CHF 3'200.00	5.00%	CHF 2'828.85	CHF 6'028.85
Kuhn	CHF 73'500.00	CHF 4'050.00	5.00%	CHF 3'675.00	CHF 7'725.00
Joller	CHF 46'270.00	CHF 3'750.00	2.50%	CHF 1'156.75	CHF 4'906.75
Sigrist	CHF 38'605.00	CHF 3'425.00	2.50%	CHF 965.15	CHF 4'390.15
Zelger	CHF 61'162.00	CHF 3'675.00	5.00%	CHF 3'058.10	CHF 6'733.10
Frei	CHF 93'055.00	CHF 3'500.00	5.00%	CHF 4'652.75	CHF 8'152.75
Rohrer	CHF 16'276.00	CHF 3'925.00	2.50%	CHF 406.90	CHF 4'331.90
Total	CHF 613'122.00	CHF 39'675.00		CHF 26'246.00	CHF 65'921.00
Mittelwert	**CHF 55'738.36**				

Tabellenkalkulation

Aufgabe 69

Die folgende Spesenabrechnung enthält in der Spalte D Beträge in USD, EUR oder CHF.

	A	B	C	D	E	F
1	**Spesenabrechnung**				Währung	Kurs (CHF)
2					USD	1.15
3					EUR	1.47
4						
5						
6	Datum	Spesenart	Währung	Betrag	Betrag CHF	Betrag CHF auf 5 Rp.
7						
8	15.02.2011	Übernachtung Hotel Kronenhof	USD	211.50	243.23	243.25
9	17.02.2011	Übernachtung Hotel Hilton	USD	211.50	243.23	243.25
10	19.02.2011	Mittagessen mit Kunde Weber	EUR	164.00	241.08	241.10
11	23.02.2011	Kundenbesuch in Bern	CHF	78.50	78.50	78.50
12	01.03.2011	Mittagessen Bad Osterfingen	EUR	111.20	163.46	163.45
13	04.03.2011	Mittagessen in Zürich	CHF	120.00	120.00	120.00
14	05.03.2011	Kleines Kundenpräsent	EUR	15.00	22.05	22.05
15	07.03.2011	Übernachtung in London	USD	175.20	201.48	201.50
16	09.03.2011	Übernachtung Hotel Central Park	USD	205.30	236.10	236.10
17	11.03.2011	Abendessen mit Kunde Müller	EUR	120.00	176.40	176.40
18	14.03.2011	Bahnfahrt nach Basel	CHF	65.00	65.00	65.00
19	18.03.2011	Übernachtung in Murten	CHF	130.00	130.00	130.00
20	22.03.2011	Benzinspesen	CHF	120.00	120.00	120.00

1. Ermitteln Sie in der Spalte E die Beträge in CHF, indem Sie in die Zelle E8 eine Formel schreiben, die Sie bis zur Zelle E20 ausfüllen können.
2. Runden Sie in Spalte F die Beträge der Spalte E auf 5 Rappen.

4.6 Datums- und Zeitfunktionen

Heute

Syntax: =HEUTE()

Die Funktion **Heute** gibt das aktuelle Datum zurück. Sie verfügt über keine Argumente. Die Klammern sind aber dennoch anzugeben.

Das aktuelle Datum kann mithilfe der vordefinierten oder benutzerdefinierter Zahlenformate beliebig formatiert werden.

	A	B	C
1	Zellinhalt	Ergebnis	Format
2	=HEUTE()	15.7.2007	T.M.JJJ
3	=HEUTE()	15.07.07	TT.MM.JJ
4	=HEUTE()	15. Juli 2007	T. MMMM JJJJ

Jetzt

Syntax: =JETZT()

Die Funktion **Jetzt** gibt das aktuelle Datum und die aktuelle Uhrzeit zurück. Sie benötigt keine Argumente. Die Klammern sind aber dennoch anzugeben.

Das aktuelle Datum kann mithilfe der vordefinierten oder benutzerdefinierten Zahlenformate beliebig formatiert werden.

	A	B	C
1	Zellinhalt	Ergebnis	Format
2	=JETZT()	15.7.2007 20:06	T.M.JJJ hh:mm
3	=JETZT()	So, 15. Juli 2007 20:06	TTT, T. MMMM JJJ hh:mm
4	=JETZT()	20:06:01	hh:mm:ss
5	=JETZT()	15. Jul 07	T. MMM JJ
6	=JETZT()	Sonntag	TTTT

Aktuelles Datum oder aktuelle Zeit als konstante Zahl eingeben

Manchmal ist es erforderlich, das aktuelle Datum oder die aktuelle Zeit in einer Tabelle zu vermerken, und zwar so, dass keine Änderung mehr erfolgt. Besonders schnell geht das über Tastenkombinationen:

Aktuelles Datum eintragen: Ctrl+Punkt
Aktuelle Zeit eintragen: Ctrl+Shift+Punkt

Im Gegensatz zu den Funktionen **Heute** und **Jetzt** wird das Datum oder die Zeit als konstanter Wert vermerkt.

Tabellenkalkulation

Aufgabe 70

Öffnen Sie die Aufgabe 70.

In Zelle C1 erfassen Sie Ihr eigenes Geburtsdatum.
In Zelle C2 soll immer das aktuelle Datum angezeigt werden.
In Zelle C3 berechnen Sie Ihr aktuelles Alter in Tagen.
In den Zellen C4:C9 bestimmen Sie die Daten, an denen Sie 5 000, 10 000 usw. Tage alt waren bzw. werden.
In Zelle C10 soll immer das aktuelle Datum mit Uhrzeit in Stunden und Minuten angezeigt werden.
In Zelle C11 soll die aktuelle Uhrzeit in Stunden, Minuten und Sekunden angezeigt werden.

Die Betätigung der Funktionstaste F9 bewirkt in Excel eine Neuberechnung aller Formeln. Prüfen Sie Ihr Zeitgefühl, indem Sie die Zelle C11 aktivieren und im Sekundenrhythmus die Taste F9 drücken. Achten Sie darauf, wie sich die Uhrzeit verändert!

	A	B	C
1	Geburtsdatum:		04.09.1995
2	Aktuelles Datum:		19.09.2010
3	Alter in Tagen:		5'494
4	5000	Tage alt am:	13.05.2009
5	10000	Tage alt am:	20.01.2023
6	15000	Tage alt am:	28.09.2036
7	20000	Tage alt am:	07.06.2050
8	25000	Tage alt am:	14.02.2064
9	30000	Tage alt am:	23.10.2077
10	Aktuelles Datum mit Uhrzeit:		19.09.2010 20:30
11	Aktuelle Uhrzeit:		20:30:57

Aufgabe 71

Das Hotel Schweizerhof stellt der Firma FPM – Futura Project Management SA Rechnung für die Durchführung eines Kongresses. Öffnen Sie die Aufgabe 71 (entweder bereits formatiert oder unformatiert) und vervollständigen Sie die Rechnung.
Die Zimmerpreise betragen je Person CHF 220.– im Doppel- und CHF 280.– im Einzelzimmer.
Bei weniger als drei Übernachtungen wird ein Zuschlag von 14 Prozent verrechnet.
Die Internetverbindungen werden mit einem Minutentarif von 25 Rappen verrechnet.
Der Mehrwertsteuersatz auf Übernachtungsleistungen beträgt 3,8 Prozent, auf allen übrigen Leistungen 8 Prozent. Runden Sie die Mehrwertsteuer auf 5 Rappen.

Hotel ***** Luzern
Schweizerhof

Charakter, Individualität und persönliche Atmosphäre - Hotelkultur par excellence
Ein historisches Haus mit historischem Dekor, eine Infrastruktur auf neuestem Stand und über allem der grosse Anspruch: Empathy & Excellence

Luzern, 20.12.2008

FPM - Future Project Management SA
Ulrich Herdener
Mustergasse 35
3003 Bern

Rechnung 38706.49322

Zimmerkategorien

Einzelzimmer pro Person:			EZ	CHF 280.00
Doppelzimmer pro Person:			DZ	CHF 220.00
Zuschlag bei weniger als 3 Übernachtungen:				14%

Personen	EZ/DZ	Anreise	Abreise	Nächte	Betrag		Zuschlag		Total	
2	DZ	07.12.2008	10.12.2008	3	CHF	1'320.00	CHF	-	CHF	1'320.00
1	EZ	07.12.2008	09.12.2008	2	CHF	560.00	CHF	78.40	CHF	638.40
2	DZ	07.12.2008	11.12.2008	4	CHF	1'760.00	CHF	-	CHF	1'760.00
2	DZ	08.12.2008	09.12.2008	1	CHF	440.00	CHF	61.60	CHF	501.60
1	EZ	08.12.2008	10.12.2008	2	CHF	560.00	CHF	78.40	CHF	638.40
1	EZ	08.12.2008	13.12.2008	5	CHF	1'400.00	CHF	-	CHF	1'400.00
2	DZ	08.12.2008	10.12.2008	2	CHF	880.00	CHF	123.20	CHF	1'003.20
2	DZ	08.12.2008	11.12.2008	3	CHF	1'320.00	CHF	-	CHF	1'320.00
1	EZ	09.12.2008	11.12.2008	2	CHF	560.00	CHF	78.40	CHF	638.40
1	EZ	09.12.2008	12.12.2008	3	CHF	840.00	CHF	-	CHF	840.00
2	DZ	09.12.2008	10.12.2008	1	CHF	440.00	CHF	61.60	CHF	501.60
1	EZ	09.12.2008	11.12.2008	2	CHF	560.00	CHF	78.40	CHF	638.40

Total Übernachtungskosten CHF 11'200.00

Leistung	Von	Bis	Minuten	Minutentarif		Betrag	
Internet-Corner	08.12.2008 08:15	08.12.2008 09:23	68	CHF	0.25	CHF	17.00
Internet-Corner	09.12.2008 17:22	09.12.2008 18:03	41	CHF	0.25	CHF	10.25
Internet-Corner	09.12.2008 20:09	09.12.2008 20:57	48	CHF	0.25	CHF	12.00
Internet-Corner	10.12.2008 10:44	10.12.2008 11:18	34	CHF	0.25	CHF	8.50
Internet-Corner	11.12.2008 14:28	11.12.2008 15:14	46	CHF	0.25	CHF	11.50
Internet-Corner	12.12.2008 11:31	12.12.2008 12:13	42	CHF	0.25	CHF	10.50

Total Zusatzleistungen CHF 69.75

Subtotal	exkl. MwSt	CHF	11'269.75
Mehrwertsteuer	3.80%	CHF	425.60
Mehrwertsteuer	8.00%	CHF	5.60
Rechnungsbetrag (zahlbar innert 30 Tagen, netto)		CHF	11'700.95

Tabellenkalkulation

Die Funktion SVERWEIS

Syntax: =SVERWEIS(Suchkriterium;Matrix;Spaltenindex;[Bereich_Verweis])

Stellen Sie sich folgende Situation vor: Sie haben verschiedene Vertreter, die umsatzabhängig eine Provision erhalten. Je grösser ihr Umsatz ist, desto mehr Provision bekommen sie. Berechnungen dieser Art sind kaum mehr mit der WENN-Funktion zu lösen, weil sie von zu vielen Bedingungen abhängig sind.

Aufgabe 72

	A	B	C	D	E	F	G
1	Name	Umsatz	Prov.-Satz	Provison		Provisionstabelle	
2							
3	Affentranger	CHF 115'000.00	5%	CHF 5'750.00		Umsatz	Prov.-Satz
4	Gretener	CHF 165'000.00	7%	CHF 11'550.00		CHF 50'000.00	3%
5	Huber	CHF 50'000.00	3%	CHF 1'500.00		CHF 100'000.00	5%
6	Kreuz	CHF 145'000.00	5%	CHF 7'250.00		CHF 150'000.00	7%
7	Landolt	CHF 88'000.00	3%	CHF 2'640.00		CHF 200'000.00	9%
8	Lehner	CHF 170'000.00	7%	CHF 11'900.00		CHF 250'000.00	11%
9	Meier	CHF 75'000.00	3%	CHF 2'250.00		CHF 300'000.00	13%
10	Müller	CHF 275'000.00	11%	CHF 30'250.00		CHF 500'000.00	15%
11	Wagner	CHF 99'000.00	3%	CHF 2'970.00			
12	Zimmerli	CHF 450'000.00	13%	CHF 58'500.00			

Aufgrund des Umsatzes in der Spalte B soll der entsprechende Provisionssatz aus der Spalte G automatisch in die Spalte C übertragen werden.

Beispiel: Der Vertreter Affentranger hat einen Umsatz von CHF 115 000.– erzielt. Betrachten wir die Provisionstabelle, liegt dieser Umsatz zwischen CHF 100 000.– und CHF 150 000.–. Dies entspricht einem Provisionssatz von 5%, da bei Zwischenwerten der nächstkleinere Provisionssatz ausbezahlt wird. Mit einer Formel in der Zelle C3 wollen wir erreichen, dass dieser Provisionssatz automatisch aus der Provisionstabelle ausgelesen und in die Zelle C3 eingesetzt wird.

Für die Zelle C3 gilt folgende Formel:
=SVERWEIS(B3;$F$3:$G$10;2)

Bedeutung:

=SVERWEIS	Das ist der **Name der Funktion.** «S» steht für «Senkrecht» oder «Spalte». Der auszulesende Wert steht in einer Spalte, nämlich in der Spalte G.
B3	Das ist das **Suchkriterium;** wir möchten den Provisionssatz für die Zelle B3 ermitteln.
$F$3:$G$10	Das ist die **Matrix,** der Zellenbereich, aus dem ich den gewünschten Wert auslesen möchte. In unserem Beispiel besteht der Zellbereich aus zwei Spalten. Die Zellbezüge dürfen sich durch das Ausfüllen nicht verändern; wir setzen sie daher absolut.
2	Das ist der **Spaltenindex.** Der gesuchte Wert befindet sich in der **zweiten** Spalte unserer Matrix.
WAHR	WAHR ist das Argument **Bereich_Verweis.** WAHR steht für eine **ungefähre** Übereinstimmung; das trifft in unserem Beispiel zu. Die Umsätze der Vertreter entsprechen nicht genau den Umsätzen in der Provisionstabelle. Bei Zwischenwerten wird der nächstkleinere Provisionssatz ausgelesen. Wichtig ist, dass die Provisionssätze aufsteigend sortiert sind. Wenn man dieses Argument in der Formel weglässt, wird automatisch der Wert WAHR verwendet.
FALSCH	FALSCH müssten wir hingegen wählen, wenn das Suchkriterium exakt mit dem Wert in der Matrix übereinstimmen müsste. FALSCH wählt man beispielsweise dann, wenn das Suchkriterium eine Artikelnummer ist.

Aufgabe 73

Öffnen Sie die Aufgabe 73. In der Tabelle **KVE D** sind die Lernenden mit der Punktzahl, die sie in einer Notenarbeit erreicht haben, aufgeführt. Ihre Aufgabe ist es, die Note für jeden Lernenden zu ermitteln. Die Notenskala finden Sie in der Tabelle **Notenskala.**

Diagramme

5

Tabellenkalkulation

5.1 Diagrammbegriffe

Es ist nicht immer einfach, die wesentlichen Aussagen einer Tabelle zu erfassen. Oft ist es deshalb sinnvoll und nützlich, die Botschaft einer Tabelle grafisch darzustellen. Dafür eignen sich Diagramme. Sie ermöglichen die Visualisierung von Zahlenwerten und sagen oft mehr als tausend Worte, wie das folgende Beispiel zeigt:

Umsatz	1. Quartal	2. Quartal	3. Quartal	4. Quartal
Hardware	7'300.00	7'500.00	6'400.00	6'000.00
Software	2'700.00	300.00	2'200.00	4'000.00
Services	5'000.00	7'000.00	5'000.00	2'600.00
Total	15'000.00	14'800.00	13'600.00	12'600.00

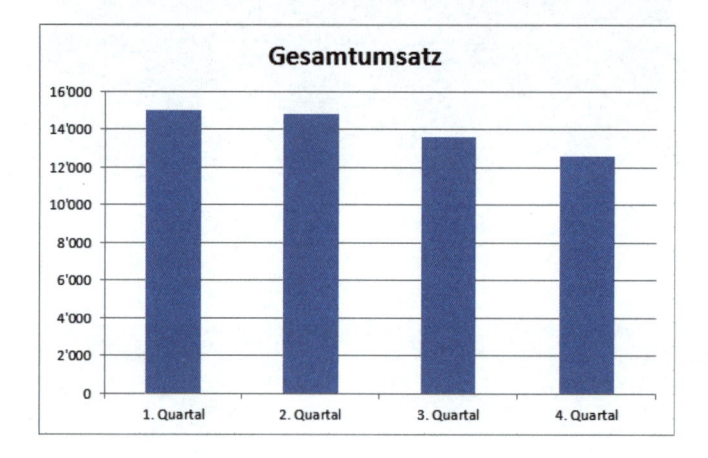

Tabellenkalkulationsprogramme bieten eine Vielfalt an gestalterischen Möglichkeiten, Zahlenmaterial professionell aufzuarbeiten. Sinnvoll und sachgerecht eingesetzt, erlauben Diagramme, die Kernaussage einer Tabelle auf einen Blick zu erfassen.

Die wichtigsten Diagrammbegriffe im Überblick:

Achse	Jedes zweidimensionale Diagramm weist zwei Achsen auf: die horizontale Achse, auch Rubriken-, Kategorien- oder x-Achse genannt, und die vertikale Achse, auch Grössen-, Wert- oder y-Achse genannt. In der Regel werden in einem zweidimensionalen Diagramm die Rubriken auf der horizontale Achse (x-Achse) und die Datenwerte auf der vertikalen Achse (y-Achse) dargestellt.
Rubrik, Kategorie	Eine Rubrik oder Kategorie ist eine Zeilen- oder Spaltenüberschrift, der numerische Werte zugeordnet sind. Rubriken werden in der Regel als Beschriftung der horizontalen Achse verwendet.
Datenreihe	Eine Datenreihe ist eine Gruppe von numerischen Werten, die in einer Zeile nebeneinander oder in einer Spalte untereinander angeordnet sind. Diese Werte beschreiben für verschiedene Rubriken denselben Sachverhalt. Jede Datenreihe in einem Diagramm besitzt ein eindeutiges Muster (Farbe).
Datenpunkt	Ein Datenpunkt ist ein einzelner Wert aus einer Datenreihe, der eine bestimmte Rubrik beschreibt. Zusammengehörige Datenpunkte haben ein einheitliches Muster und bilden eine Datenreihe.
Legende	Die Legende dient der Orientierung im Diagramm. Sie erläutert, welcher Datenreihe welches Muster bzw. welche Farbe zugewiesen wurde.

Diagrammbegriffe

Die Abbildung zeigt den Zusammenhang zwischen Datentabelle und Diagramm:

	1. Quartal	2. Quartal	3. Quartal	4. Quartal
Hardware	7'300.00	7'500.00	6'400.00	6'000.00
Software	2'700.00	300.00	2'200.00	4'000.00
Services	5'000.00	7'000.00	5'000.00	2'600.00

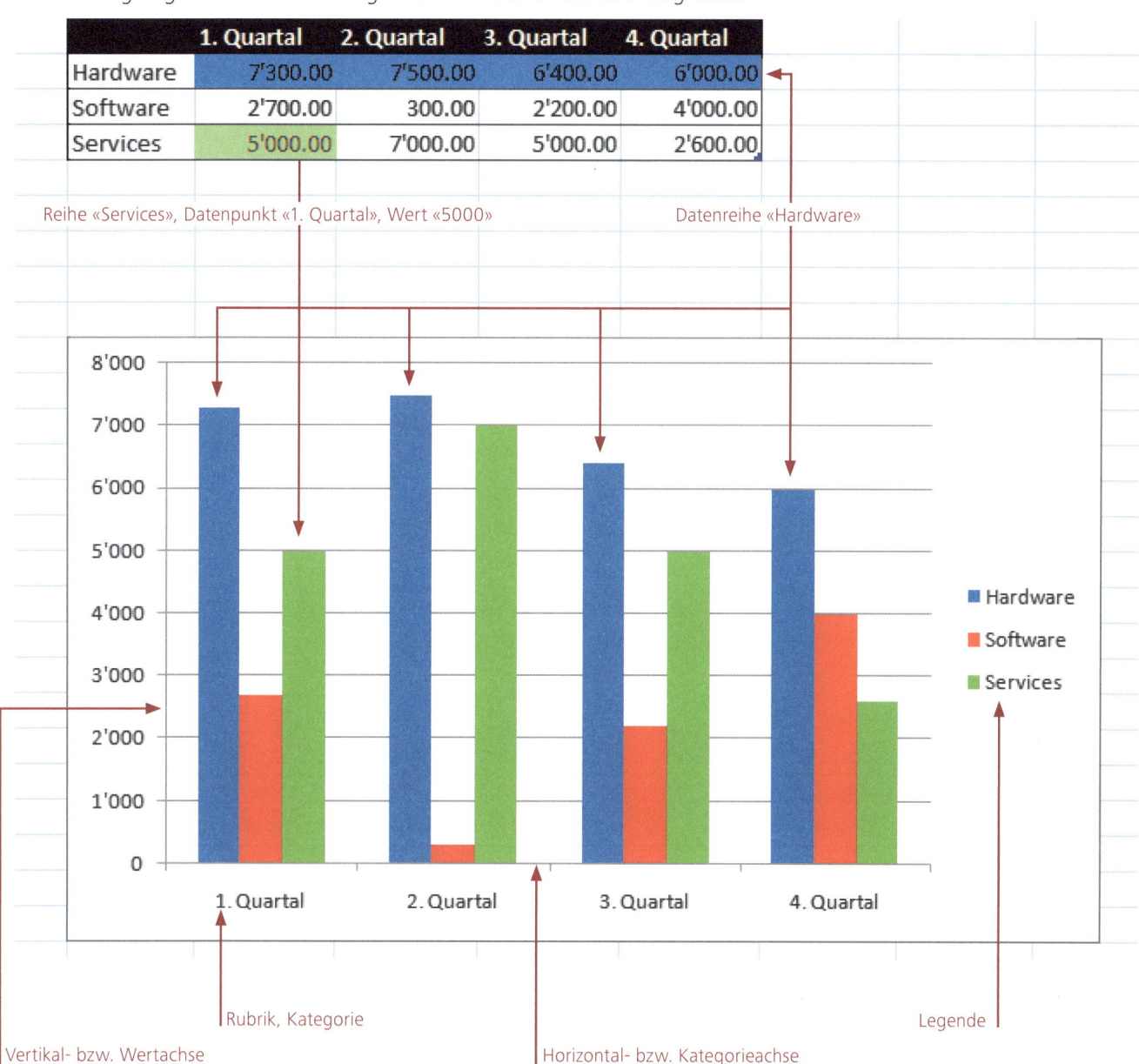

Reihe «Services», Datenpunkt «1. Quartal», Wert «5000»   Datenreihe «Hardware»

Rubrik, Kategorie   Legende

Vertikal- bzw. Wertachse   Horizontal- bzw. Kategorieachse
Grössenachse   Rubrikenachse
y-Achse   x-Achse

In diesem Beispiel bilden die Spalten die Rubriken, während die Datenreihen in den Zeilen angeordnet sind. Datenreihen und Rubriken lassen sich bequem umstellen. Zwischen dem Diagramm und der Datentabelle besteht eine Verknüpfung. Alle Änderungen, die in der Tabelle vorgenommen werden, wirken sich direkt auf das Diagramm aus.

Tabellenkalkulation

5.2 Diagrammtypen

Nicht jedes Diagramm ist für jede Aussage geeignet. Überlegen Sie deshalb zuerst, welche Aussage Sie mit dem Diagramm machen wollen und welcher Diagrammtyp sich für diese Aussage eignet.

Die Grundtypen von Diagrammen im Überblick:

Säulendiagramme — eignen sich für die Darstellung von Grössenverhältnissen (z. B. unterschiedliche Einkommen von angehenden Kaufleuten), allenfalls auch zur Darstellung zeitlicher Abläufe, wenn die Grösse und nicht die Entwicklung betont werden soll (z. B. Umsatz der Jahre 2000 bis 2008).

Gruppierte Säulen    Gestapelte Säulen

Balkendiagramme — eignen sich als Alternative zum Säulendiagramm für die Darstellung von Grössenverhältnissen (z. B. unterschiedliche Einkommen von angehenden Kaufleuten), insbesondere wenn die Rangfolge betont werden soll.

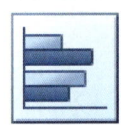

Gruppierte Balken 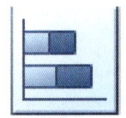   Gestapelte Balken

Liniendiagramme — eignen sich für die Darstellung von zeitlichen Abläufen, wenn die Entwicklung und nicht die Grösse betont werden soll (z. B. Entwicklung des Swiss Market Index SMI von 2000 bis 2008).

Liniendiagramme

Kreisdiagramme — eignen sich für die Darstellung von Grössenverhältnissen, wenn die jeweiligen Anteile an der Gesamtheit (Relationen) betont werden sollen (z. B. Frauenquote im Bundesparlament).
In Kreisdiagrammen kann nur **eine** Datenreihe abgebildet werden.

Kreisdiagramme

Für die Darstellung von Relationen zwischen mehreren Datenreihen eignen sich Säulen- oder Balkendiagramme, die auf 100 Prozent gestapelt werden (z. B. Frauenquoten im Bundesparlament 2001, 2004 und 2008).

Gestapelte Säulen (100%)    Gestapelte Balken (100%)

Punktdiagramme eignen sich für die Darstellung von Beziehungen zwischen einzelnen Datenpunkten, wenn ein Wert abhängig ist vom anderen (z. B. Darstellung der mathematischen Funktion y=2•2).

Die meisten dieser Diagrammtypen gibt es auch in einer dreidimensionalen Variante. Diese wirkt moderner, ist aber in der Regel weniger gut lesbar als die zweidimensionale Ausführung.

5.3 Diagramme erstellen (einfügen)

Zuerst betrachten wir das grundsätzliche Vorgehen. Anschliessend erstellen Sie Schritt für Schritt ein Säulen-, ein Balken- und ein Kreisdiagramm.

Bevor Sie irgendeinen Befehl zum Erstellen eines Diagramms wählen, sollten Sie sich überlegen, welche Werte Sie mit einem Diagramm veranschaulichen wollen und welcher Diagrammtyp sich dafür am besten eignet. Danach gehen Sie wie folgt vor:

1. Markieren Sie die Werte samt Spalten- und Zeilenüberschriften, sofern diese im Diagramm erscheinen sollen.
2. Leere Spalten oder Zeilen dürfen Sie nicht markieren.
3. Ihre Markierung muss die Form eines Rechtecks haben.

Im folgenden Beispiel sind die Zellen B1:F4 markiert. Die Markierung hat die Form eines Rechtecks. Excel kann diese Werte problemlos als Diagramm darstellen.

	A	B	C	D	E	F
1			1. Quartal	2. Quartal	3. Quartal	4. Quartal
2		Hardware	7300	7500	6400	6000
3		Software	2700	300	2200	4000
4		Services	5000	7000	5000	2600
5		Total	15000	14800	13600	12600

Richtige Markierung

Im folgenden Beispiel hat die Markierung nicht die Form eines Rechtecks. Die Zelle B1 ist nicht markiert. Excel kann das Diagramm daher nicht korrekt darstellen.

	A	B	C	D	E	F
1			1. Quartal	2. Quartal	3. Quartal	4. Quartal
2		Hardware	7300	7500	6400	6000
3		Software	2700	300	2200	4000
4		Services	5000	7000	5000	2600
5		Total	15000	14800	13600	12600

Falsche Markierung

Tabellenkalkulation

Register	**Einfügen**
Gruppe	**Diagramme**

4. Aktivieren Sie im Menüband die Registerkarte **Einfügen**.
5. Klicken Sie in der Gruppe **Diagramme** auf die gewünschte Schaltfläche (Säule, Linie usw.)

6. Excel öffnet den Katalog für diesen Diagrammtyp.
7. Wählen Sie das gewünschte Diagramm aus.

▶ **Diagrammtools**

Nachdem Sie ein Diagramm erstellt haben, werden die **Diagrammtools** eingeblendet. Dabei handelt es sich um drei kontextbezogene Registerkarten, die Sie bei der Anpassung des Diagramms unterstützen:

▶ **Registerkarte Entwurf**

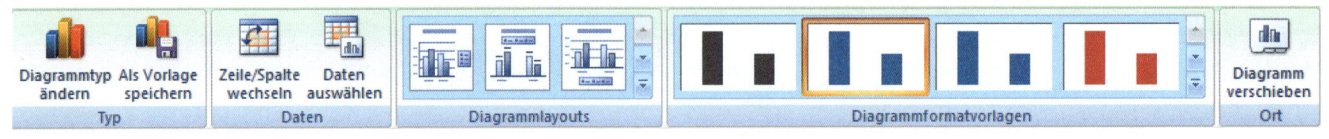

Diagrammtyp ändern, um dem aktuellen Diagramm einen andern Typ zuzuweisen.
Als Vorlage speichern, um aus dem aktuellen Diagramm eine Diagrammvorlage zu erstellen.
Zeile/Spalte wechseln, um die Anordnung der Daten umzustellen.
Daten auswählen öffnet das Dialogfeld **Datenquelle auswählen,** um den Datenbereich anzupassen. Je komplexer Ihre Diagramme sind, desto öfter werden Sie diesen Befehl brauchen. Er ermöglicht es Ihnen, Datenreihen hinzuzufügen, zu bearbeiten oder zu entfernen.
Diagrammlayouts enthält einen Katalog mit vordefinierten Diagrammlayouts (z. B. mit oder ohne Gitternetzlinien, Datentabelle).
Diagrammformatvorlagen enthält einen Katalog mit Diagrammformatvorlagen. Wichtig: Diese Vorlagen stehen in direktem Bezug zum Design. Wenn Sie über das Register **Seitenlayout** das Design ändern, passen sich die Diagrammformatvorlagen diesem Design an!
Diagramm verschieben, um das Diagramm auf ein eigenes Diagrammblatt zu verschieben.

▶ **Registerkarte Layout**

Über diese Registerkarte können Sie gezielt einzelne Diagrammelemente anzeigen oder ausblenden, z. B. Beschriftungen und Achsen. Interessant ist die Gruppe **Aktuelle Auswahl**. Über das Dropdown-Menü zuoberst in dieser Gruppe können Sie bequem jedes Diagrammelement markieren und ihm anschliessend über **Auswahl formatieren** das gewünschte Aussehen geben.

Diagramme erstellen (einfügen)

▶ **Registerkarte Format**

Falls Ihnen die Gestaltungsmöglichkeiten, die Ihnen die Registerkarten **Entwurf** und **Layout** bieten, noch nicht genügen, sollten Sie die Möglichkeiten der Registerkarte **Format** in Betracht ziehen. Hier finden Sie eine nahezu unüberschaubare Fülle von Funktionen, mit denen Sie die Form und Farbgebung aller Diagrammelemente beeinflussen können: Farbverläufe, 3-D-Effekte, Schatten, Beleuchtung usw.

Tipp: Am schnellsten erzeugen Sie ein Säulendiagramm mit Tastenkombinationen. Markieren Sie zuerst die entsprechenden Zellen.

Alt+F1: Das Säulendiagramm erscheint auf dem gleichen Blatt wie die Tabelle.

F11: Das Säulendiagramm erscheint auf einem neuen Tabellenblatt.

Ein Säulendiagramm erstellen

Im Folgenden erstellen wir Schritt für Schritt ein Säulendiagramm und passen dieses über die Diagrammtools an.

Bei dieser Aufgabe sollen die Quartalsumsätze in einem Säulendiagramm dargestellt werden. Gehen Sie wie auf den folgenden Seiten beschrieben vor.

Aufgabe 74

▶ **Erstellen des Diagramms**

1. Öffnen Sie die Aufgabe 74. Wir stellen die Umsätze der ersten drei Quartale ohne Total als Diagramm dar.
2. Markieren Sie die Zellen B1:E4.
3. Aktivieren Sie die Registerkarte **Einfügen**.
4. Klicken Sie auf **Säule**.
5. Wählen Sie den ersten Diagrammtyp: **Gruppierte Säulen**. Das Diagramm wird eingefügt.

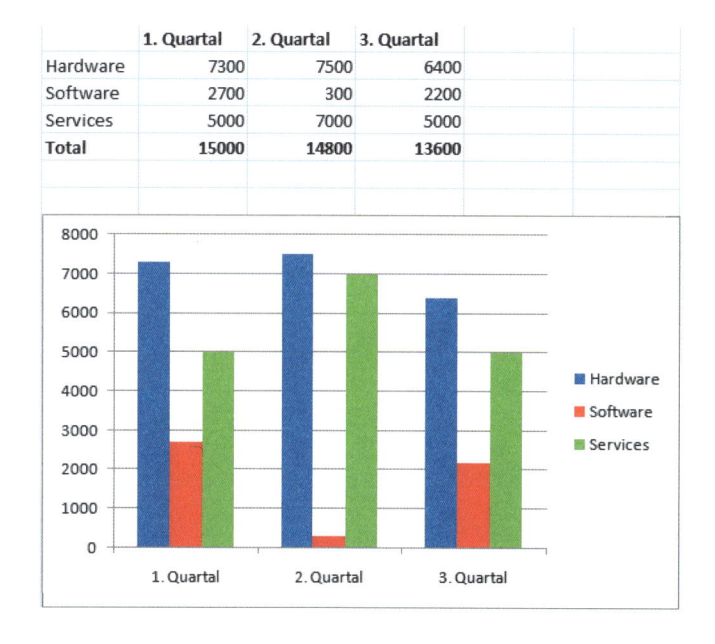

	1. Quartal	2. Quartal	3. Quartal
Hardware	7300	7500	6400
Software	2700	300	2200
Services	5000	7000	5000
Total	15000	14800	13600

145

Tabellenkalkulation

▶ **Anpassen des Diagramms über die Registerkarte Entwurf**
1. Klicken Sie auf die Diagrammfläche. Dadurch aktivieren Sie die **Diagrammtools**.
2. Klicken Sie in der Gruppe **Daten** auf **Zeile/Spalte wechseln**. Kehren Sie wieder zur ursprünglichen Ansicht zurück.
3. Lassen Sie sich die elf verschiedenen **Diagrammlayouts** anzeigen.
4. Versehen Sie Ihr Diagramm mit dem Titel **Umsätze 2008.**
5. Probieren Sie die verschiedenen **Diagrammformatvorlagen** aus und wechseln Sie einmal über die Registerkarte **Seitenlayout** das Design.
6. Verschieben Sie über die Gruppe **Ort** das Diagramm auf ein separates Tabellenblatt und wieder zurück.
7. Tragen Sie in Ihrer Tabelle die Werte für das 4. Quartal ein: Hardware = 6000, Software = 4000, Services = 2000.
8. Klicken Sie auf die Diagrammfläche. Dadurch wird der Datenbereich mit einem farbigen Rahmen umgeben. Ziehen Sie am rechten unteren Eckpunkt dieses Rahmens, bis der Rahmen auch die Werte des 4. Quartals umfasst.

▶ **Anpassen des Diagramms über die Registerkarte Layout**
1. Klicken Sie auf die Diagrammfläche. Dadurch aktivieren Sie die **Diagrammtools**. Aktivieren Sie die Registerkarte **Layout**.
2. Über das Dropdown-Menü der Gruppe **Aktuelle Auswahl** können Sie jedes Diagrammelement schnell markieren. Über den Befehl **Auswahl formatieren** stehen Ihnen sämtliche Formatierungsmöglichkeiten für das markierte Element zur Verfügung. Der Befehl **Auf Formatvorlage zurücksetzen** gibt dem markierten Element wieder sein ursprüngliches Aussehen.

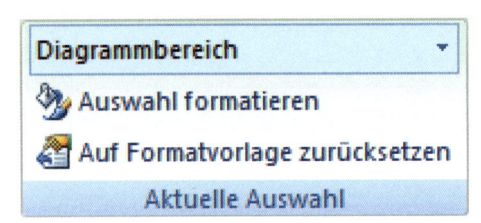

Die übrigen Gruppen und Befehle sind weitgehend selbsterklärend.

▶ **Anpassen des Diagramms über die Registerkarte Format**
1. Klicken Sie auf die Diagrammfläche und aktivieren Sie in den **Diagrammtools** die Registerkarte **Format**.
2. Markieren Sie über die Gruppe **Aktuelle Auswahl** ein Diagrammelement, z. B. den **Diagrammbereich**.
3. Probieren Sie die Möglichkeiten der Gruppe **Formenarten** aus.

Ein Balkendiagramm erstellen

Sie erstellen Schritt für Schritt ein Balkendiagramm und passen dieses über die Diagrammtools an.

Aufgabe 75

Bei dieser Aufgabe geht es darum, die 20 Sprachen mit den meisten Muttersprachlern als Balkendiagramm darzustellen. Gehen Sie wie auf den folgenden Seiten beschrieben vor.

▶ **Erstellen des Diagramms**
1. Öffnen Sie die Aufgabe 75. Auf dem ersten Tabellenblatt sind die 20 Sprachen aufgeführt.
2. Markieren Sie die Zellen B3:C23.
3. Aktivieren Sie die Registerkarte **Einfügen**.
4. Klicken Sie in der Gruppe **Diagramme** auf **Balken**.
5. Wählen Sie den Typ **Gruppierte Balken**. Das Diagramm wird auf dem aktiven Tabellenblatt eingefügt.

▶ **Anpassen des Diagramms**
- Titel anpassen
- Legende löschen
- die Reihenfolge der Balken umstellen (Chinesisch zuoberst, Vietnamesisch zuunterst) und
- jeden Balken mit einer andern Farbe versehen

1. Ersetzen Sie den Titel «in Mio.» durch «Die 20 verbreitetsten Sprachen (in Mio.)».
2. Löschen Sie die Legende (markieren und **Delete** drücken).
3. Um die Anzeige der Datenreihe absteigend zu sortieren, markieren Sie die vertikale Achse, indem Sie sie anklicken oder über die Gruppe **Aktuelle Auswahl** des Registers **Layout** anwählen.
4. Wählen Sie im Kontextmenü (rechte Maustaste) oder über die Gruppe **Aktuelle Auswahl**, **Auswahl formatieren**, den Befehl **Achse formatieren**.
5. In der Kategorie **Achsenoptionen** aktivieren Sie das Kontrollkästchen **Kategorien in umgekehrter Reihenfolge**. In der Livevorschau sehen Sie sofort das Ergebnis. Lassen Sie das Dialogfeld geöffnet.
6. Klicken Sie auf die Diagrammreihen (Balken), um sie zu markieren.
7. Das Dialogfeld ändert die Beschriftung in **Datenreihen formatieren** und passt die Einstellungen an. Klicken Sie auf die Kategorie **Füllung** und aktivieren Sie das Kontrollkästchen **Punktfarbunterscheidung**. In der Livevorschau sehen Sie wiederum sofort das Ergebnis.
8. Schliessen Sie das Dialogfeld.

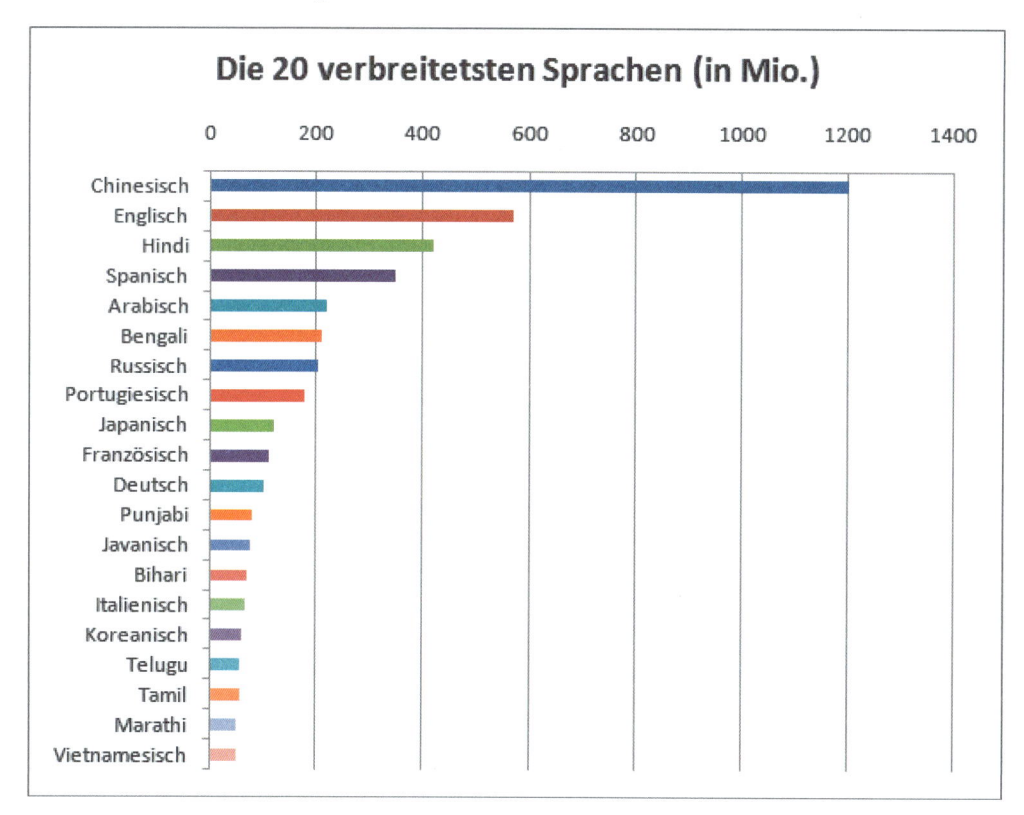

Mehr Informationen über Sprachen liefert Ihnen beispielsweise www.weikopf.de.

Tabellenkalkulation

Ein Kreisdiagramm erstellen

Kreisdiagramme eignen sich für die Darstellung von Grössenverhältnissen, wenn die jeweiligen Anteile an der Gesamtheit betont werden sollen.

Aufgabe 76

Bei dieser Aufgabe geht es darum, die Gesamtumsätze der drei Geschäftsfelder Hardware, Software und Services in Prozenten des Gesamtumsatzes darzustellen. Gehen Sie wie auf den folgenden Seiten beschrieben vor.

▶ Erstellen des Diagramms
1. Öffnen Sie die Aufgabe 76.
2. Markieren Sie die Zellen B2:B4 und G2:G4.
3. Aktivieren Sie die Registerkarte **Einfügen** und klicken Sie auf **Kreis**. Wählen Sie **3D-Kreis**.

▶ Anpassen des Diagramms
- das Layout anpassen
- den Titel setzen
- das Diagramm auf ein eigenes Tabellenblatt verschieben
- die Datenbeschriftung anpassen
- das Diagramm mit einem 3-D-Effekt versehen

1. Klicken Sie in der Registerkarte **Entwurf**, Gruppe **Diagrammlayouts,** auf das **Layout 1.**
2. Ändern Sie den Titel auf «Umsatz 2008» ab.
3. Verschieben Sie das Diagramm auf ein eigenes Tabellenblatt: Register **Entwurf**, Gruppe **Ort, Diagramm verschieben, Neues Blatt.**
4. Klicken Sie auf die Datenbeschriftungen (z. B. Services 34%). Alle Datenbeschriftungen werden automatisch markiert.
5. Öffnen Sie das Kontextmenü. Vergrössern Sie die Schrift auf 24 Punkte (pt) und ändern Sie die Farbe auf Weiss, fett.
6. Klicken Sie auf irgendein Diagrammsegment. Öffnen Sie das Kontextmenü und wählen Sie die Kategorie **Datenreihen formatieren.** Weisen Sie Ihrem Diagramm über die Kategorie **3D-Format** einen 3-D-Effekt zu.
7. Schliessen Sie das Dialogfeld.

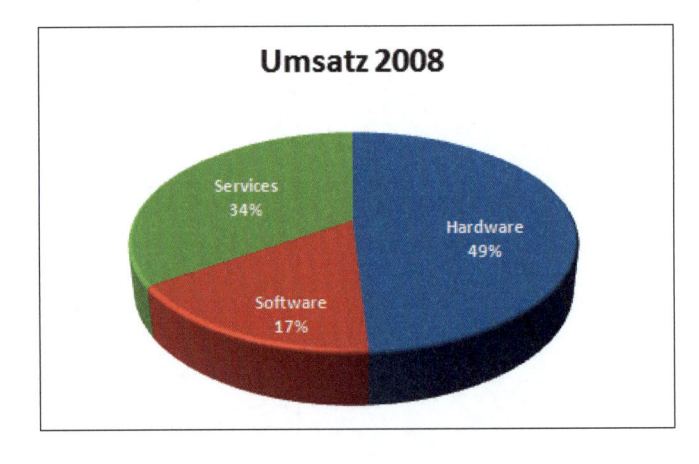

Diagramme erstellen (einfügen)

▶ **Daten hinzufügen, bearbeiten oder entfernen**
Je komplexer die Diagramme werden, desto öfter müssen Sie über das Register **Entwurf**, Gruppe **Daten**, mit dem Befehl **Daten auswählen** arbeiten. Im Dialogfeld **Datenquelle auswählen** können Sie Datenreihen hinzufügen, bearbeiten oder umbenennen.

Register	**Diagrammtools**
Register	Entwurf
Befehl	Daten
Befehl	Daten auswählen

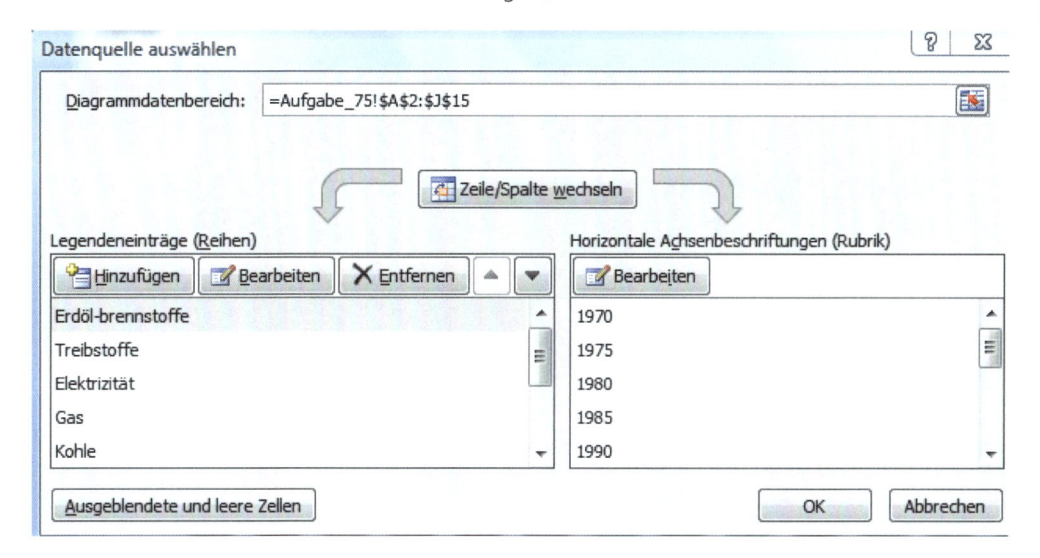

Grundtabelle:

Aufgabe 77

Endenergieverbrauch nach Energieträgern in Terajoules

Jahr	Erdöl-brennstoffe	Treibstoffe	Elektrizität	Gas	Kohle	Holz und Holzkohle	Fernwärme	Abfälle	Übrige erneuerbare Energien	Total
1970	316'510	138'060	90'310	7'360	24'440	10'110	-	-	-	586'790
1975	314'830	156'070	104'050	20'970	9'580	8'350	-	-	-	613'850
1980	309'480	178'820	126'910	33'740	13'630	9'670	7'920	3'700	-	683'870
1985	274'340	201'050	148'760	52'960	19'790	11'380	9'430	6'400	-	724'110
1990	247'830	253'220	167'670	63'430	14'360	17'090	10'420	8'680	3'440	786'140
1995	240'770	256'360	172'380	85'990	7'910	20'550	11'970	10'440	4'720	811'090
2000	217'110	293'250	188'540	95'220	5'850	19'970	13'280	15'740	6'330	855'290
2001	228'860	285'680	193'500	98'840	6'170	20'810	14'340	16'810	6'850	871'860
2002	217'820	279'570	194'500	97'160	5'730	21'000	14'320	16'610	6'960	853'670
2003	227'770	276'330	198'440	102'610	5'920	22'420	14'790	17'410	7'370	873'060
2004	225'300	275'060	202'220	105'960	5'650	22'730	15'320	17'390	7'660	877'290
2005	225'830	277'060	206'390	108'820	6'260	31'520	16'010	12'050	8'930	892'870
2006	217'240	280'790	208'020	106'720	6'410	31'920	16'050	12'250	8'930	888'330

Erstellen Sie daraus die folgenden Diagramme. Jedes Diagramm soll auf einem neuen Tabellenblatt stehen.

Tabellenkalkulation

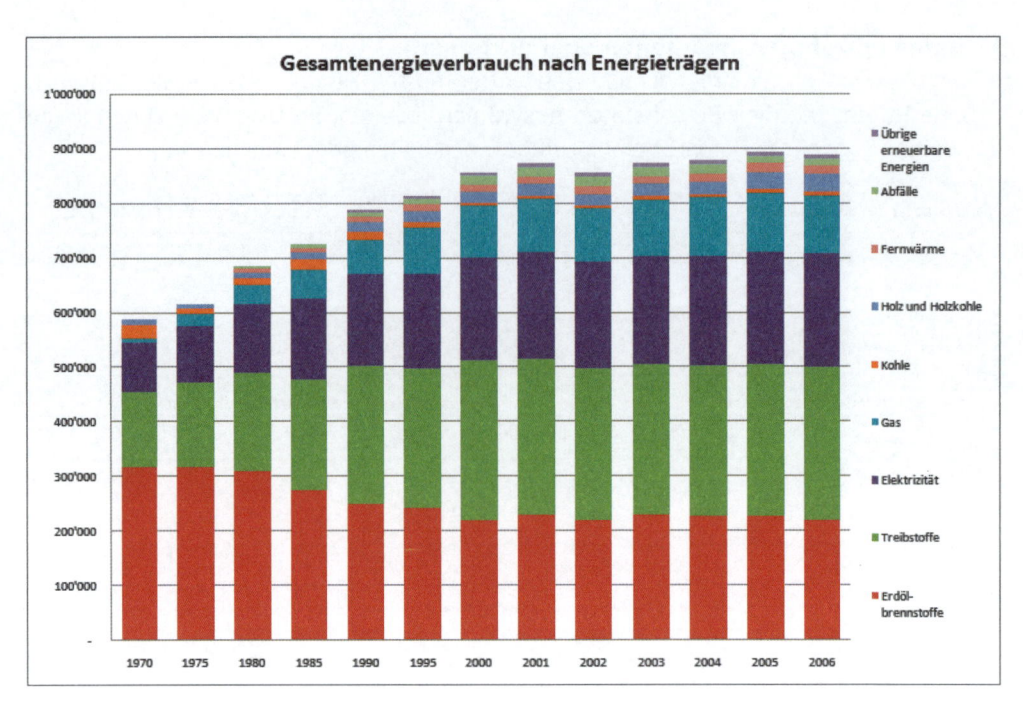

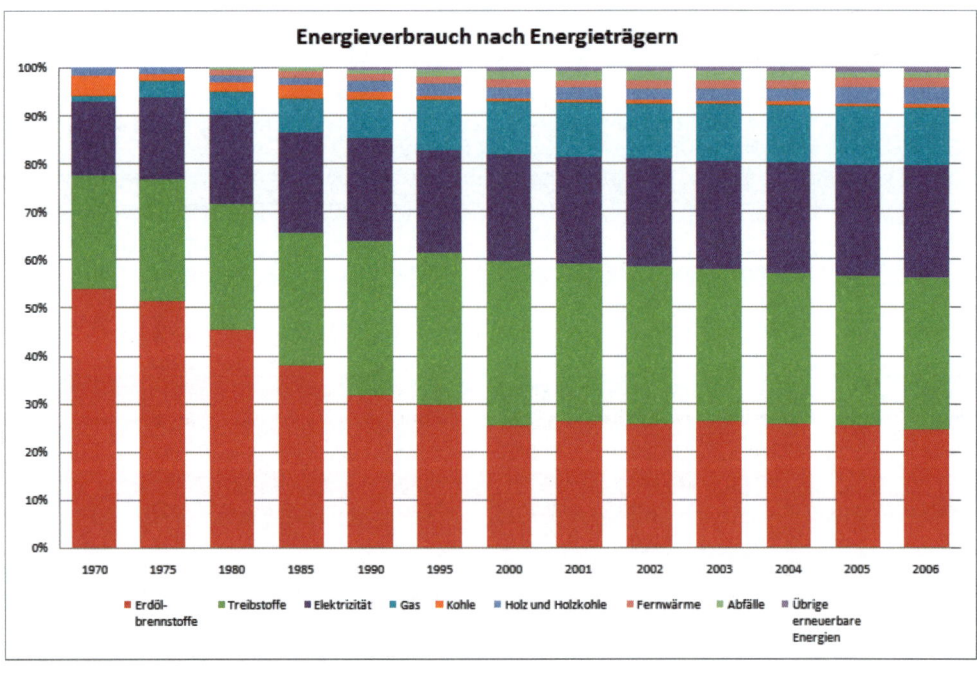

Gesamtenergieverbrauch nach Energieträgern

Energieverbrauch nach Energieträgern

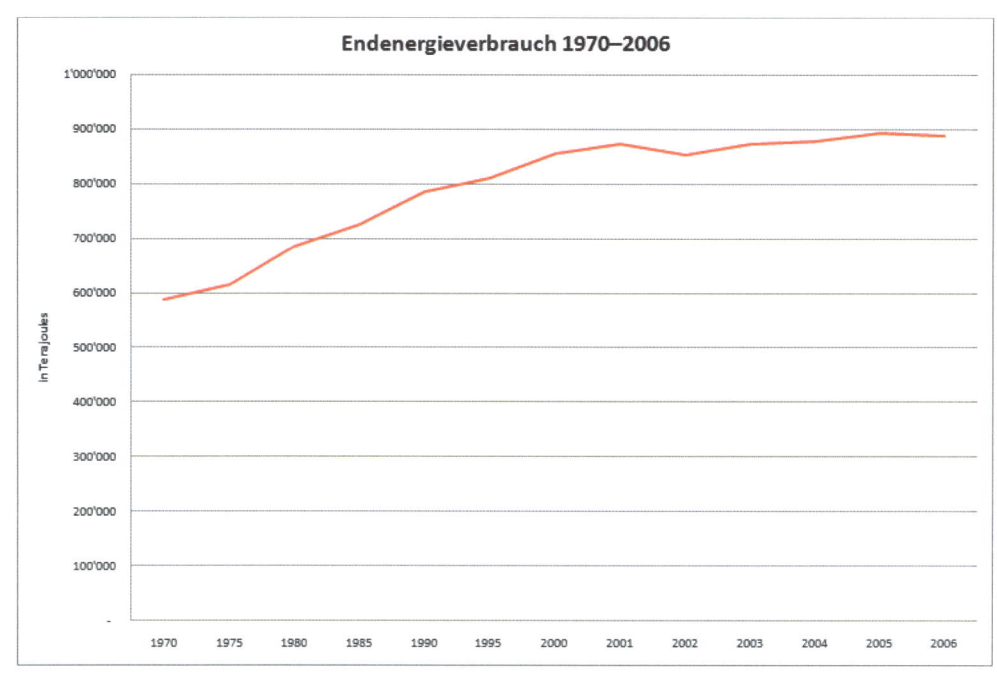

Diagramme erstellen (einfügen)

Endenergieverbrauch 1970–2006

(Liniendiagramm: in Terajoules, Jahre 1970–2006; Werte steigen von ca. 590'000 (1970) auf ca. 890'000 (2006))

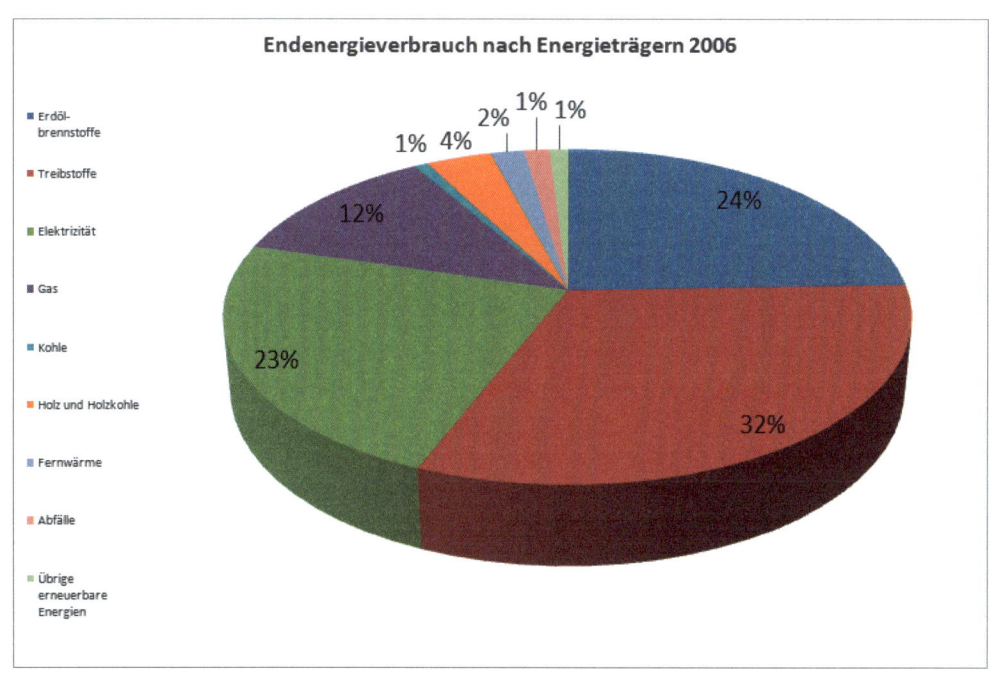

Endenergieverbrauch nach Energieträgern 2006

- Erdölbrennstoffe: 32%
- Treibstoffe: 24%
- Elektrizität: 23%
- Gas: 12%
- Kohle: 1%
- Holz und Holzkohle: 4%
- Fernwärme: 2%
- Abfälle: 1%
- Übrige erneuerbare Energien: 1%

Tabellenkalkulation

Bei zu vielen oder zu kleinen Segmenten eignet sich der Diagrammtyp **Kreis aus Kreis**. Im folgenden Diagramm werden die fünf kleinsten Segmente, die zusammen nur neun Prozent ausmachen, in einem eigenen Kreis dargestellt.

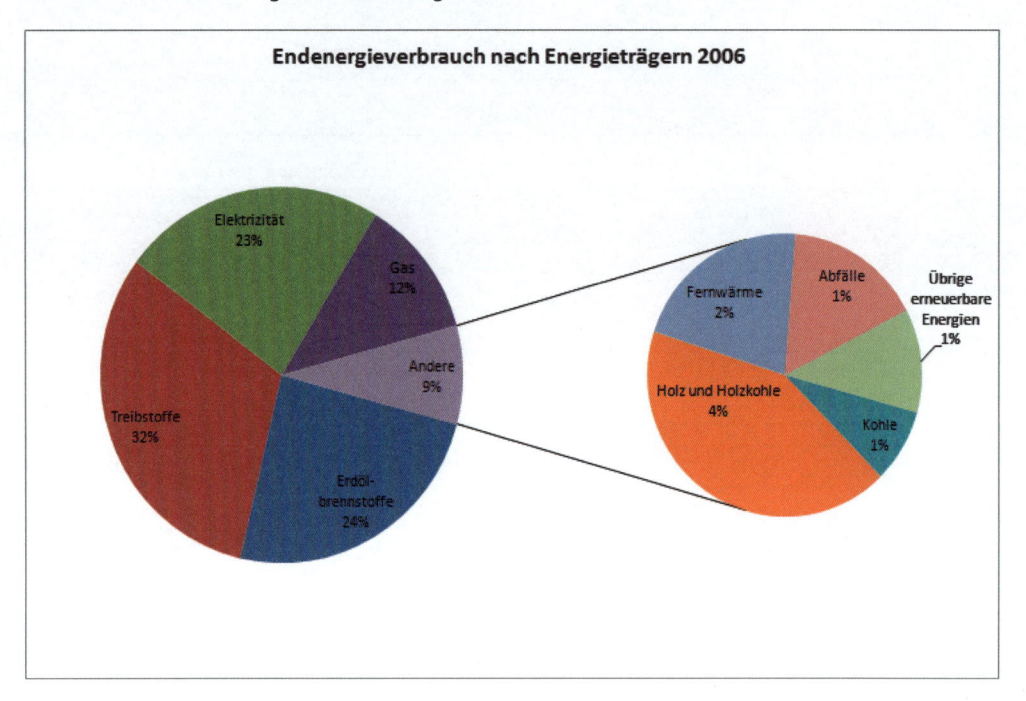

Erstellen Sie aufgrund der Zahlentabelle das folgende Diagramm.

Aufgabe 78

a) **Erwerbstätige nach Wirtschaftszweigen, in 1000**

Wirtschaftszweig	1960	1965	1970	1975	1980	1985	1990	1995	2000	2005
Total	2'717	3'025	3'143	3'108	3'166	3'354	3'821	3'957	4'089	**4'184**
Sektor I	393	317	269	235	218	203	162	175	185	161
Sektor II	1'263	1'464	1'451	1'258	1'207	1'193	1'229	1'133	1'051	992
Sektor III	1'061	1'245	1'423	1'615	1'741	1'958	2'429	2'649	2'854	3'031

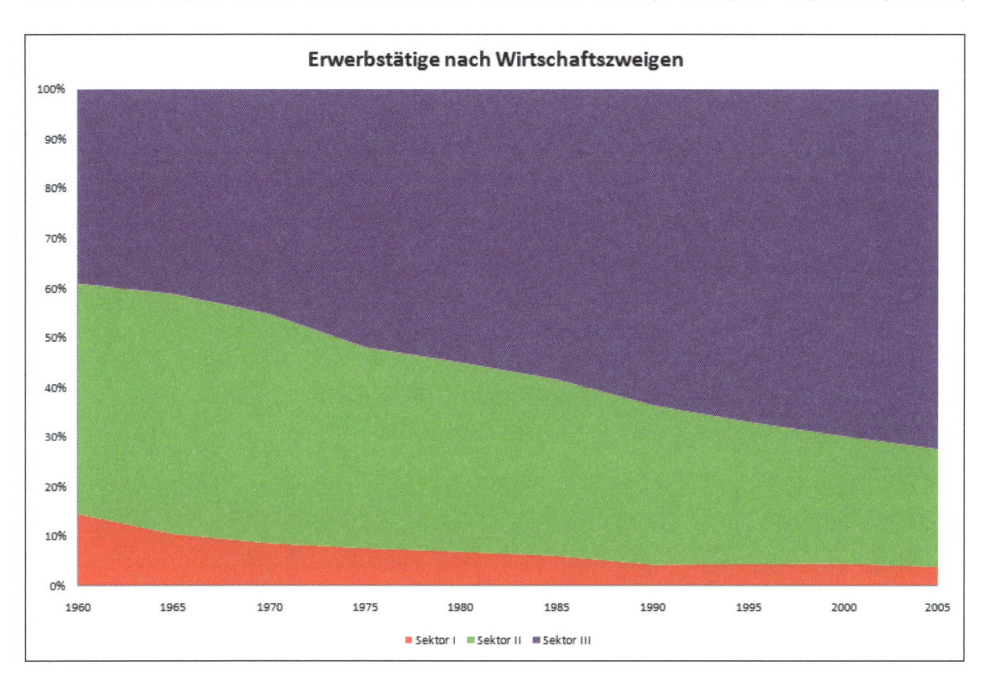

b) Was sagt das Diagramm aus?

___

___

___

___

c) Wofür stehen die Sektoren I, II und III?

___

___

___

___

Tabellenkalkulation

Aufgabe 79

Erstellen Sie ein Diagramm, das die Entwicklung des Swiss Performance Index der Schweizer Börse sowie der Indizes für kleinere, mittlere und grosse Unternehmen darstellt.

Swiss Performance Indes der SIX Swiss Exchange (Jahresendwerte)

Jahr	Gesamtindex	Small Companies	Middle Companies	Large Companies
1990	908.3			
1991	1'052.8			
1992	1'238.6			
1993	1'867.8			
1994	1'725.5			
1995	2'123.4			
1996	2'511.9			
1997	3'898.2			
1998	4'497.1			
1999	5'022.9			
2000	5'621.1	6'856.9	5'886.6	5'581.3
2001	4'382.9	5'064.9	3'970.3	4'469.4
2002	3'245.5	3'954.4	2'969.2	3'303.2
2003	3'961.6	5'202.3	4'020.5	3'967.4
2004	4'234.6	6'460.8	4'465.0	4'202.8

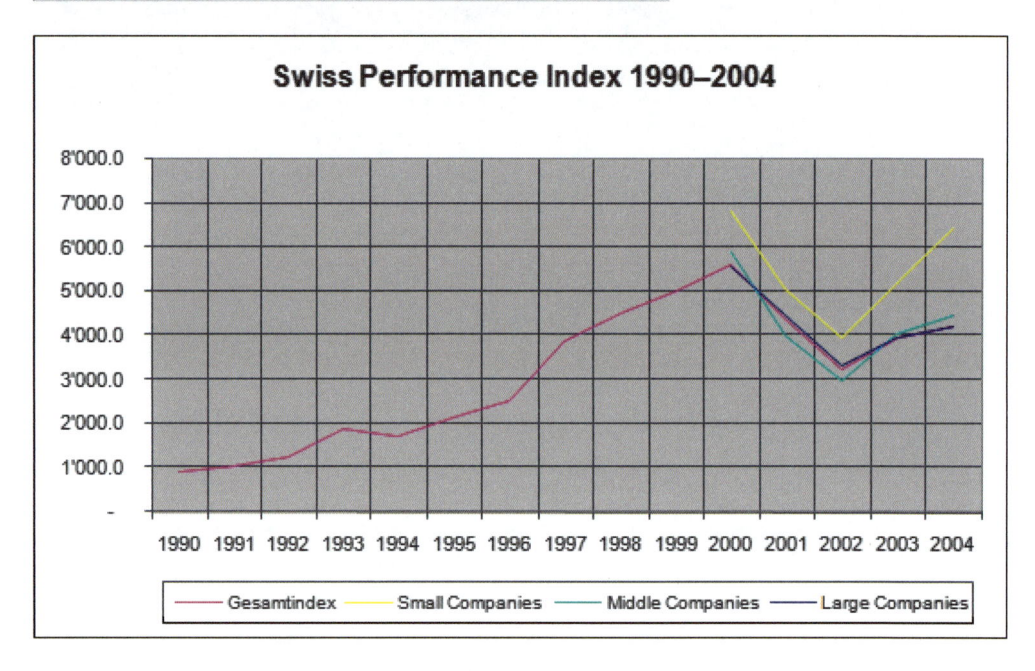

Diagramme erstellen (einfügen)

Die zukünftige Entwicklung der Bevölkerung lässt sich nicht mit Sicherheit voraussagen. Das Bundesamt für Statistik erstellt aber in Abständen von fünf Jahren Szenarien zur Bevölkerungsentwicklung. Basierend auf unterschiedlichen Annahmen werden ein realistisches Szenario «Trend» sowie zwei Extremszenarien «Positive Dynamik» und «Negative Dynamik» berechnet.

Aufgabe 80

Die folgende Tabelle zeigt die mögliche Entwicklung der Altersstruktur, die sich aus den drei Szenarien ergibt:

Szenarien zur Bevölkerungsentwicklung. Anteile nach Altersgruppen							
	2000	2010	2020	2030	2040	2050	2060
Szenario "Trend"							
65-Jährige und Ältere	15.4	17.4	20.0	23.1	24.2	23.8	23.8
20- bis 64-Jährige	61.6	61.7	60.4	56.6	55.1	55.9	55.2
Unter 20-Jährige	23.2	21.0	19.3	20.2	20.5	20.3	20.9
Szenario "Positive Dynamik"							
65-Jährige und Ältere	15.4	17.2	19.6	22.3	23.3	22.8	22.5
20- bis 64-Jährige	61.6	61.6	59.9	55.1	53.6	53.9	53.2
Unter 20-Jährige	23.2	21.3	20.7	22.5	23.4	23.3	24.1
Szenario "Negative Dynamik"							
65-Jährige und Ältere	15.4	17.6	20.7	24.4	25.9	25.7	26.1
20- bis 64-Jährige	61.6	62.0	61.2	58.0	56.6	57.1	56.5
Unter 20-Jährige	23.2	20.8	18.1	17.7	17.5	17.2	17.5

Öffnen Sie die Aufgabe 80 und formatieren Sie die Tabelle. Erstellen Sie anschliessend ein Diagramm, das die Entwicklung der Altersgruppen gemäss dem Szenario «Trend» darstellt.

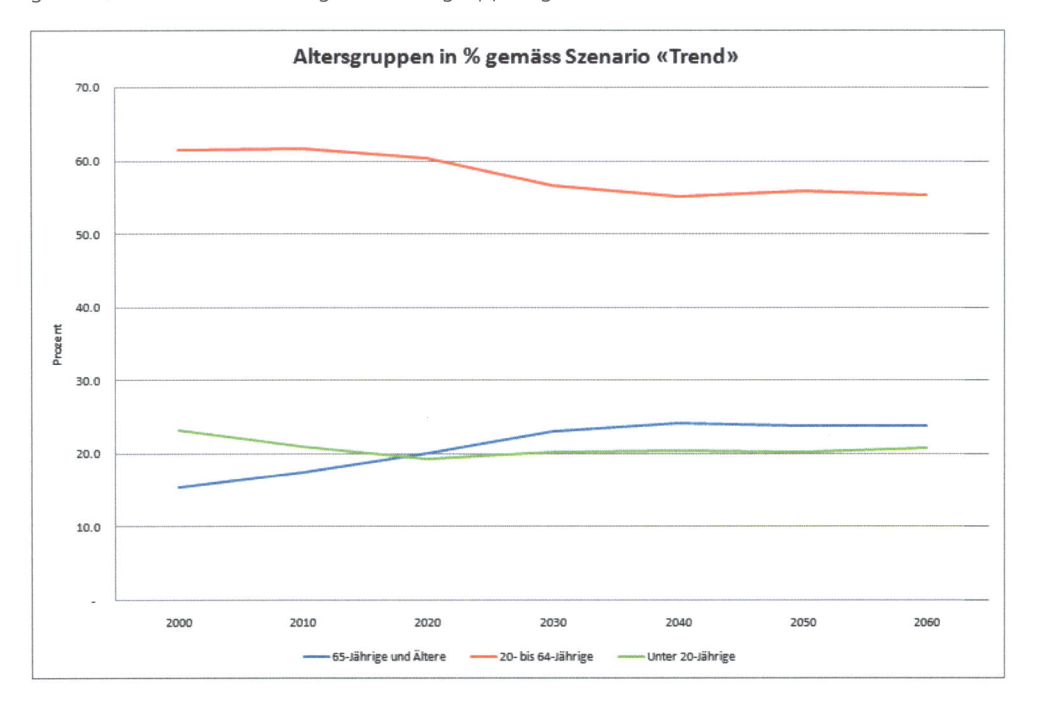

Tabellenkalkulation

Erstellen Sie ein Diagramm, das die möglichen Entwicklungen der Altersgruppe der über 64-Jährigen darstellt.

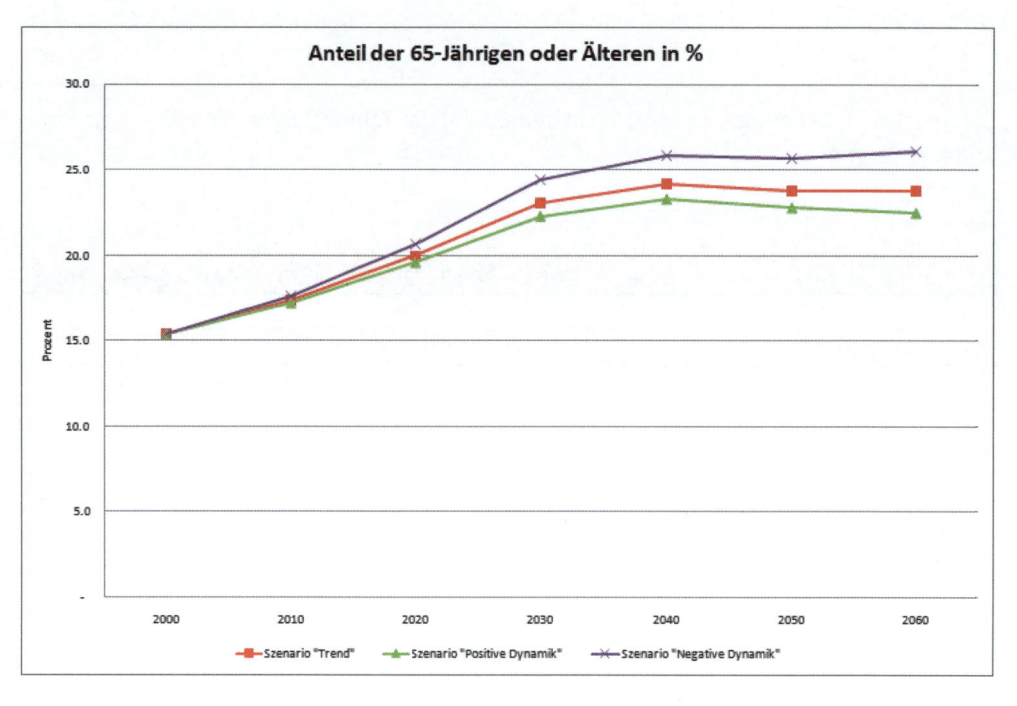

Anteil der 65-Jährigen oder Älteren in %

(Liniendiagramm mit drei Szenarien: "Trend", "Positive Dynamik", "Negative Dynamik" für die Jahre 2000 bis 2060)

Aufgabe 81

Korrelation Werbeaufwand-Umsatz

Jahr	Werbeaufwand	Umsatz
2000	97'040	6'469'440
2001	113'220	6'597'230
2002	145'560	7'052'050
2003	177'910	7'136'590
2004	194'080	7'369'840
2005	181'140	7'725'370
2006	194'080	7'694'280
2007	194'080	7'136'900

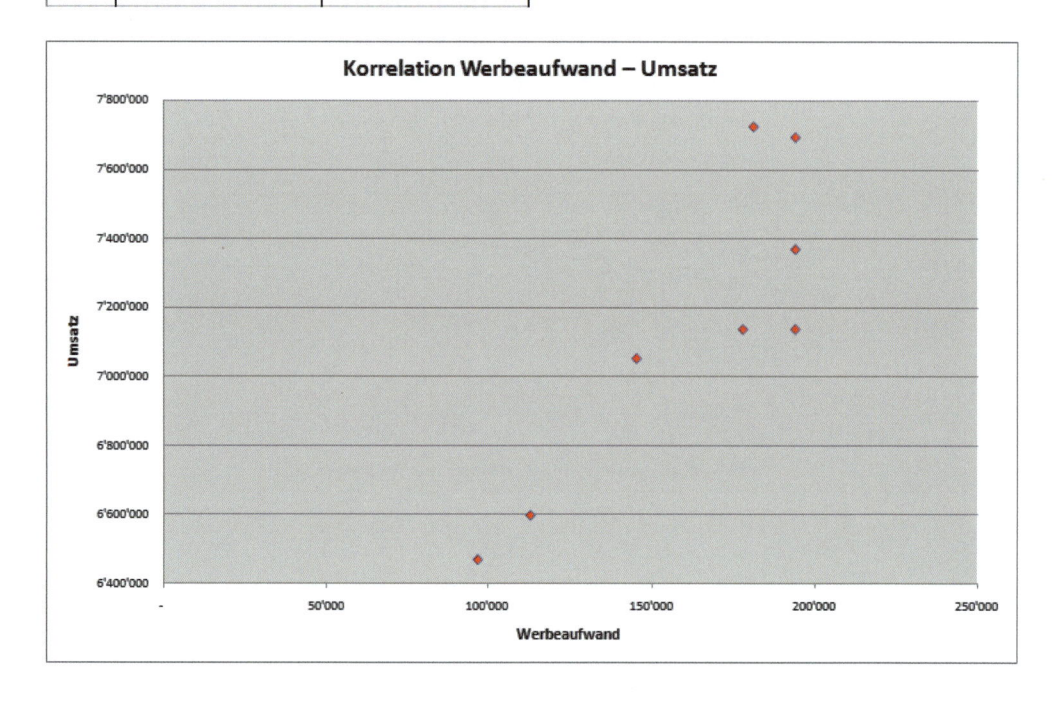

Stellen Sie in einem Diagramm den Zusammenhang zwischen dem Werbeaufwand und dem Umsatz einer Unternehmung dar.

Korrelation Werbeaufwand – Umsatz

(Punktdiagramm: Umsatz über Werbeaufwand)

Diagramme erstellen (einfügen)

Erstellen Sie aus den Klimadaten der Wetterstation Zürich ein Diagramm, das die jährliche Sonnenscheindauer in Stunden, die Jahresniederschläge in mm und die mittlere Jahrestemperatur in °C von 1943 bis 2002 zeigt.

Aufgabe 82

Verwenden Sie für die Sonnenscheindauer und die Niederschlagsmenge ein Flächendiagramm und für die Temperatur ein Liniendiagramm.

Da die Wertebereiche von Sonnenscheindauer und Niederschlagsmenge gegenüber der Temperatur erheblich variieren, stellen Sie die Jahrestemperatur auf einer zweiten Grössenachse, der sogenannten Sekundärachse, dar. Zu diesem Zweck markieren Sie die Datenreihe Jahrestemperatur, öffnen das Kontextmenü und klicken **Sekundärachse** an.

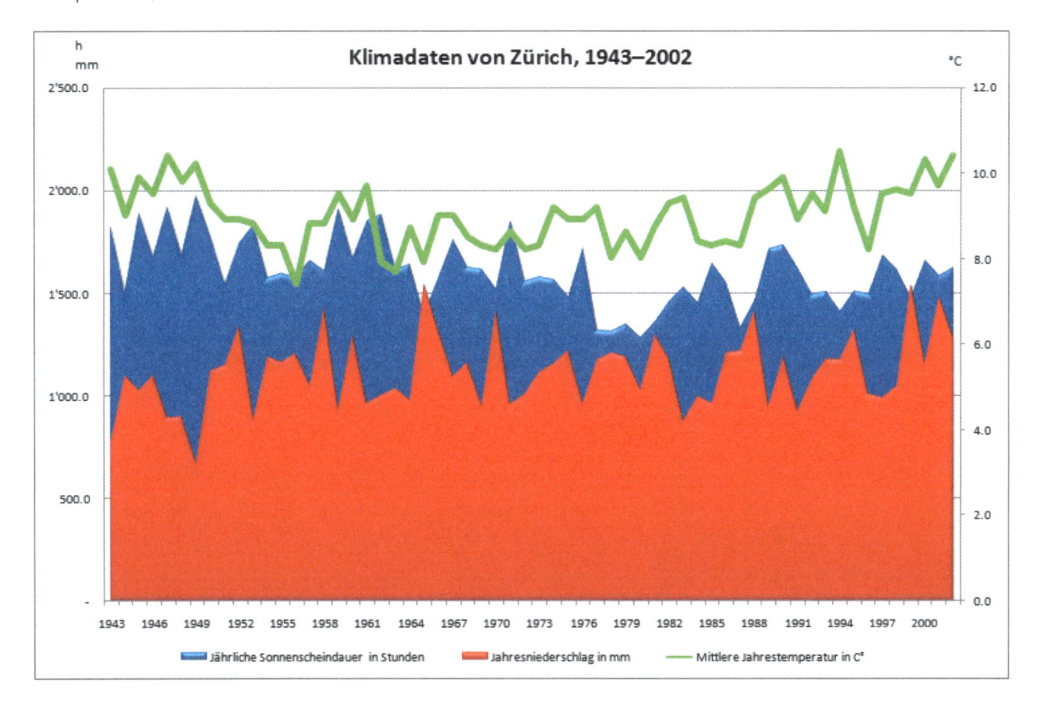

Tabellenkalkulation

Aufgabe 83

Berechnen Sie die prozentuale Veränderung in den Spalten G bis I. Erstellen Sie anschliessend aus den Autoverkaufsdaten für die Jahre 2001 bis 2004 die folgenden Diagramme:

A	B	C	D	E	F	G	H	I
	absolut				Veränderung in %			
	2001	2002	2003	2004	2001	2002	2003	2004
Audi	19'103	18'064	15'993	14'062	16.6%	-5.4%	-11.5%	-12.1%
Porsche	1'142	1'247	1'590	1'710	1.5%	9.2%	27.5%	7.5%
Volkswagen	39'770	32'716	27'868	28'934	2.7%	-17.7%	-14.8%	3.8%
BMW	14'827	13'512	11'809	13'791	16.4%	-8.9%	-12.6%	16.8%
MINI	652	3'789	3'252	2'931	0.0%	481.1%	-14.2%	-9.9%
BMW Alpina	36	92	54	32	-5.3%	155.6%	-41.3%	-40.7%
Ford	16'665	16'109	13'746	13'511	2.6%	-3.3%	-14.7%	-1.7%
Mercedes	16'978	16'292	13'309	12'861	2.6%	-4.0%	-18.3%	-3.4%
MCC Smart	5'828	5'445	4'521	4'314	-5.0%	-6.6%	-17.0%	-4.6%
Opel	32'773	29'384	24'976	23'182	-4.1%	-10.3%	-15.0%	-7.2%
Deutschland	**147'774**	**136'650**	**117'118**	**115'328**	**4.0%**	**-7.5%**	**-14.3%**	**-1.5%**
Citroën	8'898	9'519	11'770	10'777	15.8%	7.0%	23.6%	-8.4%
Peugeot	17'749	17'440	16'153	15'129	3.4%	-1.7%	-7.4%	-6.3%
Renault	20'940	18'927	17'330	16'294	0.6%	-9.6%	-8.4%	-6.0%
Frankreich	**47'587**	**45'886**	**45'253**	**42'200**	**4.2%**	**-3.6%**	**-1.4%**	**-6.7%**
Alfa Romeo	5'959	5'130	4'560	4'978	28.0%	-13.9%	-11.1%	9.2%
Ferrari	224	229	256	227	-9.7%	2.2%	11.8%	-11.3%
Fiat	11'450	10'170	8'391	7'985	-16.7%	-11.2%	-17.5%	-4.8%
Lancia	1'280	751	863	1'165	-40.7%	-41.3%	14.9%	35.0%
Maserati	124	212	166	255	-28.7%	71.0%	-21.7%	53.6%
Italien	**19'037**	**16'492**	**14'236**	**14'610**	**-9.3%**	**-13.4%**	**-13.7%**	**2.6%**
Daihatsu	1'106	838	1'271	1'299	-15.8%	-24.2%	51.7%	2.2%
Honda	6'636	8'019	8'581	8'550	-17.5%	20.8%	7.0%	-0.4%
Mazda	7'405	6'194	7'170	7'347	0.9%	-16.4%	15.8%	2.5%
Mitsubishi	7'371	6'582	4'982	4'737	-17.3%	-10.7%	-24.3%	-4.9%
Nissan	6'419	5'830	5'846	6'473	-0.5%	-9.2%	0.3%	10.7%
Subaru	8'106	7'265	8'365	9'561	-13.7%	-10.4%	15.1%	14.3%
Suzuki	2'762	2'584	2'356	2'961	20.0%	-6.4%	-8.8%	25.7%
Toyota	18'666	17'590	16'670	16'549	-4.0%	-5.8%	-5.2%	-0.7%
Lexus	954	683	709	769	9.7%	-28.4%	3.8%	8.5%
Japan	**59'425**	**55'585**	**55'950**	**58'246**	**-7.2%**	**-6.5%**	**0.7%**	**4.1%**
Saab	2'498	2'259	2'355	2'138	-10.3%	-9.6%	4.2%	-9.2%
Volvo	7'942	6'282	6'747	6'845	8.8%	-20.9%	7.4%	1.5%
Schweden	**10'440**	**8'541**	**9'102**	**8'983**	**3.5%**	**-18.2%**	**6.6%**	**-1.3%**
Aston Martin	49	50	53	68	2.1%	2.0%	6.0%	28.3%
Jaguar/Daimler	1'530	1'489	1'096	1'215	22.3%	-2.7%	-26.4%	10.9%
Land-Rover	1'811	1'744	1'407	1'263	-29.9%	-3.7%	-19.3%	-10.2%
MG/Rover	1'180	1'002	577	365	-37.3%	-15.1%	-42.4%	-36.7%
England	**4'570**	**4'285**	**3'133**	**2'911**	**-18.1%**	**-6.2%**	**-26.9%**	**-7.1%**
Cadillac	155	101	133	219	-24.0%	-34.8%	31.7%	64.7%
Chevrolet	915	775	385	213	-17.0%	-15.3%	-50.3%	-44.7%
Chrysler/Jeep	5'349	3'605	3'017	2'674	-7.4%	-32.6%	-16.3%	-11.4%
USA	**6'419**	**4'481**	**3'535**	**3'106**	**-9.4%**	**-30.2%**	**-21.1%**	**-12.1%**
Daewoo	2'363	2'670	2'703	2'728	2.7%	13.0%	1.2%	0.9%
Hyundai	7'339	8'614	7'699	7'050	2.8%	17.4%	-10.6%	-8.4%
Kia	1'395	1'638	2'680	3'916	-2.7%	17.4%	63.6%	46.1%
Korea	**11'097**	**12'922**	**13'082**	**13'694**	**2.1%**	**16.4%**	**1.2%**	**4.7%**
Übrige	**10'777**	**10'267**	**10'132**	**10'133**	**20.6%**	**-4.7%**	**-1.3%**	**0.0%**
Total	317'126	295'109	271'541	269'211	0.5%	-6.9%	-8.0%	-0.9%
davon 4 x 4	56'344	60'745	54'449	56'061	10.1%	7.8%	-10.4%	3.0%
davon DIESEL	52'583	42'228	58'478	69'824	45.0%	-19.7%	38.5%	19.4%

Quelle: auto-schweiz, / ASTRA/MOFIS 17.01.05

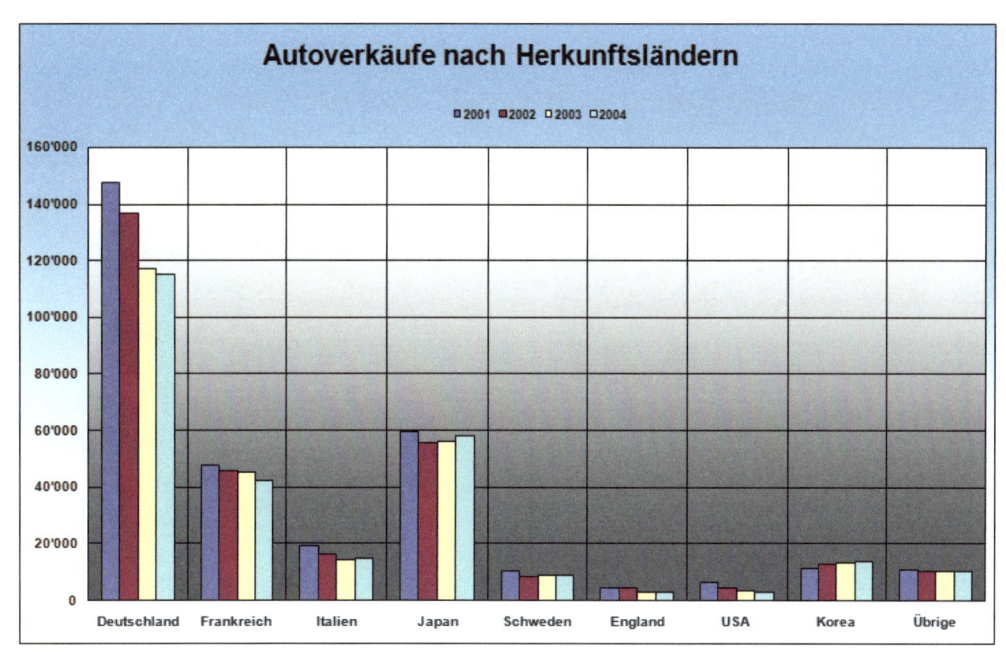

Autoverkäufe nach Herkunftsländern

■ 2001 ■ 2002 □ 2003 □ 2004

Deutschland, Frankreich, Italien, Japan, Schweden, England, USA, Korea, Übrige

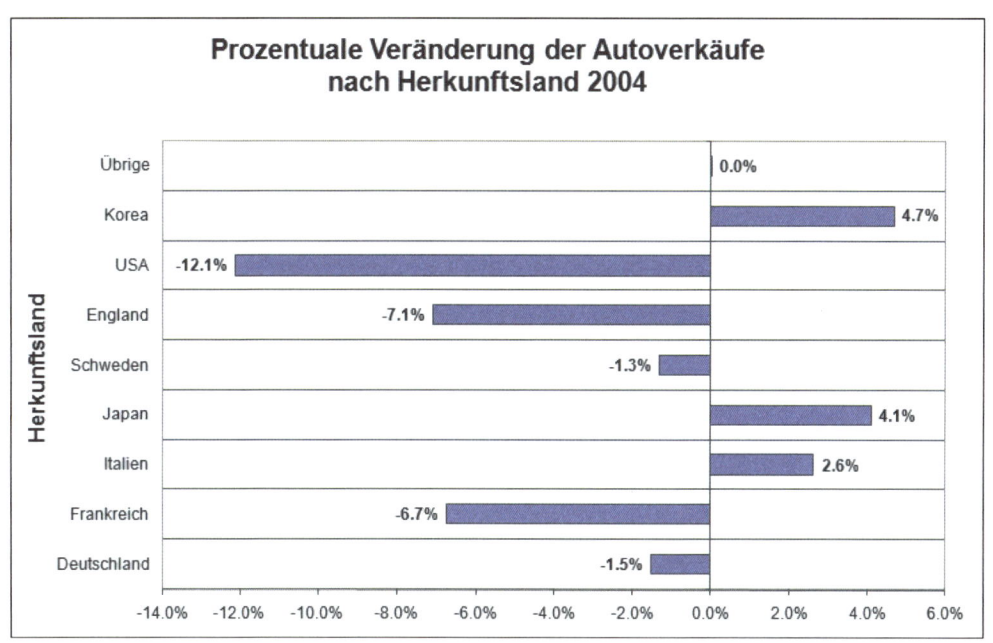

Prozentuale Veränderung der Autoverkäufe nach Herkunftsland 2004

Herkunftsland	Veränderung
Übrige	0.0%
Korea	4.7%
USA	-12.1%
England	-7.1%
Schweden	-1.3%
Japan	4.1%
Italien	2.6%
Frankreich	-6.7%
Deutschland	-1.5%

Tabellenkalkulation

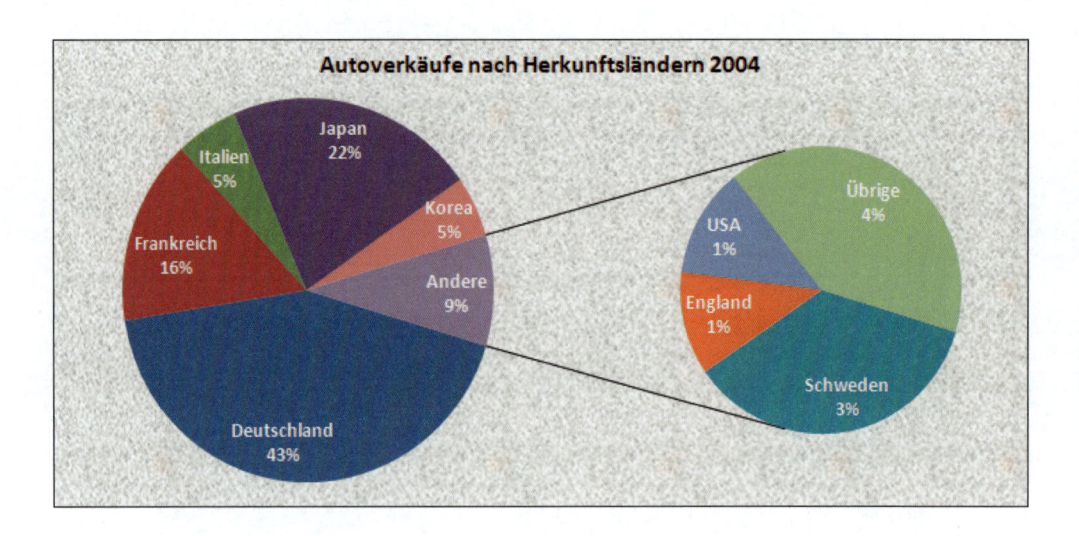

Autoverkäufe nach Herkunftsländern 2004

Japan 22%
Italien 5%
Frankreich 16%
Korea 5%
Andere 9%
Deutschland 43%

Übrige 4%
USA 1%
England 1%
Schweden 3%

Aufgabe 84

Bei dieser Aufgabe geht es darum, die Nutzschwelle oder den Break-even-Point grafisch darzustellen. Bei der Nutzschwelle erzielt das Unternehmen weder Gewinn noch Verlust. Mit andern Worten: Der Erfolg ist gleich null.

Es ist für ein Unternehmen wichtig zu wissen, wie viel Stück es produzieren muss, um keinen Verlust zu machen. Die Nutzschwelle ist aber nicht nur für Produktionsbetriebe wichtig. Wenn Sie beispielsweise einen Anlass organisieren, haben Sie fixe und variable Kosten. Für die Besucher legen Sie einen Eintrittspreis fest, z. B. CHF 5.–. Sie werden sich bestimmt fragen, wie viele Besucher kommen müssen, damit Ihre Gesamtkosten gedeckt sind und Sie somit keinen Verlust machen. Sie ermitteln also die Nutzschwelle.

Folgende Zahlen (in CHF) sind bekannt:

- Nettoerlös je Stück   10.–
- Variable Kosten je Stück   6.–
- Fixkosten   100 000.–

Stellen Sie die Kosten- und Gewinnentwicklung in Abhängigkeit von der Menge grafisch dar und bestimmen Sie die Nutzschwelle. Bereits aus der Tabelle ist ersichtlich, bei welcher Stückzahl die Nutzschwelle liegt.

Break-even-Analyse

Nettoerlös je Stück	CHF	10.00
Variable Kosten	CHF	6.00
Fixkosten	CHF	100'000.00

Menge	Nettoerlös	Variable Kosten	Fixkosten	Totalkosten	Erfolg
0	CHF –	CHF –	CHF 100'000.00	CHF 100'000.00	CHF -100'000.00
5'000	CHF 50'000.00	CHF 30'000.00	CHF 100'000.00	CHF 130'000.00	CHF -80'000.00
10'000	CHF 100'000.00	CHF 60'000.00	CHF 100'000.00	CHF 160'000.00	CHF -60'000.00
15'000	CHF 150'000.00	CHF 90'000.00	CHF 100'000.00	CHF 190'000.00	CHF -40'000.00
20'000	CHF 200'000.00	CHF 120'000.00	CHF 100'000.00	CHF 220'000.00	CHF -20'000.00
25'000	CHF 250'000.00	CHF 150'000.00	CHF 100'000.00	CHF 250'000.00	CHF –
30'000	CHF 300'000.00	CHF 180'000.00	CHF 100'000.00	CHF 280'000.00	CHF 20'000.00
35'000	CHF 350'000.00	CHF 210'000.00	CHF 100'000.00	CHF 310'000.00	CHF 40'000.00
40'000	CHF 400'000.00	CHF 240'000.00	CHF 100'000.00	CHF 340'000.00	CHF 60'000.00
45'000	CHF 450'000.00	CHF 270'000.00	CHF 100'000.00	CHF 370'000.00	CHF 80'000.00
50'000	CHF 500'000.00	CHF 300'000.00	CHF 100'000.00	CHF 400'000.00	CHF 100'000.00

Diagramme erstellen (einfügen)

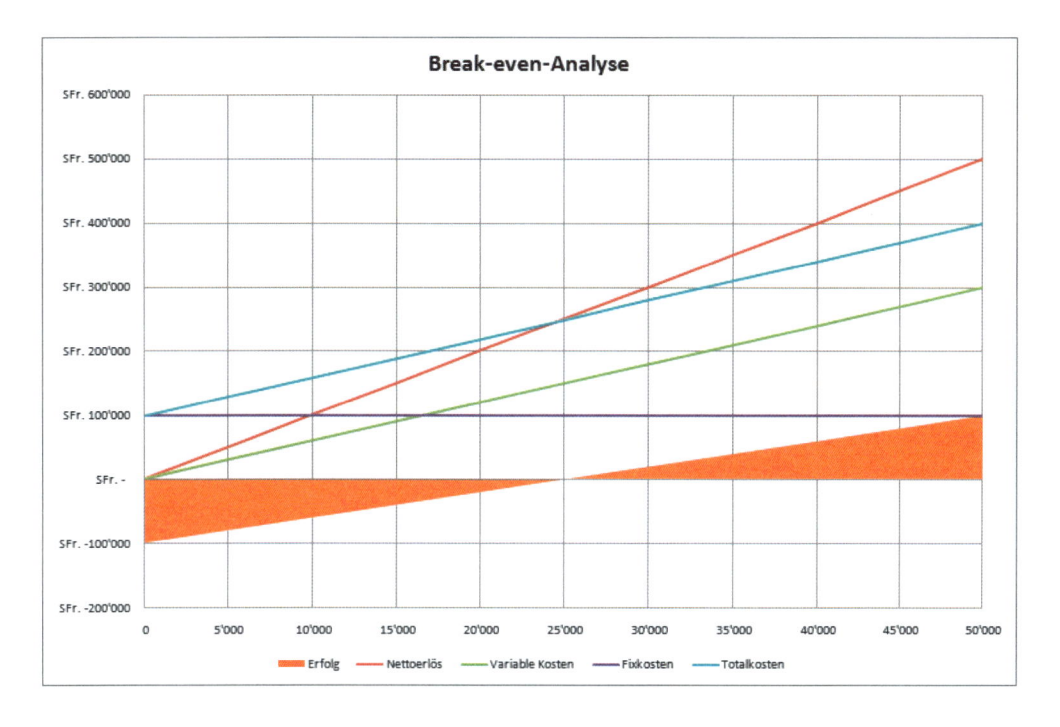

Die horizontale Achse ist wie folgt formatiert:

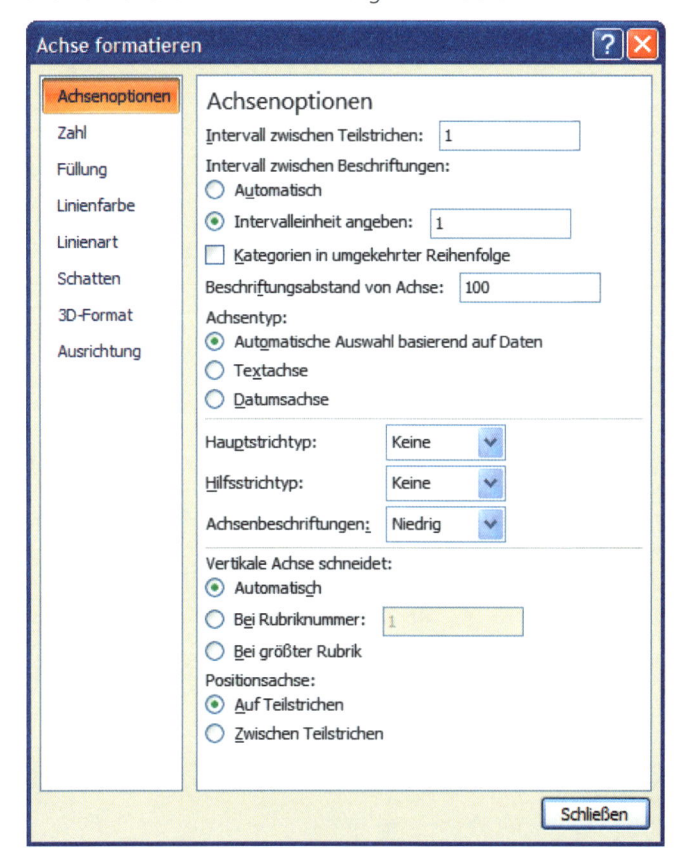

Tabellenkalkulation

Aufgabe 85

Der Tourismus ist für die Schweiz eine wichtige Einkommensquelle. Die Gäste aus dem Ausland geben im Jahr rund CHF 13 Mia. aus. Damit sind die Einnahmen der Fremdenverkehrsbranche höher als die Exporteinnahmen der Uhrenindustrie. Aber nicht nur Deutsche, Engländer und Amerikaner übernachten gerne in der Schweiz. An der Spitze der Logiernächte in der Schweiz stehen wir Schweizer.

Bereiten Sie auf einer leeren Tabelle die folgenden Daten auf und erstellen Sie ein aussagekräftiges Diagramm.

Die Reisenationen in der Schweiz
Herkunft der Touristen, Logiernächte 2006, in 1000:

Schweiz: 15 203; Deutschland: 5757; Grossbritannien: 2202; USA: 1659; Frankreich: 1270; Italien: 1057; Niederlande: 871; Belgien: 768; Japan: 595; Spanien: 403; Österreich: 356; Russland: 328; Golfstaaten: 291; Indien: 284; China: 258; Australien: 206; Kanada: 205; Schweden: 191; Israel: 166; Südkorea: 136.

Datenlisten 6

Tabellenkalkulation

6.1 Aufbau von Datenlisten

Unter einer Datenliste versteht man eine Reihe von Tabellenzeilen, die zusammengehörende Daten wie z. B. Adressen oder Artikel enthalten. Mit einer solchen Datenliste können typische Datenbankfunktionen wie Filtern und Sortieren ausgeführt werden.

Damit Excel eine Datenliste erkennt, muss die erste Zeile die Feldnamen (Spaltenüberschriften) enthalten. Die darauffolgenden Zeilen enthalten die Datensätze.

Die folgende Tabelle enthält zum Beispiel für jede Person sieben Informationen (Datenfelder) mit den Feldnamen Anrede, Vorname, Name, Strasse, PLZ, Ort und Telefon. Jede Zeile enthält die zusammengehörenden Informationen zu einer Person und stellt einen Datensatz (Record) dar.

Feldnamen

Anrede	Vorname	Name	Strasse	PLZ	Ort	Telefon
Herr	Peter	Zürrer	Speerstr. 10b	6319	Allenwinden	079 667 41 74
Herr	Urs J.	Knobel	Luzernerstr. 90	6319	Allenwinden	079 691 17 61
Herr	Gianni	Valsecchi	Konradsweg 16	6315	Alosen	079 350 40 04
Herr	Sandro	Aschwanden	Hungerstr. 2	6055	Alpnach Dorf	055 462 32 85
Herr	Daniel	Kohler	Fällmisstr. 41	6055	Alpnach Dorf	055 464 15 64

Datensätze

Datenfeld

Beachten Sie bitte die folgenden Regeln für Datenlisten:

- Eine Datenliste darf weder leere Zeilen noch leere Spalten enthalten.
- Jede Spalte sollte eine eindeutige, prägnante und einzeilige Spaltenüberschrift haben.
- Die Zellen von Spaltenüberschriften sollten nicht verbunden sein. Verbundene Zellen werden nicht richtig als Überschriften erkannt.
- Die Spaltenüberschriften sollten hervorgehoben sein, z. B. durch Fettschrift.
- Unterschiedliche Feldinhalte sollten in verschiedenen Spalten stehen. Schreiben Sie deshalb nie den Vornamen und den Namen oder die Postleitzahl und den Ort in die gleiche Spalte.

Zwischen der Liste und anderen Daten im Arbeitsblatt hingegen sollten mindestens eine leere Spalte und eine leere Zeile stehen. Auf diese Weise kann Excel die Liste leichter erkennen und markieren, wenn Sie Daten sortieren oder filtern.

Je Arbeitsblatt sollten Sie nur eine Datenliste verwenden, weil das Filtern nicht auf mehrere Listen gleichzeitig angewendet werden kann.

6.2 Sortieren

Für das Sortieren bietet Ihnen Excel wiederum verschiedene Möglichkeiten, die zum gleichen Ziel führen:
Einerseits finden Sie im Register **Start**, Gruppe **Bearbeiten**, den Befehl **Sortieren und Filtern**. Andrerseits finden Sie im Register **Daten** die Gruppe **Sortieren und Filtern**.

Register	Start
Gruppe	Bearbeiten
Befehl	Sortieren und Filtern

oder

Register	Daten
Gruppe	Sortieren und Filtern
Befehl	Sortieren

Beim Sortieren gilt es zu beachten, dass je nach Markierung die gesamte Liste oder nur ein Bereich der Liste sortiert wird.
Um die gesamte Liste zu sortieren, genügt es, eine beliebige Zelle innerhalb der Liste zu markieren, bevor der Sortierbefehl ausgeführt wird.
Wenn Sie einen Bereich markieren, sortiert Excel nur die markierten Zeilen und Spalten. Bei einer falschen Markierung kann dies unangenehme Folgen haben, weil unter Umständen die ursprüngliche Reihenfolge nicht wiederhergestellt werden kann!
Ausgeblendete Zeilen und Spalten werden beim Sortieren nicht berücksichtigt. Blenden Sie daher die Spalten und Zeilen vor dem Sortieren ein.

Sortierreihenfolge

Zahlen werden aufsteigend von der kleinsten zur grössten Zahl und absteigend von der grössten zur kleinsten sortiert.
Texte (mit oder ohne Ziffern) werden Zeichen um Zeichen von links nach rechts sortiert. Dabei gilt aufsteigend die folgende Reihenfolge: Leer- und Sonderzeichen vor Ziffern von 0 bis 9 vor Buchstaben in alphabetischer Reihenfolge. Leere Zellen werden immer an das Ende der Liste gestellt.

Sortieren nach einem einzelnen Datenfeld

Um eine Liste auf- oder absteigend nach einem einzelnen Datenfeld zu sortieren, platzieren Sie den Cursor in der entsprechenden Spalte. Im Register **Daten**, Gruppe **Sortieren und Filtern**, finden Sie dafür die zwei Symbole **Aufsteigend sortieren** und **Absteigend sortieren**.

Symbol **Aufsteigend sortieren**

Symbol **Absteigend sortieren**

Sortieren eines Bereichs

Falls Sie nur einen Listenbereich sortieren wollen, markieren Sie zuerst den gewünschten Bereich und setzen anschliessend den Cursor mit der **Tabulatortaste** in die Spalte, nach der sortiert werden soll. Anschliessend führen Sie den Sortiervorgang über das entsprechende Symbol aus.

	A	B	C	D	E	F	G
1	NR	Anrede	Vorname	Name	Strasse	PLZ	Ort
2	1	Frau	Françoise	Trutmann	Feldheimstr. 31	6319	Allenwinden
3	2	Herr	Roland	Sittig	Rietliweg 5	6055	Alpnach Dorf
4	3	Herr	Tabulator		Untere Allmendstr. 3a	6460	Altdorf UR
5	4	Herr	Stefan	Schule	Untere Allmendstr. 3a	8852	Altendorf
6	5	Herr	Adolf	Marfurt	Alte Mühle 12	8852	Altendorf
7	6	Herr	Ricardo	Aschwanden	Riedhalde 3	6490	Andermatt
8	7	Herr	Paul	Stadler	Mühlegasse 32	6415	Arth

Sortieren des markierten Zellbereichs nach dem Datenfeld **Name**

Tabellenkalkulation

Register	**Start**
Gruppe	**Bearbeiten**
Befehl	Sortieren und Filtern
Befehl	Benutzerdefiniertes Sortieren

oder

Register	**Daten**
Gruppe	Sortieren und Filtern
Befehl	Sortieren

Sortieren nach mehreren Datenfeldern

Sie können Datenlisten auch nach mehreren Datenfeldern sortieren. Das ist beispielsweise dann sinnvoll, wenn Sie eine Liste nach dem Nachnamen und nach dem Vornamen sortieren möchten. In diesem Fall markieren Sie eine beliebige Zelle der Liste oder den zu sortierenden Zellbereich. Wählen Sie dann im Register **Start**, Gruppe **Bearbeiten**, **Sortieren** und **Filtern**, den Befehl **Benutzerdefiniertes Sortieren**. Alternative: Register **Daten**, Gruppe **Sortieren und Filtern**, Befehl **Sortieren**. Es öffnet sich folgendes Dialogfeld:

Dialogfeld **Sortieren**

Erkennt Excel in Ihrer Liste eine Überschrift, wird bei **Daten haben Überschriften** ein Häkchen gesetzt.

Standardmässig werden die **Zeilen** sortiert. Falls Sie die **Spalten** sortieren möchten, klicken Sie auf die Schaltfläche **Optionen** und wählen den Befehl **Spalten sortieren**.

Im Bereich **Spalte** können Sie die Spalte auswählen, nach der Sie sortieren wollen. Im Bereich **Sortieren nach** wählen Sie, ob Excel nach dem Wert (Inhalt), der Zellenfarbe, der Schriftfarbe oder nach dem Zellensymbol sortieren soll (das Zellensymbol spielt nur bei der bedingten Formatierung eine Rolle). Unter **Reihenfolge** legen Sie fest, ob Sie aufsteigend, absteigend oder benutzerdefiniert sortieren möchten.

Möchten Sie nach mehreren Feldern sortieren, klicken Sie auf **Ebene hinzufügen**. Excel 2007 kann nach bis zu 64 Kriterien sortieren.

Wenn Sie alle Sortierkriterien definiert haben, klicken Sie auf **OK**, um den Sortiervorgang auszuführen.

Kopieren Sie das Tabellenblatt **Adressliste** viermal.

Aufgabe 86

Benennen Sie die kopierten Tabellenblätter um in

- PLZ
- Ort
- Name_Vorname
- Ort_Name_Vorname

Führen Sie in den kopierten Blättern die folgenden Sortiervorgänge durch:

- aufsteigend nach Postleitzahlen
- absteigend nach Ort
- aufsteigend nach Name und Vorname
- absteigend nach Ort und aufsteigend nach Name und Vorname

	A	B	C	D	E	F	G	H
1	NR	Anrede	Vorname	Name	Strasse	PLZ	Ort	Telefon
2	1	Frau	Françoise	Trutmann	Feldheimstr. 31	6319	Allenwinden	041 712 38 35
3	2	Herr	Adolf	Marfurt	Alte Mühle 12	6055	Alpnach Dorf	041 671 06 80
4	3	Herr	Ricardo	Aschwanden	Riedhalde 3	6460	Altdorf UR	041 871 28 60
5	4	Herr	Stefan	Schuler	Untere Allmendstr. 3a	8852	Altendorf	055 442 54 25
6	5	Herr	Stefan	Seeger	Untere Allmendstr. 3a	8852	Altendorf	055 442 59 85
7	6	Herr	Roland	Sittig	Rietliweg 5	6490	Andermatt	041 887 02 80
8	7	Herr	Paul	Stadler	Mühlegasse 32	6415	Arth	041 855 32 42
9	8	Herr	Joe	Köninger	Höfnerstr. 29	6340	Baar	041 761 30 42
10	9	Herr	Jörg	Dürr	Hofstr. 26	6340	Baar	041 760 87 43

6.3 Datensätze filtern

Durch Filtern können Sie sich aus einer Liste jene Datensätze anzeigen lassen, die bestimmten Kriterien entsprechen. Beispiel: Sie möchten sich alle Produkte anzeigen lassen, mit denen Sie mehr als CHF 10 000.– Umsatz erzielt haben, oder Sie wollen alle Kunden auflisten, die in Schaffhausen oder Zürich wohnen. Zeilen, die nicht diesen Kriterien entsprechen, werden bei einer gefilterten Datenliste ausgeblendet. Die vollständige Liste kann jederzeit wieder angezeigt werden. Die Reihenfolge der Daten wird im Gegensatz zur Sortierfunktion nicht verändert. Im Folgenden lernen Sie die wichtigsten Funktionen anhand einer Aufgabe kennen.

Öffnen Sie die Aufgabe 87. Wir werten die Bestellliste nach verschiedenen Kriterien aus. Gehen Sie wie auf den folgenden Seiten beschrieben vor.

Aufgabe 87

Tabellenkalkulation

Register	**Start**
Gruppe	**Bearbeiten**
Befehl	Sortieren und Filtern
Befehl	Filtern

oder

Register	**Daten**
Gruppe	Sortieren und Filtern
Befehl	Filtern

Filterfunktion aktivieren

Um den Filter (auch AutoFilter genannt) zu verwenden, aktivieren Sie eine beliebige Zelle innerhalb der Datenliste und wählen im Register **Start**, Gruppe **Bearbeiten**, den Befehl **Sortieren und Filtern**. Anschliessend klicken Sie auf **Filtern**. Alternative: Register **Daten**, Gruppe **Sortieren und Filtern**, Befehl **Filtern**. Jeder Feldname (Spaltenüberschrift) wird mit einem Dropdown-Pfeil versehen.

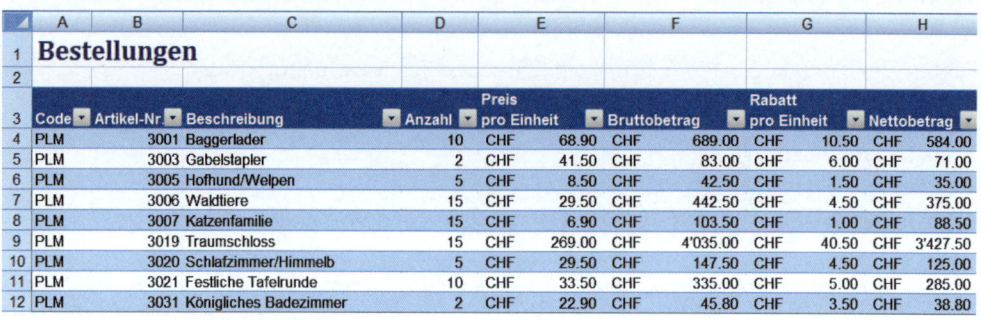

Spaltenüberschriften mit Dropdown-Pfeilen

Filter setzen, Beispiel 1

Sie möchten alle Artikel aufgelistet haben, von denen zehn Stück bestellt worden sind.

1. Klicken Sie auf den Dropdown-Pfeil im Feld **Anzahl**. Dadurch werden alle Elemente dieser Spalte angezeigt.

2. Am schnellsten klicken Sie auf das Feld **(Alles auswählen)**, damit alle Positionen deaktiviert werden.
3. Setzen Sie das Häkchen bei 10.
4. Klicken Sie auf OK.

Eine gefilterte Liste erkennen Sie immer an den unvollständigen Zeilennummern. Zudem sind die Zeilennummern blau. Das gefilterte Feld wird durch ein kleines Filtersymbol auf der Schaltfläche des Dropdown-Pfeils gekennzeichnet.

Filtersymbol auf der Dropdown-Schaltfläche

In der Statuszeile können Sie ablesen, wie viele Datensätze Ihren Filterkriterien entsprechen.

Anzeige der Anzahl Datensätze in der Statuszeile

▶ **Einen Filter aufheben (löschen)**
Um einen Filter in einer Spalte aufzuheben, klicken Sie auf die Schaltfläche **Filter** in der Spaltenbeschriftung und anschliessend in der Befehlsliste auf **Filter löschen aus…** Alternativ können Sie auch das Häkchen bei **(Alles auswählen)** aktivieren.

▶ **Alle Filter aufheben (löschen)**
Um alle Filter gleichzeitig aufzuheben, wählen Sie im Register Daten, Gruppe **Sortieren und Filtern**, den Befehl **Löschen**.

Register	Daten
Gruppe	Sortieren und Filtern
Befehl	Löschen

Löschen Sie alle Filter der Aufgabe 87.

Filter setzen, Beispiel 2

Wir möchten uns alle Artikel anzeigen lassen, die mit **Polizist** oder **Traktor** beginnen.

1. Klicken Sie auf den Dropdown-Pfeil im Feld **Beschreibung**.
2. Klicken Sie auf den Befehl **Textfilter**.
3. Wählen Sie **Beginnt mit …** Es öffnet sich das Dialogfeld **Benutzerdefinierter Autofilter**. Dieser Filter ermöglicht es Ihnen, jede Spalte nach zwei Kriterien zu filtern.

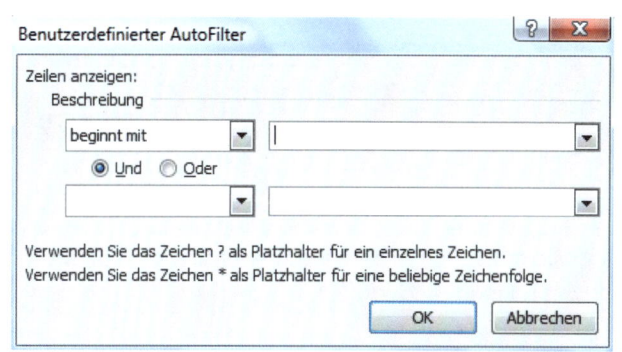

4. Tragen Sie im oberen Feld **Polizist** und im unteren Feld **Traktor** ein. Wichtig ist, dass Sie das Feld **Oder** aktivieren. Entweder beginnt das Wort mit **Polizist** oder mit **Traktor**. Es handelt sich also um eine Oder-Verknüpfung.

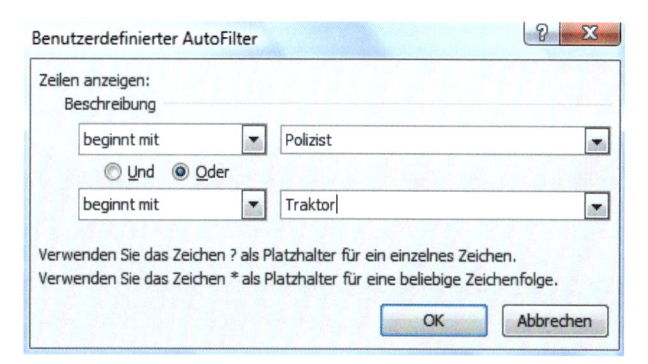

5. Klicken Sie auf OK.

Tabellenkalkulation

Filter setzen, Beispiel 3

Löschen Sie alle Filter in der Aufgabe 87. Wir möchten uns die zehn Artikel anzeigen lassen, mit denen wir den grössten Nettobetrag erwirtschaften.

1. Klicken Sie auf den Dropdown-Pfeil im Feld **Nettobetrag**.
2. Klicken Sie auf den Befehl **Zahlenfilter**.
3. Wählen Sie **Top 10 ...** Es öffnet sich folgendes Dialogfeld:

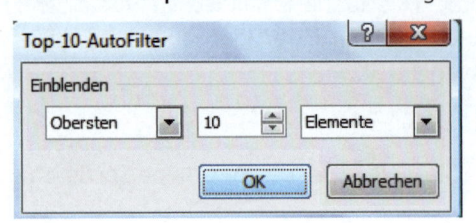

In diesem Dialogfeld legen Sie eine obere oder eine untere Grenze für die Feldinhalte fest, die angezeigt werden sollen. Die Grenze kann sich auf die Anzahl Elemente oder einen Prozentsatz an Elementen beziehen. Es müssen nicht unbedingt zehn Elemente sein; Sie können auch eine andere Zahl wählen.

Register	**Ansicht**
Gruppe	Arbeitsmappen-ansichten
Befehl	Benutzerdefinierte Ansichten

Filter speichern

Wenn Sie die Filtereinstellungen mehr als einmal brauchen, empfiehlt es sich, diese zu speichern. Dafür stellt Ihnen Excel die **Benutzerdefinierte Ansicht** zur Verfügung. In einer **Benutzerdefinierten Ansicht** werden folgende Elemente gespeichert: Spaltenbreite, Ansichtsanzeigeoptionen (z. B. Normalansicht), Fenstergrösse, die Position auf dem Bildschirm, geteilte und fixierte Fenster, das aktive Blatt, markierte Zelle, verborgene Arbeitsblätter und eben auch Filtereinstellungen.

Vorgehen:

1. Nehmen Sie alle Änderungen vor, die in der Ansicht gespeichert werden sollen (z. B. Filter setzen, Zoom einstellen).
2. Klicken Sie in der Registerkarte **Ansicht**, Gruppe **Arbeitsmappenansichten**, auf **Benutzerdefinierte Ansichten**. Es erscheint folgendes Dialogfeld:

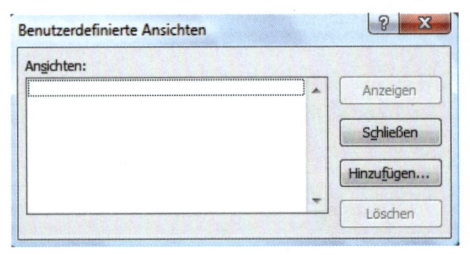

Dialogfeld Benutzerdefinierte Ansichten

3. Klicken Sie auf die Schaltfläche **Hinzufügen**.
4. Tippen Sie im Eingabefeld einen aussagekräftigen Namen für die Ansicht ein und anschliessend auf OK.

Sie können sich diese Ansicht jederzeit über das Dialogfeld **Benutzerdefinierte Ansichten**, Schaltfläche **Anzeigen**, anzeigen lassen.

Datensätze filtern

Öffnen Sie die Aufgabe 88 und beantworten Sie die folgenden Fragen zur Artikelliste.

Aufgabe 88

1. Wie viele Monitore sind im Sortiment?
2. Wie viele Artikel haben Aktionsstatus?
3. Wie viele Monitore sind lieferbar?
4. In welchem Preisbereich liegen die fünf billigsten Artikel?
5. Wie viele Artikel kosten weniger als CHF 10.–?
6. Wie viele Artikel liegen in einem Preisbereich zwischen CHF 500.– und CHF 1000.–?
7. Wie viele Artikel stammen gemäss Artikelbezeichnung von der Firma CANON?
8. Wie viele Artikel, die gemäss Artikelbezeichnung von der Firma ASUS stammen, sind Motherboards?
9. Wie viele Artikel, die nur auf Bestellung lieferbar sind, kosten mehr als CHF 1000.–?

Sie sind Besitzerin oder Besitzer des Fitnessstudios EUROFITNESS und haben mehrere Filialen in der Schweiz. Öffnen Sie die Aufgabe 89, verschaffen Sie sich einen Überblick über die Daten und beantworten Sie folgende Fragen. Beachten Sie: Nicht bei jeder Aufgabe muss gefiltert werden. Manchmal kommt man mit Sortieren schneller zum Ziel, vor allem dann, wenn man den grössten oder kleinsten Wert ermitteln muss. Löschen Sie vor jeder neuen Aufgabe alle Filter.

Aufgabe 89

1. Wie viele Datensätze umfasst die Liste?
2. Wie heisst die Person, die zuletzt Mitglied geworden ist?
3. Wie heisst die Person, die in der Filiale Bern zuletzt eingetreten ist?
4. Wie viele Personen haben einen Nachnamen, der mit A beginnt und mit e aufhört?
5. Wie viele fortgeschrittene Mitglieder der Filiale Basel haben ein Voll-Abo?
6. Wie viele Personen trainieren in der Filiale Bern oder Brugg, sind Einsteiger oder «Mittel» (Level) und haben nach dem 01.01.1990 Geburtstag?
7. Wie heisst Ihr ältestes Mitglied?
8. Wie viele Personen sind am 14.11.2001 oder vorher eingetreten, sind weiblich, haben ein Voll-Abo und trainieren in der Filiale Bern oder Luzern?
9. Wie viele Mitglieder haben ein Gold-Abo und einen Vertrag, der sechs Monate dauert?
10. Wie viele Mitglieder haben ein Doppel-t in ihrem Nachnamen (Beispiel «Sutter»)?
11. Wie viele weibliche Mitglieder haben ein Firmen-Abo und trainieren bei Bea oder Christine?

6.4 Datensätze erfassen, suchen, ändern oder löschen

Datensätze erfassen können Sie, indem Sie den Cursor ans Ende Ihrer Liste setzen und die neuen Daten erfassen. Um einen Datensatz zu ändern, suchen Sie diesen, z. B. mit der Suchfunktion im Register **Start**, Gruppe **Bearbeiten**, Befehl **Suchen und Auswählen**, und passen den Inhalt an. Beim Löschen eines Datensatzes sollten Sie darauf achten, dass Sie die ganze Zeile löschen, nicht nur den Inhalt eines Datensatzes.

Tipp: Mit **Alt+n+m** rufen Sie die Datenmaske am schnellsten auf.

Datensätze über die Datenmaske erfassen

Falls Sie viele Datensätze erfassen müssen, bietet Ihnen Excel eine Eingabehilfe, die sogenannte Maske an. Diese rufen Sie am einfachsten über den Befehl **Alt+n+m** auf. Falls Sie diesen Befehl oft brauchen, können Sie ihn auch über das Register **Datei, Excel-Optionen**, Kategorie **Anpassen, Alle Befehle, Maske**, in die **Symbolleiste für den Schnellzugriff** einfügen.

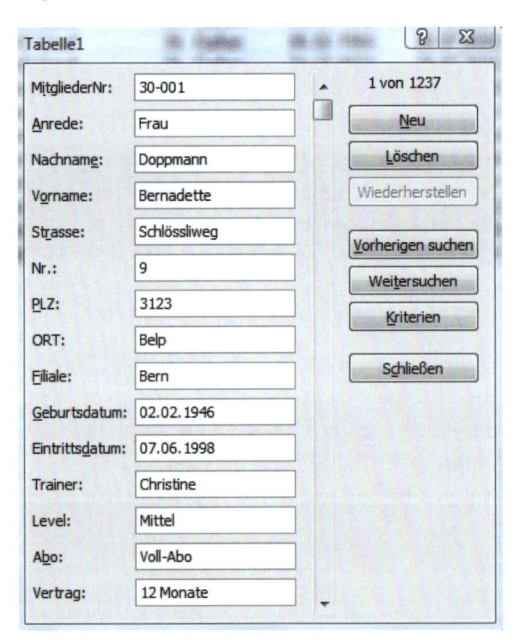

Über die Schaltfläche **Neu** geben Sie neue Datensätze ein. Mit dem Tabulator springen Sie von Feld zu Feld. Wenn Sie das letzte Feld ausgefüllt haben, drücken Sie **Enter**. Dadurch erscheint wieder eine leere Maske, und Sie können weitere Datensätze erfassen.

Datensätze suchen, ändern oder löschen

Klicken Sie auf die Schaltfläche **Kriterien**. Sie erhalten folgendes Fenster:

Geben Sie ein oder mehrere Suchkriterien ein und drücken Sie **Enter**. Sie können auch mit den Platzhaltern (Wildcards) * und ? arbeiten.

Platzhalter	Bedeutung	Beispiel
* (Stern)	Der Stern steht für beliebig viele Zeichen.	Die Eingabe **Bau*** findet Baumann, Baur, Bauhofer usw.
? (Fragezeichen)	Das Fragezeichen steht für ein beliebiges Zeichen. Mehrere Fragezeichen nacheinander sind erlaubt.	Sie wissen nicht mehr, ob sich Herr **Meier** mit **ai** oder **ei** schreibt. Geben Sie Folgendes ein: **M?ier**.

Falls mehrere Datensätze den Kriterien entsprechen, müssen Sie auf **Weitersuchen** oder **Vorherigen suchen** klicken, bis der gesuchte Datensatz angezeigt wird. Nachdem Sie die Daten geändert haben, klicken Sie auf **Schliessen**. Wollen Sie den Datensatz löschen, klicken Sie auf **Löschen**.

Tabellenkalkulation

6.5 Zellinhalte aufteilen

Der Vorname und der Name oder die Postleitzahl und der Ort sollten nie in der gleichen Spalte stehen. Grund: Je mehr Daten Sie in der gleichen Zelle haben, desto weniger Möglichkeiten haben Sie, diese zu sortieren und zu filtern. Nun kann es durchaus vorkommen, dass Sie eine Excelliste erhalten, in der die Postleitzahl und der Ort in der gleichen Spalte stehen.

Aufgabe 90

Öffnen Sie die Aufgabe 90. Ihre Aufgabe ist es, die Inhalte der Spalte C auf zwei Spalten aufzuteilen. In der Spalte C sollten die Postleitzahlen und in der Spalte D die Orte stehen.

1. Markieren Sie die Zelle C2.
2. Drücken Sie **Ctrl+Shift+Pfeiltaste Unten**, um alle Datenfelder zu markieren.
3. Klicken Sie auf das Register **Daten**.
4. Wählen Sie in der Gruppe **Datentools** den Befehl **Text in Spalten**. Es öffnet sich der **Textkonvertierungs-Assistent**.

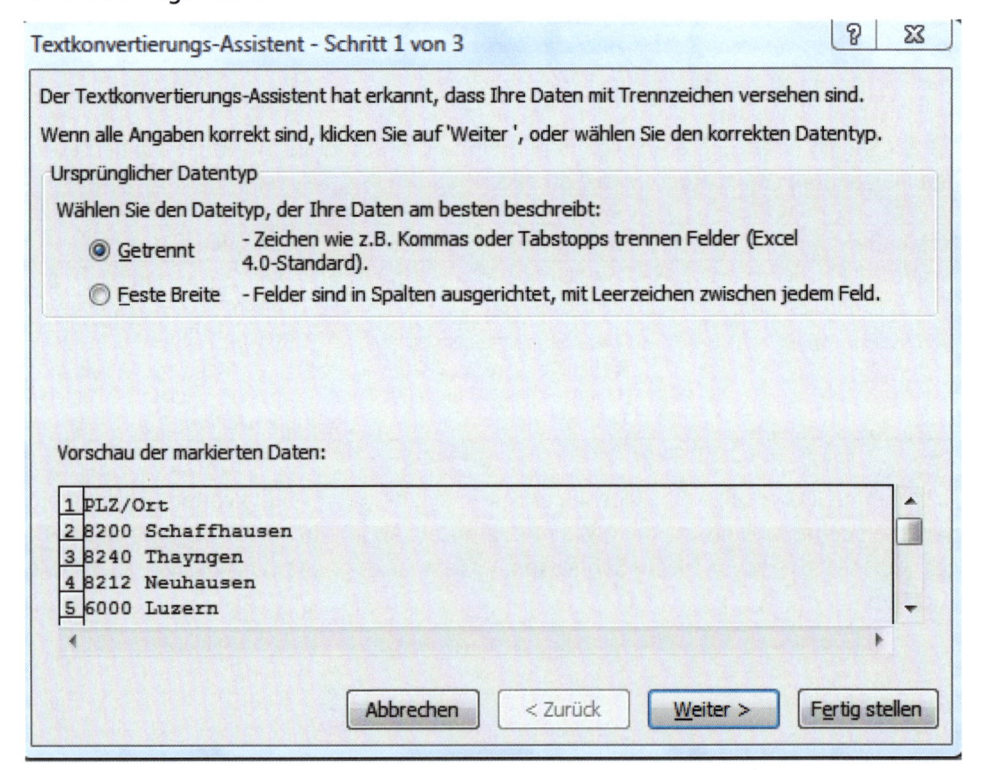

5. Klicken Sie auf **Weiter**. Sie gelangen zu **Schritt 2**.
6. Wählen Sie bei **Schritt 2** das **Leerzeichen** als Trennzeichen. In der Vorschau sehen Sie bereits das Ergebnis. Klicken Sie auf **Weiter** und schliesslich auf **Fertig stellen**.
7. Passen Sie die Spaltenüberschriften an.

6.6 Teilergebnisse

Mit Sortieren und Filtern haben wir einige Möglichkeiten der Auswertung von Listen kennengelernt. Die Funktion **Teilergebnisse** bietet uns einiges mehr: Wir können nicht nur gewisse Daten einer Liste zusammenfassen, sondern auch Berechnungen durchführen.

Öffnen Sie die Aufgabe 91. Die Tabelle enthält eine Aufstellung von Ausgabenposten, die Sie von einem Buchhaltungssystem ins Excel exportiert haben. Anhand dieser Aufgabe lernen Sie, eine Liste mit Teilergebnissen zu bilden. Sie möchten sich beispielsweise anzeigen lassen, wie hoch das Total der verschiedenen Kategorien ist. Gehen Sie wie auf den folgenden Seiten beschrieben vor.

Aufgabe 91

Erstellen eines Teilergebnisses

Register	Daten
Gruppe	Gliederung
Befehl	Teilergebnis

1. Sortieren Sie die Liste nach dem Feld, von dem Sie das Teilergebnis ermitteln wollen. In unserem Beispiel ist das die Spalte **Kategorie**. Markieren Sie also die Zelle C3 und wählen Sie über das Register **Daten**, Gruppe **Sortieren und Filtern**, den Befehl **Von A bis Z sortieren**.
2. Aktivieren Sie das Register **Daten** und klicken Sie in der Gruppe **Gliederung** auf den Befehl **Teilergebnis**. Es erscheint folgendes Dialogfeld:

3. Wenn Sie den Befehl **Teilergebnis** zum ersten Mal verwenden, wählt Excel automatisch die Spalte ganz links als Gruppierungsmerkmal (in unserem Beispiel: **Lieferant**). Haben Sie den Befehl bereits einmal in einer Liste verwendet, wird die Spalte, die Sie zuletzt ausgewertet haben, ausgewählt.

4. Wählen Sie im Feld **Gruppieren nach** die Spalte **Kategorie**. Die übrigen Einstellungen können wir so belassen. Wir möchten von jeder Kategorie die Summe der Beträge bilden.
5. Klicken Sie auf **OK**. Ihre Liste sieht so aus:

	A	B	C	D	E
1	Belege				CHF
2	Lieferant	Zuordnung	Kategorie	Datum	Betrag
3	CS	Bank	Beiträge	11.01.2008	151.80
4	CS	Bank	Beiträge	11.02.2008	151.80
5	UBS	Bank	Beiträge	20.01.2008	151.60
6	UBS	Bank	Beiträge	01.04.2008	2'080.55
7	UBS	Bank	Beiträge	12.02.2008	151.80
8	Winterthur	Versicherungen	Beiträge	30.01.2008	508.00
9	Winterthur	Versicherungen	Beiträge	01.04.2008	1'038.00
10			Beiträge Ergebnis		4'233.55
11	Gruber & Co.	Gehaltsabrechnung	Beratung	09.01.2008	184.50
12	Gruber & Co.	Gehaltsabrechnung	Beratung	03.02.2008	247.75
13	Gruber & Co.	Gehaltsabrechnung	Beratung	06.03.2008	184.50
14	Gruber & Co.	Gehaltsabrechnung	Beratung	03.04.2008	184.50
15	Meister & Partner	Bilanz	Beratung	02.05.2008	3'258.00
16	Meister & Partner	Bilanz	Beratung	02.05.2008	3'558.00
17	Meister & Partner	Buchhaltung	Beratung	03.02.2008	6'383.00
18	Meister & Partner	Buchhaltung	Beratung	04.03.2008	4'888.00
19	Meister & Partner	Buchhaltung	Beratung	01.04.2008	4'888.00
20	Meister & Partner	Buchhaltung	Beratung	30.04.2008	4'773.00
21			Beratung Ergebnis		28'549.25

Sie sehen die Teilergebnisse der Kategorien **Beiträge, Beratung** usw. Zuunterst steht das Gesamtergebnis. Am linken Rand stehen die Gliederungsebenen 1, 2 und 3. Wenn Sie auf die 1 klicken, wird nur das Gesamtergebnis eingeblendet. Klicken Sie auf die 2, blendet Excel nur die einzelnen Kategorien ein. Die Ebene 3 zeigt alle Detaildaten.

Teilergebnisse entfernen

Öffnen Sie das Dialogfeld **Teilergebnisse** und klicken Sie auf die Schaltfläche **Alle entfernen**.

Teilergebnisse verschachteln

Nehmen wir an, Sie möchten nicht nur von den Kategorien, sondern auch von den Lieferanten die Teilergebnisse bilden. Gehen Sie wie folgt vor:

1. Sortieren Sie die Liste nach **Kategorie** und nach **Lieferant**:

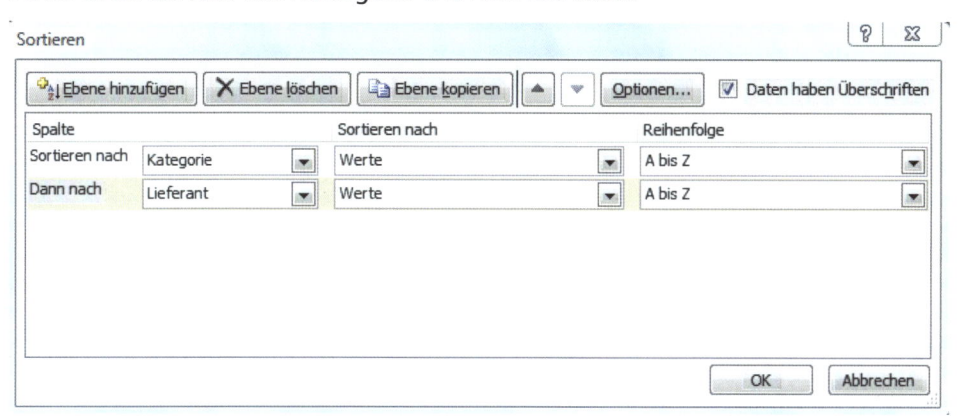

Zuerst bilden wir die Teilergebnisse für die Kategorien:

2. Markieren Sie eine beliebige Zelle Ihrer Liste und wählen Sie auf der Registerkarte **Daten**, Gruppe **Gliederung**, den Befehl **Teilergebnis**.
3. In der Dropdown-Liste **Gruppieren nach** wählen Sie **Kategorie**; Unter Verwendung von wählen Sie **Summe** als Berechnungsart. Setzen Sie bei **Teilergebnis addieren zu** ein Häkchen bei **Betrag**. Die übrigen Einstellungen lassen Sie unverändert.
4. Klicken Sie auf **OK**.

Nun bilden wir noch die Teilergebnisse für die Lieferanten:

5. Rufen Sie erneut den Befehl **Teilergebnis** auf und wählen Sie bei **Gruppieren nach** den Feldnamen **Lieferant**.
6. **Deaktivieren** Sie das Kontrollkästchen bei **Vorhandene Teilergebnisse ersetzen**.
7. Klicken Sie auf **OK**. Ihre Liste sieht nun so aus:

	A	B	C	D	E
1	**Belege**				**CHF**
2	Lieferant	Zuordnung	Kategorie	Datum	Betrag
3	CS	Bank	Beiträge	11.01.2008	151.80
4	CS	Bank	Beiträge	11.02.2008	151.80
5	**CS Ergebnis**				303.60
6	UBS	Bank	Beiträge	20.01.2008	151.60
7	UBS	Bank	Beiträge	01.04.2008	2'080.55
8	UBS	Bank	Beiträge	12.02.2008	151.80
9	**UBS Ergebnis**				2'383.95
10	Winterthur	Versicherungen	Beiträge	30.01.2008	508.00
11	Winterthur	Versicherungen	Beiträge	01.04.2008	1'038.00
12	**Winterthur Ergebnis**				1'546.00
13			**Beiträge Ergebnis**		4'233.55
14	Gruber & Co.	Gehaltsabrechnung	Beratung	09.01.2008	184.50
15	Gruber & Co.	Gehaltsabrechnung	Beratung	03.02.2008	247.75
16	Gruber & Co.	Gehaltsabrechnung	Beratung	06.03.2008	184.50
17	Gruber & Co.	Gehaltsabrechnung	Beratung	03.04.2008	184.50
18	**Gruber & Co. Ergebnis**				801.25

Sie haben die Teilergebnisse für die Kategorien und für die Lieferanten ermittelt.

Tabellenkalkulation

| Aufgabe 92 | Öffnen Sie die Aufgabe 92. Beantworten Sie die folgenden Fragen. Arbeiten Sie mit Teilergebnissen. |

1. Wie hoch ist die Summe für die Artikel mit Status
   a) Aktion
   b) auf Bestellung
   c) lieferbar
   d) solange Vorrat?
2. Wie hoch ist der Wert aller Artikel?
3. Wie hoch ist der Wert aller «Floppy Drive» mit Status lieferbar?

Seitenlayout 7

Tabellenkalkulation

In diesem Kapitel lernen Sie, Ihre Tabelle in verschiedenen Ansichten zu betrachten, Kopf- und Fusszeilen zu erstellen und Ihr Ergebnis optimal für den Druck aufzubereiten.

Aufgabe 93

Öffnen Sie die Aufgabe 93. Anhand dieser Liste lernen Sie die wichtigsten Einstellungen kennen. Gehen Sie wie auf den folgenden Seiten beschrieben vor.

Die Ansichten

Würden Sie die Aufgabe 93 ausdrucken, käme die Spalte H auf eine eigene Seite. Zudem wüsste niemand, von wem diese Liste stammt, wie aktuell sie ist und wo sie gespeichert wurde. Kurz: Der Ausdruck wäre unbrauchbar!

Betrachten wir die Liste zuerst in der Ansicht **Seitenlayout**, dann in der **Umbruchvorschau**. Klicken Sie dazu in der Statuszeile die beiden Ansichten an. Über den Schieberegler des Zooms können Sie die Ansicht verkleinern oder vergrössern. In beiden Ansichten sehen Sie sehr gut, dass die Spalte H auf eine eigene Seite gedruckt würde. Sie haben folgende Möglichkeiten, dies zu verhindern:

Normalansicht, Seitenlayout und Umbruchvorschau

- Anpassen der Tabelle an das Format
- Verringern der Seitenränder
- Schriftgrad verkleinern
- Spaltenbreite und Zeilenhöhe verkleinern

Wir befassen uns im Folgenden mit den zwei ersten Möglichkeiten.

Anpassen der Tabelle an das Format

1. Aktivieren Sie das Register **Seitenlayout**.
2. Klicken Sie in der Gruppe **An Format anpassen, Breite,** auf die Dropdown-Liste.

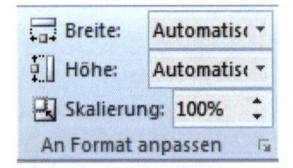

3. Wählen Sie **1 Seite**. Dadurch legen Sie fest, dass alle Spalten auf einer Seite ausgedruckt werden müssen.

Betrachten Sie die Liste erneut in der Ansicht **Seitenlayout**. Jetzt sollten alle Spalten auf einem Blatt Platz haben.

Die Seite einrichten

Manchmal ist es nötig, die Seitenränder oder das Papierformat anzupassen. Sie haben dazu verschiedene Möglichkeiten. Erkunden Sie die Befehle des Registers **Seitenlayout**, Gruppe **Seite einrichten**:

Register	**Seitenlayout**
Gruppe	**Seite einrichten**

Register **Seitenlayout**, Gruppe **Seite einrichten**

Seitenränder über die Seitenansicht anpassen

Die Ansicht **Seitenansicht** und **Drucken** ist praktisch, lassen sich doch die Seitenränder mit der Maus millimetergenau einstellen.

1. Klicken Sie auf das Register **Datei** und dann auf **Drucken**.
2. Am rechten unteren Bildschirmrand sehen Sie das Symbol **Seitenränder anzeigen**. Klicken Sie darauf. Nun sehen Sie die Seitenränder.
3. Setzen Sie Ihren Mauszeiger direkt auf eine Randlinie. Dadurch nimmt er die Gestalt eines Doppelpfeils an.

Register	**Datei**
Befehl	**Drucken**
Befehl	**Seitenränder anzeigen** (Symbol am rechten unteren Bildschirmrand)

Tipp: Für die Ansicht **Seitenränder und Drucken** gibt es ein Symbol. Fügen Sie dieses Symbol in die Symbolleiste für den Schnellzugriff ein. Dadurch ersparen Sie sich den umständlichen Weg über das Register Datei.

4. Ziehen Sie den Rand mit gedrückter linker Maustaste an die gewünschte Position. Nun können Sie die Tabelle ausdrucken. Sie können aber auch auf eine andere Registerkarte klicken und die Arbeit fortsetzen.

Tabellenkalkulation

Spaltenüberschriften auf allen Seiten drucken

Die Spaltenüberschriften unserer Liste sollten nicht nur auf der ersten Seite, sondern auf allen Seiten gedruckt werden.

Vorgehen:

1. Klicken Sie auf das Register **Seitenlayout**.
2. Wählen Sie in der Gruppe **Seite einrichten** den Befehl **Drucktitel**. Es öffnet sich das Dialogfeld **Seite einrichten**.
3. Klicken Sie auf das Register **Blatt** und setzen Sie den Cursor in das Feld **Wiederholungszeilen oben**.
4. Markieren Sie die Zeile 1 Ihrer Tabelle.

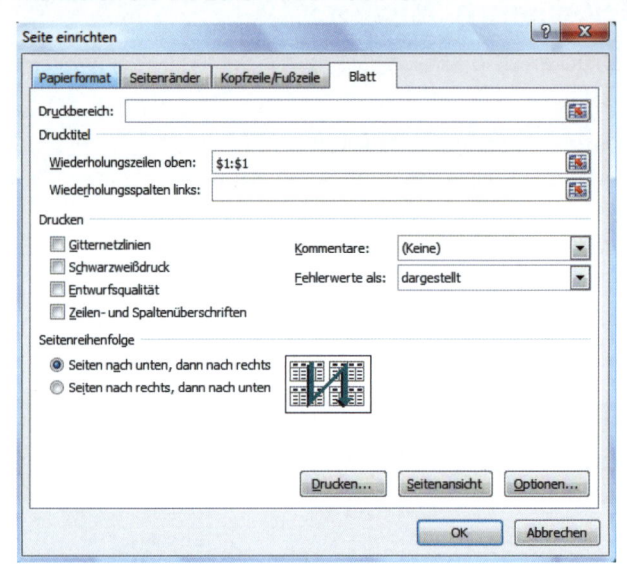

5. Betrachten Sie das Ergebnis in der Ansicht **Seitenansicht oder Drucken**. Die Spaltenüberschriften sollten jetzt auf jeder Seite gedruckt werden.

Kopf- und Fusszeilen

Verwenden Sie Kopf- und Fusszeilen, um Ihre Arbeit zu dokumentieren. Setzen Sie in die Kopfzeile Ihren Namen, das Datum und den Dateinamen.

Vorgehen:

1. Aktivieren Sie die Ansicht **Seitenlayout**. Die Kopf- und Fusszeile sind in drei Bereiche unterteilt:

NR	Anrede	Vorname	Name	Strasse	PLZ	Ort	Telefon
1	Frau	Françoise	Trutmann	Feldheimstr. 31	6319	Allenwinden	041 712 38 35
2	Herr	Adolf	Marfurt	Alte Mühle 12	6055	Alpnach Dorf	041 671 06 80
3	Herr	Ricardo	Aschwanden	Riedhalde 3	6460	Altdorf UR	041 871 28 60
4	Herr	Stefan	Schuler	Untere Allmendstr. 3a	8852	Altendorf	055 442 54 25
5	Herr	Stefan	Seeger	Untere Allmendstr. 3a	8852	Altendorf	055 442 59 85

2. Klicken Sie in den linken Bereich der Kopfzeile. Sofort erscheint das Register **Kopf- und Fusszeilentools** mit der zusätzlichen Registerkarte **Entwurf**.
3. Schreiben Sie in den linken Bereich der Kopfzeile Ihren Namen.
4. Im mittleren Bereich sollte der Name des Tabellenblatts stehen. Wählen Sie dazu aus der Gruppe **Kopf- und Fusszeilenelemente** den Befehl **Blattname**.
5. In den rechten Bereich fügen Sie aus der Gruppe **Kopf- und Fusszeilenelemente** den Befehl **Aktuelles Datum** ein. Wechseln Sie in die Fusszeile und fügen Sie dort aus der Gruppe **Kopf- und Fusszeilenelemente** den Befehl **Dateipfad** ein.

Selbstverständlich können Sie die Kopf- oder Fusszeile auch formatieren: entweder über das Register **Start** oder indem Sie das zu formatierende Element doppelklicken, sodass die **Minisymbolleiste** erscheint.

Tabellenkalkulation

Aufgabe 94

Bereiten Sie die Software-Preisliste auf dem Tabellenblatt **Software** gemäss folgenden Vorgaben auf:

- Die Kopfzeile zeigt jeweils das Firmenlogo sowie die Firmenadresse. Das Logo finden Sie im Ordner Aufgabe 94: logo_aufgabe_94.bmp.
- Die Fusszeile zeigt jeweils das aktuelle Datum, den Namen des Blattregisters und die Seitenzahlen.
- Die Titelzeile der Preisliste (Kategorie, Produkt, Preis) wird auf jeder Seite wiederholt.

Software-Station SO-S
Pfistergasse 26
3000 Bern 3

Telefon 031 610 74 40
Fax 031 610 74 50

Software-Preisliste

Kategorie	Produkt	Preis	
DOS	Windows XP Home Edition, Vollversion, Deutsch, OEM	CHF	129.90
DOS	Windows XP Pro Edition, Vollversion, Deutsch, OEM	CHF	209.90
DOS	*Windows XP Pro Edition MUI, Full Version Multilang. OEM	CHF	209.90
DOS	*Windows XP Pro x64Edition MUI, Full Version (E/D/J) OEM	CHF	199.90
DOS	*Windows XP Pro x64Edition MUI, Full Version (E/F/I/S) OEM	CHF	199.90
DOS	Windows XP Media Center (D), Vollversion 2005 Deutsch, OEM	CHF	174.90
DOS	Media Center Remote Control, IR Sender / Empfänger USB	CHF	44.90
DOS	SUSE Linux 10 (D), Vollversion Deutsch	CHF	59.90
SOS	Windows 2003 Server 5x Client, Standard, OEM-BOX (D)	CHF	1'344.90
SOS	Smallbusiness Server 2003 STD, Standard, OEM-BOX (D)	CHF	859.90
SOS	Smallbusiness Server 2003 PRE, Premium, OEM-BOX (D)	CHF	2'039.90
SOS	*WIN 2003 Server 5x Client, Standard, Preinstall OEM (D)	CHF	1'034.90
SOS	*WIN 2003 x64 Server 5x Client, Standard, Preinstall (E/F/I/S)	CHF	1'034.90
SOS	*Smallbusiness Server 2003 STD, Standard, Preinstall OEM (D)	CHF	859.90
SOS	*Smallbusiness Server 2003 PRE, Premium, Preinstall OEM (D)	CHF	1'569.90
SOS	WIN 2003 Server CAL, Clients für 1 User, Deutsch	CHF	39.90
SOS	WIN 2003 Server CAL, Clients für 1 Device, Deutsch	CHF	39.90
SOS	Smallbusiness Server 2003 CAL, Clients für 5 User, Deutsch	CHF	619.90
SOS	Smallbusiness Server 2003 CAL, Clients für 5 Device, Deutsch	CHF	619.90
Acrobat	Acrobat 7 Standard Full (D), Vollversion Deutsch WIN	CHF	554.90
Acrobat	Acrobat 7 Standard UPG (D), Update von STD Deutsch WIN	CHF	179.90
Acrobat	Acrobat 7 PRO Full (D), Vollversion Pro Deutsch WIN	CHF	889.90
Acrobat	Acrobat 7 PRO - PRO UPG (D), Update von Pro Deutsch WIN	CHF	289.90
Acrobat	Acrobat 7 STD - PRO UPG (D), Update von STD Deutsch WIN	CHF	289.90
Office	Office 2003 Basic OEM-BOX (D), (W, E, O)	CHF	374.90
Office	Office 2003 SBE OEM-BOX (D), (W, E, O, PP, PUB, CM)	CHF	489.90
Office	Office 2003 Pro OEM-BOX (D), (W, E, O, PP, PUB, CM, A)	CHF	599.90
Office	*Office 2003 Basic Preinst. D, (W, E, O)	CHF	289.90
Office	*Office 2003 SBE Preinstall D, (W, E, O, PP, PUB, CM)	CHF	379.90
Office	*Office 2003 Pro Preinstall D, (W, E, O, PP, PUB, CM, A)	CHF	459.90
Video	Pinnacle Studio 10 (D), Vollversion Deutsch	CHF	69.90
Video	Pinnacle Studio 10 (F), Vollversion French	CHF	69.90
Video	Pinnacle Studio 10 (I), Vollversion Italian	CHF	69.90
Video	Pinnacle Studio 10 Plus (D), Vollversion Deutsch	CHF	129.90
Video	Pinnacle Studio 10 Plus (F), Vollversion French	CHF	129.90
Video	Pinnacle Studio 10 Plus (I), Vollversion Italian	CHF	129.90
Video	Pinnacle Studio 10 Mediasuite, Vollversion Deutsch	CHF	154.90
Video	Pinnacle Studio 10 Mediasuite, Vollversion French	CHF	154.90
Video	Pinnacle Studio 10 Mediasuite, Vollversion Italian	CHF	154.90
Video	Pinnacle Studio 10 Plus UPG, Update 10 Plus 7-8-9 (D/F/I/E)	CHF	64.90
Video	Pinnacle Hollywood FX Vol 1, Addonpack 1 (D/F/I/E)	CHF	124.90
Video	Pinnacle Hollywood FX Vol 2, Addonpack 2 (D/F/I/E)	CHF	124.90
Video	Pinnacle RTFX Vol 1, Addonpack 1 (D/F/I/E)	CHF	124.90
Video	Pinnacle RTFX Vol 2, Addonpack 2 (D/F/I/E)	CHF	124.90
Video	Pinnacle Premium Pack Vol 1, Addonpack 1 (D/F/I/E)	CHF	64.90
Video	Pinnacle Premium Pack Vol 2, Addonpack 2 (D/F/I/E)	CHF	64.90
Video	Roxio Creator 7.5, Vollversion Deutsch	CHF	69.90
Video	Screen-Recorder, für Web-TV & Film-DVDs	CHF	29.90
Video	MAGIX Video drehen, bearbeiten, Das Thema leicht gemacht (D)	CHF	19.90
Video	MAGIX Video deLuxe 2006 (D), Vollversion deLuxe 2006	CHF	89.90

12.04.2008 — Software — 1 von 3

1. Klicken Sie auf das Tabellenblatt **Bestellung.**
2. Führen Sie die Berechnungen am Ende des Formulars durch.
3. Ein Spezialrabatt von 10% wird gewährt, wenn die Bestellsumme grösser ist als CHF 10 000.–.
4. Die Versandspesen betragen CHF 50.–, sofern die Ware nicht abgeholt wird. Beachten Sie dazu die Angaben in der Zeile 13.
5. Das **Total netto** ist auf 5 Rappen zu runden.
6. Beim Druck der Bestellung soll jeweils nur eine A4-Seite gedruckt werden. Zu diesem Zweck ist der Autofilter so zu setzen, dass Artikel ohne Bestellmenge nicht gedruckt werden. Zudem ist die Skalierung des Papierformates im Register **Seitenlayout** entsprechend festzulegen.

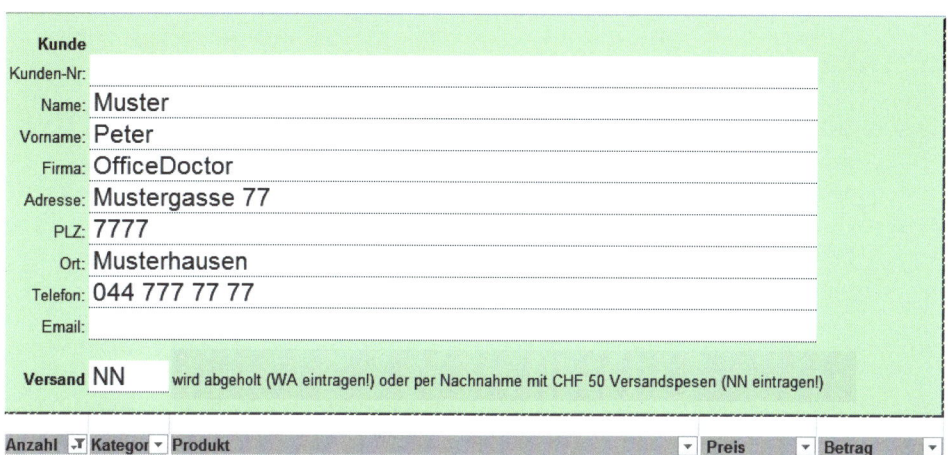

Kunde

Kunden-Nr:	
Name:	Muster
Vorname:	Peter
Firma:	OfficeDoctor
Adresse:	Mustergasse 77
PLZ:	7777
Ort:	Musterhausen
Telefon:	044 777 77 77
Email:	

Versand **NN** wird abgeholt (WA eintragen!) oder per Nachnahme mit CHF 50 Versandspesen (NN eintragen!)

Anzahl	Kategorie	Produkt	Preis		Betrag	
5	DOS	Windows XP Pro Edition, Vollversion, Deutsch, OEM	CHF	209.90	CHF	1'049.50
2	DOS	Windows XP Media Center (D), Vollversion 2005 Deutsch, OEM	CHF	174.90	CHF	349.80
1	DOS	SUSE Linux 10 (D), Vollversion Deutsch	CHF	59.90	CHF	59.90
1	SOS	Smallbusiness Server 2003 STD, Standard, OEM-BOX (D)	CHF	859.90	CHF	859.90
2	Acrobat	Acrobat 7 Standard Full (D), Vollversion Deutsch WIN	CHF	554.90	CHF	1'109.80
5	Office	Office 2003 Basic OEM-BOX (D), (W, E, O)	CHF	374.90	CHF	1'874.50
5	Office	Office 2003 Pro OEM-BOX (D), (W, E, O, PP, PUB, CM, A)	CHF	599.90	CHF	2'999.50
2	Video	Pinnacle Studio 10 Plus (D), Vollversion Deutsch	CHF	129.90	CHF	259.80
3	Video	Roxio Creator 7.5, Vollversion Deutsch	CHF	69.90	CHF	209.70
10	Security	CA Internet Security Voll (D), Vollversion Deutsch	CHF	59.90	CHF	599.00
5	Security	McAfee VirusScan 10 Home, Full Version 2006 Deutsch	CHF	49.90	CHF	249.50
2	Utility	LapLink Gold 12 inkl USB Kabel, Vollversion (D)	CHF	184.90	CHF	369.80
2	Utility	Norton Ghost 10 Voll (D), Vollversion Deutsch	CHF	79.90	CHF	159.80
2	Utility	Norton PartitionMagic 8.0, Vollversion Deutsch	CHF	94.90	CHF	189.80
2	Imaging	Illustrator CS2 Full (D), Vollversion Deutsch WIN	CHF	969.90	CHF	1'939.80
2	Imaging	Illustrator CS2 UPG (D), Update Deutsch WIN	CHF	399.90	CHF	799.80
1	Imaging	Photoshop CS2 Full (D), Vollversion Deutsch WIN	CHF	1'344.90	CHF	1'344.90
1	Imaging	Photoshop CS2 UPG (D), Update Deutsch WIN	CHF	399.90	CHF	399.90

Bestellsumme		CHF	14'824.70
Spezialrabatt	-10%	CHF	-1'482.47
Subtotal		CHF	13'342.23
Mehrwertsteuer	8.00%	CHF	1'067.38
Subtotal inkl. MwSt		CHF	14'409.61
Versandspesen		CHF	50.00
Total netto		CHF	14'459.60

Stichwortverzeichnis

8

A

Abrunden	113
Achse	140
Adresse (Zelladresse, Zellbezug)	13
Anwendungsfenster	6
Anzahl	120
Anzahl2	120
Arbeitsmappe	6
Arbeitsmappenfenster	9
Argumente	105
Arithmetische Operatoren	37
Aufrunden	113
Ausfüllkästchen	31
Ausrichtung	58, 62, 83
AutoAusfüllen	31

B

Balkendiagramm	142, 146
Bearbeitungsleiste	6, 8
Bezüge	
absolute	46
externe	54
gemischte	49
relative	43
Bezugsoperatoren	37
Blattregister	9
Blattschutz	67

D

Datenmaske	172
Datenpunkt	140
Datenreihe	140
Datensatz	164
ändern	173
löschen	173
suchen	173
Datum	72, 133
Designs	93
Diagramm	143
Diagrammtools	144, 149
Drucktitel	182

E

Einzug	85
Exponentialdarstellung	14

F

Feldnamen	164
Fenster einfrieren oder fixieren	45
Filtern	167
Filter speichern	170
Formatcodes	79
Formate löschen	18
Formatierung, bedingte	98
Formeleingabe	38
Formeln	36
Fragezeichen	173
Funktionen	105
Funktionssyntax	104
Fusszeile	183

H

Heute	133
Hintergrundfarbe	91

J

Jetzt	133

K

Kommentar	18
Kontextmenü	10, 23, 59
Kopfzeile	183
Kreisdiagramm	142, 148

L

Layout	144
Legende	140
Liniendiagramm	142
Links entfernen	18

M

Markieren	19
Markierungstechniken	19
Maximum	118
Menüband	6, 8, 12
Minimum	118
Mittelwert	115

N

Namenfeld	6, 8, 13

O

Operanden	38
Operatoren	37
Operatorenregeln	37
Orientierung	85

P

Platzhalter	173
Prozent	74
Prozentsatz	74
Prozentwert	74
Punktdiagramm	143

R

Rahmenlinien	64
Rang	124
Rubrik	140
Runden	112

S

Säulendiagramm	142, 145
Schrift	87
Seite einrichten	181
Seitenansicht	181
Seitenlayout	180
Seitenränder	181
Sortieren	165
Spalten	
aus- und einblenden	29
Spaltenbreite	
Ändern einer einzelnen Spalte	22
Ändern mehrerer Spalten	22
Optimieren der Spaltenbreite	22
Statusleiste	8
Stern	173
Summe	104, 105, 107
Summewenn	121
Symbolleiste für den Schnellzugriff	7
Syntax	105

T

Tabelle aufheben	96
Tabellenblätter	9, 10
aus- und einblenden	29
Tabellenformatvorlagen	94
Teilergebnis	175
Textausrichtung	83
Texte	13
Texte einrücken	63
Textsteuerung	86
Textverkettungsoperator	37
Titelleiste	8
Transponieren	
Zeilen und Spalten vertauschen	27

U

Uhrzeit	72

V

Vergleichsoperatoren	37

W

Wahrheitswerte	14
Wenn	126
Wenn, verschachteltes	127

Z

Zahlen	14
Zahlenformate	69
Zahlenformate, benutzerdefinierte	78
Zahlenformate, vordefinierte	70
Zählenwenn	123
Zeilen	
aus- und einblenden	29
Zeilenhöhe	22
Zeilenumbruch	15
Zellbezug	13
Zellbezüge auf andere Tabellenblätter	52
Zelle	11
Zellen	
einfügen	23
löschen	24
verschieben oder kopieren	24
Zellenformatvorlagen	96
Zellenmodell	12
Zellinhalt aufteilen	174
Zellschutz	67
Zoomregler	8
Zwischenablage	27